민주화 세대

세대 연구 1
민주화 세대: 1980년대 대학생의 자기 성찰
ⓒ 한상진 외, 2024

개정판 발행일 2024년 3월 29일

기획편집 한상진
지 은 이 진 정 등 34명

펴 낸 이 한상진
펴 낸 곳 중민출판사
디 자 인 가보경 이소윤

출판등록 제2018-000058호
등록일자 2018년 10월 2일
주   소 서울시 관악구 관악로13길 25, 602호(봉천동, 세종오피스텔)
전   화 02.875.8474
E-mail jmpublisher@naver.com

ISBN 979-11-981590-7-6 04330
ISBN 979-11-981590-6-9 (세트)
값 15,000원

세대 연구 1

1980년대 대학생의 자기 성찰

민주화 세대

한상진 기획편집

진정·김명희·조두현 등 34명 지음

중민 출판사

이 책은 《386세대, 그 빛과 그늘》이라는 주제로 2003년 문학사상사에서 출간되었던 것이다. 부제는 '암울했던 80년대 대학생들의 순수와 열정과 방황의 기록'이었다. 출간 당시에는 관심을 끌었으나 현재 절판된 상태다. 이 책은 1980년대 나의 서울대 강의에서 수강생들이 제출했던 2천4백여 편의 생애사적 보고서 가운데 34편을 뽑아 편집했고 저자들의 동의를 얻어 펴낸 것이다. 이 과정에서 보고서를 제출했던 많은 학생들과 연락하여 대화했다. 이들의 관점에서 보자면 20여 년의 긴 시간이 지난 후 어느 날 갑자기 학부 시절에 제출했던 자신의 육필 수기가 죽지 않고 살아서 주인을 찾아간 셈이 되었다. 필체와 내용으로 보아 자신의 글임을 확인한 이들은 다소의 놀라움 속에 까마득한 과거가 소환되면서 여러 감회를 느꼈던 것으로 들었다. 그 뒤 또 20년, 그러니까 이 개정판이 나오는 오늘의 시점에서 보자면 무려 40년 안팎의 긴 시간이 지났다. 세상은 많이 변했고 글의 주인들도 적지 않게 변했을 것이다. 학부 시절에 획득했던 정체성이 자신의 삶 속에 아직도 살아 있다는 것을 새롭게 발견하는 사람도 있겠지만, 어딘가 좀 쑥스럽고 불편하게 느끼는 사람도 있을지 모르겠다.

이런 상황에서 나는 이 책을 다시 내기로 했는데 여기에는 몇 가지 사정 또는 생각이 있다. 우선 책의 제목에 표현된 집단의 호칭부터 재고해야 할 필요를 느낀다. 우리는 1960년대에 태어나서 1980년대에 대학을 다녔던 청년들을 처음에는 386, 뒤로는 486, 586세대라고 부르다가 근래에는 86세대라고 부르는 경향이 있다. 이들의 나이가 30대,

40대, 50대가 되면서 호칭이 바뀌었다. 때문에 혼란스럽고 자의적인 느낌을 준다. 언론이 그렇게 호명하면서 관행이 되었지만, 이 책에 실린 글의 주인들이 이런 저널리즘의 호명을 자신의 정체성으로 받아들일지 의문이다. 따라서 누구나 쉽게 이해할 수 있고 받아들일 수 있는 호명이 필요하다고 생각한다. 이런 뜻에서 나는 이들을 간명하게 '80년대 대학생 세대'라고 부르고자 한다. 아울러 이들의 주된 역할에 관해 말하자면, 1980년대 전환기 상황에서 이들이 군부독재를 반대하고 정치민주화를 강하게 요구했다는 의미에서 이들을 '민주화 세대'라고 호명하고자 한다.

다른 한편, 80년대 대학생 세대의 일부로서 학생운동의 배경에서 정계에 입문한 정치인 집단이 있다. 이들이 과연 자신의 모집단이라 할 수 있는 80년대 대학생 세대를 대변해 왔는지, 또 어느 정도 대변했는지에 대해서는 여러 의견이 있다. 둘 사이의 간격이 크게 벌어졌다는 조사 결과도 있다. 그렇지만 이들은 강한 연대감, 응집성, 동질적인 이념 성향을 지니고 있으며, 특히 문재인 정부 시절에 여권의 중추세력으로 성장했다. 이런 특징을 고려하여 이들을 호명하는 장치로 '86정치인'이라는 기표를 사용하는 것은 무난할 것처럼 보인다. 정치권에서는 이 호칭이 광범하게 사용되고 있다.

20년 전에 나왔던 책의 서문에서 나는 86정치인의 정계 입문이 "생각보다 빨리 왔다"고 썼다. "권력은 항상 자만과 타성에 빠질 수 있고 때로는 살벌하고 정복의 욕구가 강한 것이기 때문에, 그 과정에서 자칫하면 [80년대 대학생 세대의] 상징을 풍부하게 가꾸기보다 또 하나의 별것 아닌 권력의 이미지로 전락시킬 수 있다"는 우려를 표명했다. 나는 이런 위험이 "결코 적다고 할 수 없다"고 적었다. 그러나 이 위험은 오늘날 적은 정도가 아니라 매우 광범하게 전면화된 상태에 있다. 특히 학생운동권 출신으로 정계에 입문한 86정치인에 대한 비판이나 비난은 오늘날 한국 정치의 일반적 특징 같기도 하다.

생각해 보면, 권력은 항상 연결망으로 작동하기 때문에 과거 민주당 정부, 특히 문재인 정부 하에서 권력의 핵심으로 부상한 86정치인을 중심으로 이권의 연줄망이 사회 전반에 넓게 형성된 것을 부정할 수 없다. 이런 맥락에서 비단 86정치인만이 아니라 80년대 대학생 세대가 온갖 특권, 기득권, 혜택을 과도하게 누리고 있다는 비판이 있고 또 그런 이미지가 확산되고 있다. 이런 통념에 부분적인 진실이 있는 것은 사실이다.

그러나 내가 이 책을 다시 내기로 한 것은 80년대 대학생 세대를 포함하여 86정치인들을 일종의 청산 대상으로 간주하는 것 같은 현재의 정치권 또는 사회 일각의 시각은 중대한 오류이자 착각이라고 생각하기 때문이다. 이 책은 1980년대의 전환기적 상황에서 대학생들이 겪었던 내면적인 성찰, 가치투쟁, 인습을 넘어 보편적 가치를 추구하는 과정의 고민과 방황을 생생하게 기록하고 있다. 당연시되었던 많은 고정관념들과 치열하게 대결했다. 인습을 넘어 새로운 가치관, 민주적으로 변호할 수 있는 보편적 가치관을 얻고자 노력했다. 이것은 흔히 말하는 학생들의 가두시위나 민주화 운동보다 더 깊은 의미를 갖는다고 나는 생각한다. 이런 탈인습적 세대가 사회에 진입하여 각 부문에서 자신이 학창 시절에 획득했던 가치를 포기하지 않고 실천하고 있기 때문이다. 이들이 한국 사회의 중심세력으로 성장하여 민주주의를 밑으로부터 받쳐 주고 있기 때문에 사회퇴행을 막고 전진을 이어가고 있는 것이 아닌가 한다. 따라서 이 책은 1980년대에 대학에서 탈인습의 보편적 가치관을 획득한 세대의 가치와 역할을 변호하는 성격을 갖는다.

사실, 세대의 관점에서 보자면, 80년대 대학생 세대는 매우 독특한 특성을 공유하고 있다. 적어도 노무현 대통령이 당선될 때까지 이들은 강한 응집성과 연대감을 보였다. 일정한 세계관, 역사관을 공유했다. 약자에 대한 배려가 매우 강했고 정의, 공정, 참여의 가치를 몸으로 실천했다. 우리 역사에서 80년대 대학생 세대는 탈인습적 가치관을 방법론적으로 체화한 첫 번째 세대다. 그런 의미에서 이 세대는 한국 사회의 긴 권위주의 유산을 넘어 대전환의 길을 안에서 열고 이끈 세대라고 할 수 있다.

이들의 역할을 공정히 이해하고 평가하는 것이 1980년대만이 아니라 오늘의 한국 사회 동태를 이해하는 데 중요한 의미를 갖는다고 생각한다. 특히 1980년대 연구의 기초자료로써 중요하다. 연구에 필요한 자료에는 여러 종류가 있으나 역사를 이끄는 행위자의 역할에 주목하면서 이들의 체험과 행동 및 가치관에 관한 자료를 모으는 작업의 중요성은 아무리 강조해도 부족하다. 40년 전의 캠퍼스 체험이 오늘날에도 울림을 준다는 것은 과연 무엇을 뜻하는가? 그것은 무엇보다 당시 학생들이 겪었던 내면적 성찰이 순수하고 정직했으며 보편성을 향해 가는 진정성을 보여 주었기 때문이 아닌가 생각된다.

거듭 강조하지만, 86정치인은 사실 준비가 제대로 안 된 상태에서 정당의 필요에 의해 정계에 진출하는 길이 열렸던 것이 사실이고, 이에 따라 독자적인 정치집단으로서의 정체성을 발전시키지 못한 채 기존 정당의 헤게모니 권력싸움에 동원된 측면도 적지 않기 때문에, 관점에 따라 이제 이들의 역할이 소진되는 상태에 있다고 할 수 있지만, 80년대 대학생 세대 안에는 우리가 놓쳐서는 안 될 귀중한 발전의 잠재력이 아직도 많이 살아 있다.

아울러 이 책을 다시 내면서 '세대 연구' 시리즈를 기획하고자 한다. 우선 탈인습을 향한 가치투쟁에 앞장섰던 1980년대 민주화 세대와 그 뒤를 잇는 개인화 세대의 경험을 생애사적 관점에서 비교하는 연구가 필요하다. 이에 관한 자료는 상당히 축적된 상태이다. 1981년부터 수집하기 시작한 생애사적 보고서는 1989년까지 이어졌고 이 자료는 민주화 세대의 경험을 잘 보여 준다. 1997년에 다시 시작하여 2004년까지 수집된 생애사적 보고서는 개인화 세대의 경험에 속한다. 전자는 모두 육필로 된 수기 형식이었으나 후자는 컴퓨터 출력본이다. 이런 시대 변화에 따라, 개인화 세대의 보고서는 80년대 민주화 세대에 비해 내용의 다양성뿐만 아니라 글 쓰는 방식이 훨씬 더 개성적이며 깔끔하고 세련된 면모를 보인다.

지난 40여 년에 걸쳐 서베이리서치도 이루어졌다. 80년대 대학생 세대와 개인화 세대 가운데 연락이 가능한 분들을 대상으로 하여 1999년부터 몇 차례에 걸쳐 설문조사를 실시했다. 2004년에는 심층 인터뷰도 실시했다. 삶의 궤적을 생생하게 보여 주는 심층 인터뷰가 적지 않다. 이렇게 하여 적지 않은 자료가 축적된 셈인데 이를 활용하여 행위자에 초점을 맞추어 한국 사회의 변동을 종단적으로 연구하는 작업이 앞으로의 과제에 속한다.

욕심을 더 내자면 생애사적 보고서, 설문조사, 심층 인터뷰 자료가 확보된 분들 가운데 연락이 가능한 분들을 대상으로 심층 인터뷰를 다시 할 생각이다. 이를 통해 1980년대 학창 시절부터 오늘까지의 삶의 궤적을 종합적으로 리뷰하는 작업을 해 보았으면 한다.

이런 기획의 첫 단추로 이 책을 다시 출간하는 바이다. 뒤를 이어 세대 연구 기획 시리즈의 일환으로서 민주화 세대와 개인화 세대의 가치관, 글쓰기 방식의 변화에 대한 책이 출간될 예정이다. 또한 설문조사, 심층 인터뷰 자료에 입각한 양적, 질적 연구 결과도 예정되어 있다. 아울러 본격적인 디지털 세대의 등장과 한국 문화의 세계화에 관한 자료도 모으고 있다. 1980년대 전환기 상황에서 학생들이 내건 민주화 요구와 탈인습적 가치의 획득은 세계적으로도 중요한 의미가 있을 것으로 보아, 영문판도 곧 출간할 예정이다.

이 개정판은 민주화 세대의 가치탐구를 주제로 삼아 탈인습적 사유를 향한 가치투쟁에 초점을 맞춘 것이다. 약간 부연하자면, 40여 년 전에 학생들이 제출했던 생애사적 보고서에는 수업 중에 검토했던 도덕 발전에 관한 이론적 개념들이 많이 나왔다. 원래 20년 전에 책을 내면서 이런 부분은 모두 제외했었다. 대신 학생들이 겪었던 구체적인 갈등 상황과 이것을 극복하는 과정의 자기 성찰에 초점을 맞추었다. 이 의도는 그대로 살렸다. 다만 개정판의 편제는 대폭 수정했다. 20년 전의 차례는 1부 '잠 못 이루는 대학의 밤들', 2부 '다시 서는 저 들판에서'로 구성되어 상당히 추상적이고 개괄적이었다. 차례에 저자의 이름도 표기되지 않았다. 이것은 당시 10명으로 구성된 편집위원이 결정한 것이었다. 그러나 오늘의 시점에서 볼 때, 당시 학생들이 극복하고자 했던 고정관념의 유형과 열고자 했던 새로운 가치 영역들은 실로 다양하고 다층적인 것이었다. 이 점을 잘 부각시킬 필요가 있다고 보았다. 이에 따라 개정판 차례에서는 주제를 세분화하여 7개의 장을 편성했고 각 장의 특성에 맞게 34편의 글을 재배치했다. 7개로 편성된 각 장의 서문을 새로 썼으며 34편의 저자를 차례에 밝혔다. 아울러 이전 책의 3부 '끝나지 않은 노래'는 20년 전 책을 출간하면서 10명의 편집위원이 나눈 대화의 기록인데 이것은 대폭 간소화했다. 개정판을 내면서 기획 편집은 한상진이 하고 20년 전처럼 진정, 김명희, 조두현 등 34명이 공동 집필한 것으로 했다. 세대 연구 시리즈의 첫 번째 책이 되는 이 개정판의 제목은 곧 나올 두 번째 책의 제목을 고려하여 《민주화 세대》로 정했고 '1980년대 대학생의 자기 성찰'을 부제로 삼았다.

이런 일련의 수정 보완 작업을 이해하고 이에 협력해 준 40여 년 전 나의 강의 수강생이자 오늘 한국 사회의 믿음직한 시민인 이 책의 저자들에게 깊은 감사를 표한다. 이들은 더 이상 과거의 스승과 제자의 관계가 아니라 같은 문제의식을 공유한 지식공동체의 성원들이다. 개정판 실무 편집에 관해서는 중민출판사 최명지 편집위원의 노고가 컸고 중민연구소 이만재 팀장이 저자들과 연락하느라 고생했다. 개정판의 제작을 맡아 준 도서출판 SUN의 정선모 대표에게 감사를 표한다. 아울러 변함없는 관심과 배려로 개정판 출판을 성원해 준 동료이자 아내인 심영희 선생께 감사의 뜻을 표한다.

2024년 3월
한상진

우리 사회의 중간 허리 80년대 대학생 세대의 진실
-80년대 대학가의 긴장과 갈등을 담은 생생한 수기

80년대 대학생 세대의 진정한 의미는 직접 권력으로 진입하는 단순 회로에 있는 것이 아니라 이를 우회하는 보다 풍부한 상징과 문화, 인간 주체의 형성에 있다고 믿는다. 이런 점에서 바로 지금의 상황은 이 세대에게 기회이면서 위험을 뜻한다.

20년 동안 버리지 않고 모아 온 80년대 삶의 보고서

이 책은 1981년부터 1989년까지 서울대 학생들이 제출했던 '생애 사적 보고서'의 아주 작은 일부를 묶은 것이다. 그 기간 동안 나는 한 학기도 거르지 않고 〈사회학개론〉 같은 대형 강의를 듣던 수강생들에게 자신의 삶을 되돌아보는 보고서를 작성하도록 요구했다. 그 결과 학생들이 직접 손으로 쓴 보고서 2천4백여 개를 모았다. 그 가운데 1980년대의 현실을 되돌아보고 그때 공부했던 학생들 그리고 지금은 성장하여 우리 사회의 중간 허리를 이루고 있는 이른바 '80년대 대학생 세대'의 특징을 이해하는 데 도움이 될 것으로 보이는 글들을 최종적으로 56편 정도 골라 저자의 동의를 얻고자 했다. 그러나 많은 노력에도 현주소를 찾기 어려운 사람들이 적지 않았다. 출판을 사양한 경우도 두서너 명 있었고 외국에 체류중인 사람도 꽤 있고 해서 최종적으로 34명의 동의를 얻어 이 책을 펴낸다.

회고해 보면, 오늘이 있기까지 내가 기여한 몫이 있다면 무엇보다 보고서들을 버리지 않고 모은 데 있을 것이다. 보고서를 제출한 학생들도 이제 길게는 20년 이상 지난 셈이니 이것을 기억하지 못한다 해도 자연스러운 일이다. 그러다가 어떤 계기에 보고서를 전달받으면 의문의 여지 없는 자신의 필사본이고 보니 놀라움과 반가움 속에 기억을 더듬는다고 듣고 있다.

거의 잊혀진 과거의 궤적으로 사람을 인도하는 것은 때로는 신선한 여운을 줄 수 있다. 때문인지 사람들은 내가 어떤 이유로 학생들의 수기를 간직해 온 것인지 궁금해 하는 것 같다.

자신과 치열하게 싸워 온 청년학생들의 내면의 소리

내 이야기를 하게 되어 쑥스럽고 조심스럽지만, 보고서에 얽힌 사연을 말하자면 80년대 대학의 암울했던 현실을 언급하지 않을 수 없다. 오늘의 젊은이들은 상상하기 어렵겠지만, 당시 대학은 정말 꽉 막힌 살벌한 공간이었다. 모든 언로는 막혔고 질식할 것 같은 분위기 속에서 학생과 전경이 쫓기고 쫓는 전투가 매일 재현되었다. 봄과 가을이 와도 캠퍼스에는 매캐한 최루탄 냄새가 떠날 줄 몰랐다. 시위와 감시의 악순환 속에 대학은 형편없이 관료화되고 병영화되었다.

지금 생각해도 가슴이 울렁거리는 사건 하나를 소개하겠다.

83년 봄으로 기억한다. 학내 시위가 계속되던 어느 날 오후, 누구의 소행인지는 밝혀지지 않았으나 사회대 행정실에 불이 났다. 뜻밖의 상황이었다. 그러자 전경들이 방화범을 찾는다는 이유로 사회대와 인문대 건물을 봉쇄했다. 그리고는 건물 안으로 수많은 최루탄을 던졌다.

맵고 따갑고 숨이 막혀 연구실에 있을 수가 없었다. 이윽고 전경들이 교수 연구실까지 하나하나 검문검색을 했고 공부하던 학생들까지 모두 수백 명을 밖으로 끌고 갔다. 그러고는 이들을 시멘트 바닥에 무릎을 꿇려 엎드리게 한 후 양팔을 뒤로 해서 포승줄로 묶었다.

이 광경을 바라보던 나는 독일에서 보았던 광주항쟁의 TV 장면들이 떠올랐다. 광주 도청이 함락되던 날의 참혹한 광경들, 그때도 수많은 젊은이들이 손을 뒤로 한 채 굴비처럼 묶여 끌려갔었다. 나는 눈앞의 상황을 차마 눈뜨고 볼 수 없는 심정이었다. 학생들이 건물 사이로 끌려갈 때 나는 몸이 부들부들 떨리는 것을 느꼈다. 진정으로 무력감과 절망감이 나를 엄습했다. 이런 광경을 그저 바라보고만 있는 내가 미웠고 한심스러웠다. 정말 산다는 것이 이런 것인가, 대학에서 가르치는 것이 무슨 의미가 있을까, 이런 질문을 씹고 되씹었다.

80년대 초 학생들에게 가장 큰 영향을 미친 사건은 광주항쟁이었다. 광주의 비극을 통하여 학생들은 군부정권의 야만성, 군부정권과 미국의 유착 같은 모순의 극치를 선명히 보게 되었다. 아울러 광주는 민주화의 메카로 떠올랐고 모든 저항은 광주로 통하는 것처럼 보였다. 이런 상황에서 정상적인 대화는 어려웠다. 침묵과 냉소가 널리 퍼졌지만, 이에 대한 반작용으로 자신의 몸을 던져 불사르는 전위적 행동만이 유일한 탈출구요 해방의 길이라는 급진적 충동이 학생들을 유혹했다.

바로 이런 상황에서 나는 강단에 서게 되었다. 당시 나는 30대 중엽의 나이로, 다소의 정력도 있었지만 호기심이 더욱 컸다. 특히 '비판이론'을 전공한 사람으로서 우리의 현실을 지칭했던 '관료적 권위주의'의 모순과 함께 학생들의 움직임에 대해 관심이 적을 수 없었다.

학생들은 이념 문제에 대해 순수하고 열정적이었다. 금지된 지식에 대한 갈증이 폭발하여 수많은 학생들이 지하 서클에 가입했고 이념 서적들을 탐독했다. 이들은 때때로 강의실에서 격렬한 어조로 나를 비판하기도 했다. 이런 대결과 긴장이 있었기에 나는 그나마 사는 맛을 느꼈다. 이들은 관념적이었지만 이념에 대한 헌신이 투철했고 삶의 기강이 확고한 것처럼 보였다. 따라서 목표가 혼미한 학생들보다 더 값진 삶을 사는 것처럼 보였다. 삭막한 대학의 현실에서 그들의 소리는 분명 살아 있었고 눈빛은 빛났다.

그러나 나는 삶과 인간이 빠진 이념 논쟁에 만족할 수는 없었다. 도식은 도식일 뿐이었다. 학생들이 이념 서적에서 배운 지식들은 특별한 매력도, 새로움도 없는 것이 많은 듯했지만, 그들의 삶의 이야기는 너무도 궁금했고 매력적으로 보였다. 나는 시골 출신으로 나름대로 열심히 살아왔다고 자부했지만, '민중의 바다'를 외치고 이들과 결합하려는 학생들의 의지와 실천은 놀랍고 충격적인 것이었다.

내가 다소 과장하는 면이 있을지도 모르겠다. 그러나 당시 나는 학생들이 소외된 집단, 힘없는 서민, 못사는 계층을 향하여 단순히 글로써 그들을 대변하는 것이 아니라 산업 현장이나 농촌, 빈민가로 들어가 노동과 교육으로 이들과 한 몸이 되려는 실천 운동을 주도하는 것을 보고 그 안에 중요한 변화가 담겨 있다고 느꼈다. 이것은 버림받은 타자를 포용하려는 새로운 가치관, 새로운 인간의 탄생을 보는 것과 같았다.

나는 푸코와 하버마스를 전공한 탓인지 주체의 형성을 둘러싼 긴장과 갈등에 관심이 많았다. 낡은 인습과 새로운 가치의 대립, 자아의 재정립에 따른 산고의 아픔 등에 관해 알고 싶었다. 당시 대학에 자리 잡은 '민중문화'는 학생들에게 인습의 타파를 요구했으며 학생들은 자신의 길을 걷기 위해 수많은 고정관념과 싸울 수밖에 없는 상황이었다.

그러나 이런 부드러운 주제에 대한 인간적 대화는 뜻밖에 생각보다 어려웠다. 대학은 온통 회색빛이었고 짙은 안개가 시야를 가로막았다. 축제도, 유행도, 젊음도 금기의 대상인 것처럼 보였다. 대학의 공기는 항상 심각했고 짙은 중압감에 짓눌려 있었다. 모든 담론은 군부독재를 겨냥했고 인간이 서야 할 자리에 거대 이념의 패러다임이 자리 잡고 있었다.

이런 배경에서 나는 콜버그의 〈도덕발전론〉을 강의실에서 소개하게 되었던 것이다. 요약하자면, 오늘날 젊은이들은 '인습'의 단계에서 '탈인습'의 단계로 이행하는 과정에서 수많은 긴장과 갈등을 경험한다는 것이다. 이 이론을 전제하고 나는 수강생들에게 자신만이 접근할 수 있는 생애사적 체험을 자료로 삼아 보고서를 쓸 것을 요구했다. 이것은 대학의 통상적인 논문과는 전연 다른 것으로 결과가 어떠할지 알 수 없는 새로운 실험과 같은 것이었다.

그러나 곧 학생들의 보고서를 읽으면서 나는 미처 예상할 수 없었던 희열과 감격, 가슴이 뛰는 것을 느꼈다. 거기에는 당시 어디에서도 자유롭게 표현될 수 없었던 살아 있는 인간의 깊은 내면의 소리가 기록되어 있었다. 당시 이런 글을 쓰기가 쉽지는 않았을 것이다. 그러나 모든 대화가 끊어진 상태에서 이 글을 통해 자신과 치열하게 싸운 학생들이 적지 않았다. 특히 80년대 초는 상황도 험난했지만 보고서도 처음 읽어 보는 것들이어서 마음에 파고드는 울림과 떨림이 매우 강했다. 어떤 학생은 울면서 글을 쓴다고 했는데, 나도 눈물을 닦으며 읽었던 적이 여러 번 있었다.

그때는 대학이 아무리 암담해도 한 줄기 희망은 있고 미래는 열려 있다는 확신이 들었다. 이것은 때 묻지 않은 기쁨이자 위로였고 가르치는 일이 얼마나 소중한가를 일깨워 준 순간들이었다.

이런 체험은 80년대의 대학을 보다 풍부한 상상력으로 볼 것을 제안한다. '운동권'에 주목하는 것은 오직 일부일 뿐이다. 표면에서 보면 모든 것이 시위로 통하는 것처럼 보였다. 그러나 보이지 않는 이면에서 보면 탈인습을 향한 다양한 자기 성찰과 모색이 대학가에서 광범위하게 이루어졌음을 알 수 있다. 학생들의 수기는 이런 집합적 노력의 생생한 증언이자 증거였다.

이런 이유들로 나는 보고서들을 버릴 수가 없었다. 이들은 나의 80년대를 받쳐 준 버팀목과 같은 것이었다. 어두웠던 시절에 용기와 희망을 준 소중한 자산이었다. 아울러 장차 80년대를 객관적으로 연구할 때가 되면, 특히 새로운 주체의 형성과 가치관을 논할 때, 귀중한 자료가 될지도 모른다는 학자로서의 본능적인 예감이 들었다. 그래서 연구실이 좁아지면 많은 것을 처분하면서도 학생들의 수기만은 애정을 가지고 간직하게 되었다.

80년대 대학생 세대, 그들은 누구인가?

이 책을 펴내면서 또한 우리의 관심을 끄는 것은 이른바 80년대 대학생 세대의 상징이 급격히 권력의 이미지와 중첩되는 중대한 변화가 생기고 있다는 것이다. 노무현 정부의 출범과 함께 80년대 대학생 세대의 화두가 범람하고 있다. 수많은 사람들이 여기저기서 나름의 인상으로 이런저런 말을 하고 있다. 그러나 막상 이 세대에 대한 정보나 자료는 턱없이 부족하다. 권력의 핵심이나 주변에 있는 사람들을 가리키는 것 외에는 그들의 삶, 문화, 가치관 등에 대한 연구나 토론도 거의 없는 실정이다.

　이런 상황에서 이 책이 출간된다. 이 책이 80년대 대학생 세대를 대표하는 것은 아니지만 이들의 어떤 특징을 보여 주고 있는 것은 분명하다. 아울러 이 보고서들을 출발점으로 삼아 과거의 학생들이 오늘의 어떤 모습으로 성장 또는 변화하고 있는지를 추적하는 '종단적' 분석이 우리를 기다리고 있다. 차제에 연구자의 한 사람으로서 평소의 생각을 피력하고 싶다.

　나는 80년대의 '사회구성체' 논쟁에서 우리 사회를 변화시켜 가는 원동력은 착취와 박탈로 퇴적하는 무산층이나 주변 집단이 아니라 반대로 중심으로 진입한 근대적 성격의 집단이라고 주장했다. 경제적 실패로 인해 체제 변화가 요구되는 것이 아니라 오히려 성공함으로써 변화를 요구하는 새로운 세력들을 대거 양산했다고 보았다. 이런 관점에서 나는 중민中民이론을 주창하게 되었는데, 이 테마가 오늘의 80년대 대학생 세대와 밀접히 연관된다.

　중민이란 문자 그대로 중심으로 진입한 민중이요 사회의 중간층이면서 민중의 정체성을 유지하는 집단을 가리킨다. 중민은 민중의 대립 개념이 아니라 민중의 합리적 중심을 포착한 개념으로 제시되었다. 당시 나는 중민을 구성하는 세 집단에 주목했는데, 하나는 전문직 같은 신 중간층이고 다른 하나는 조직화된 노동자 집단이며 마지막은 대학생들이었다.

　그 가운데 나는 특히 대학생들의 사회 진입에 따른 세대 효과를 주시하는 입장이었다. 실제로 80년대 중반이 되면서 사회에 진출한 이들 젊은 집단들이 중산층과 노동계에 미친 영향이 막강했다. 나는 이들이 사회에 진출한 후에도 대학에서 얻은 정체성과 가치관의 뼈대를 계속 유지할 것인가에 깊은 관심을 가졌고 후에 여러 조사를 통하여 그렇다는 결론을 얻었다.

이것은 곧 지난 20여 년 간의 경험과 행동을 통하여 80년대 대학생 세대가 중민의 핵심 집단으로 성장했음을 뜻한다. 중민은 자신의 이해 관계에만 집착하지 않고 헐벗은 민중을 품에 안으려는 포용적 가치관을 지닌 중간층을 뜻하기 때문이다. 그런데 누구보다도 80년대의 민중문화를 통하여 이 세대가 이런 가치관을 획득했고 실천했으며 사회에 확산시킨 점은 의문의 여지가 없다.

때문에 나는 80년대 대학생 세대의 의미를 넓게 해석하고 그 가치 지향을 옹호하는 입장에서 말하고 싶다. 이 세대의 진정한 의미는 직접 권력으로 진입하는 단순 회로에 있는 것이 아니라 이를 우회하는 보다 풍부한 상징과 문화, 인간 주체의 형성에 있다고 믿는다. 이런 점에서 바로 지금의 상황은 80년대 대학생 세대에게 기회이면서 위험을 뜻한다.

기회라고 말할 수 있는 것은 국가 기구들의 지속적 민주화, 검증받지 않는 사회 권력의 민주화, 참여민주주의 실현 등을 이 세대가 요구하고 주도하는 것이 자연스럽기 때문이다. 이런 참여의 기회가 생각보다 빨리 왔다고 할 수도 있다.

그러나 위험한 것은 권력은 항상 자만과 타성에 빠질 수 있고 때로는 살벌하고 정복의 욕구가 강한 것이기 때문에, 그 과정에서 자칫하면 이 세대의 상징을 풍부하게 가꾸기보다 또 하나의 별것 아닌 권력의 이미지로 전락시킬 수 있기 때문이다. 이런 위험이 오늘날 결코 적다고 할 수 없다.

이런 상황에서 이 책이 출간되는 만큼 나는 독자들에게 넓은 안목으로 이 책을 읽어 줄 것을 기대한다. 여기에 실린 글들은 십몇 년 전, 길게는 20년 전에 쓰여진 것으로서 형식적 완성도나 어휘의 정교함은 다소 떨어질지 모르나, 글 안에 배어 있는 인간의 정신과 태도만큼은 지금 읽어도 신선한 자극을 받기에 부족함이 없다고 생각한다.

나의 소견으로는, 80년대 대학생 세대의 중요한 특징은 어디에 안주하지 않고 끊임없이 자기를 성찰하는 삶의 자세가 아닌가 한다. 당연한 것에 질문을 던지는 탈인습의 가치관이 이 세대의 진수를 이룬다. 이것은 많은 사람의 뇌리에 깊게 각인된 80년대의 과격한 시위 이미지와는 다른 것이다. 반군부독재를 향한 대규모 저항이 한편에 있었지만, 그 배후에서 인생의 목표와 가치에 대한 젊은 세대의 깊은 내면적 성찰이 이루어졌던 것이다.

바라건대, 이 책이 사회적 소통의 촉매제가 되어 80년대 대학생 세대의 어떤 진솔한 면을 재발견하는 계기가 되었으면 하는 마음 간절하다. 아울러 사회의 양심과 도덕은 인간의 반성 능력에 달려 있다고 할 때, 이 세대가 등장했다는 것은 우리도 이제 인습을 넘어 보편성에 도달할 수 있는 사회적 조건을 어느 정도 갖추게 된 것으로 해석할 수 있지 않을까 한다.

또 하나 이 세대의 중요한 매력은 우리 사회의 발목을 잡고 있는 집단적 이기주의를 넘어설 수 있는 도덕적 잠재력이 상대적으로 강하다는 점이다. 아직 제도화된 것은 아니지만 이런 잠재력이 성장하고 있다는 것은 반가운 일이다. 더불어 사는 사회를 만드는 데 소수 집단에 대한 배려와 연대는 필수적이기 때문이다.

유망한 대안으로서의 80년대 대학생 세대의 현주소

혹자는 이렇게 반문할지도 모르겠다. 젊었을 때는 누구나 불만이 많고 변화를 요구하지만 나이가 들면 점차 현실에 적응하는 것 아니냐고. 젊었을 때 사회주의자가 아닌 사람은 가슴이 없고 나이가 들어서도 사회주의자로 남는 사람은 머리가 없다는 말도 있다. 80년대 대학생 세대에 특별히 새로운 것이 있느냐는 질문이다.

연구가 아직 빈약한 실정이지만, 보고서를 제출했던 학생들이 후에 이것을 다시 읽으면서 과거와는 달리 자신이 현실에 안주하고 있다는 느낌을 갖는 경우가 적지 않다고 한다. 그러면서도 과거의 고민이 사라진 것이 아니라 변화된 형식과 내용으로 이어지고 있음을 느끼는 경우가 또한 많은 것으로 알고 있다. 이것이 이 세대의 현주소에 근접한 것이 아닌가 한다.

요약하자면, 80년대 대학생 세대의 자아정체성이나 사회에 대한 기본 태도는 연속성을 보이나, 고민의 내용이나 문제해결 방법 등은 옛날보다 훨씬 유연해진 것으로 볼 수 있다. 즉 이들은 사회의 부조리나 권력의 비민주성 등에 관해서는 아직도 강한 도전의지를 공유하는 데 비하여 과거의 이념적 편향이나 이로 인한 실천방식 등으로부터는 많이 자유로워졌다는 것이다.

이에 반해 서구에서는 학생들이 사회에 진입하면서 새로운 환경에 적응하는 속도가 매우 빨랐던 것 같다. 여기에는 여러 요인이 작용하지만, 불만을 흡수 통합하는 사회의 능력과도 관련된다. 즉 유능한 자유민주주의 체제가 그러하듯이, 변화 요구를 적극 수용하면 불만은 사라진다는 것이다.

반전과 평화를 위한 반제국주의 노선으로부터 학내 민주주의에 이르는 다양한 요구로 서구를 강타했던 '68저항'이 터졌을 때, 이 도전을 체제 안에 흡수하려는 노력들이 다양했다. 브란트가 이끈 서독 사민당의 동방정책, 프랑스의 교육개혁, 미국의 여성 및 소수 집단의 권익신장은 대표적인 보기들이다. 독일 사민당 안에 '청년 사회주의자' 동맹이 형성되어 맹활약을 했듯이, 정당들이 변화를 요구하는 신진 세력들을 대거 영입하여 이들의 독자적 활동을 허용하고 장려했다.

또 하나 지적할 점은 '68저항'이 사회에 미친 큰 영향은 정치 그 자체보다는 권위주의적 사회질서와 인간관계를 근본적으로 바꾸는 광범위한 문화 변동에 있었다는 것이다. 남녀관계, 가정, 학교, 직장 등 일상생활에서 기존의 위계서열 대신 자아 표현, 다양성의 존중, 공존을 위한 대화 등으로 가치관의 변화를 이끌었다. 미시적이지만 인간의 삶에 매우 중요한 소프트웨어의 일대 전환이 일어났다는 것이다.

그러나 우리나라는 어떠한가? 제도 변화는 느리거나 기만적인 데 비해 당연시된 고정관념의 껍질로부터 인간을 해방시켜 자유롭게 하려는 노력은 전체적으로 약한 편이다. 80년대 대학생 세대를 상품화한 신진 인물들이 여야 정당에 들어가 있으나 독자적 입지를 확보할 수 없는 구조 안에 갇혀 있는 것처럼 보인다. 인물은 포섭하되 사상이나 가치관은 기존 체제의 틀에 매어 두려는 경향이 강하다.

이런 상황에서 80년대 대학생 세대의 급격한 권력 진입이 인구에 회자하는 변화가 생기고 있는 것이다. 권력은 작용하되 헤게모니는 없는 지리멸렬한 정치가 오래 지속되다 보니, 새로운 세력에 대한 갈구가 큰 것도 사실이다.

80년대 대학생 세대를 유망한 대안으로 볼 수도 있을 것이다. 그러나 이것은 오직 이 세대의 상징이 폭넓은 인간적, 문화적, 실천적 호소력과 의미를 갖출 때 비로소 가능할 것처럼 보인다.

그러므로 '80년대 대학생 세대의 헤게모니' 같은 주제에 관심 있는 독자에게는 이 책의 의미를 깊게 생각해 보라고 권유하고 싶다. 누가 뭐라고 하건, 80년대 대학생 세대는 민주화에의 헌신, 탈인습적 가치관의 획득, 지식정보화의 선두주자 등의 성격으로 인해 21세기를 이끌어 갈 우리 사회의 핵심적인 에너지이기 때문이다.

체험으로부터 오늘의 대화, 출판에 이르기까지

80년대의 보고서로 말문을 열었으니 이제 그 자료들이 어떻게 활용되었는지를 정리하면서 글을 마치고자 한다. 1995년 수집된 자료의 상태를 처음으로 자세히 검토해 볼 수 있었다. 그 결과 2천4백여 개의 보고서 가운데 약 30%는 내용의 신빙성, 보고서 작성 주체의 모호성, 자료의 부실 등 문제가 있어 연구 자료로 삼기에는 부적절한 것으로 판명되었다. 따라서 이들을 모두 엄격히 골라냈으며 1천693개만을 연구대상으로 확정했다.

선정된 자료들의 기본 성격을 보면, 76%는 1학년 때, 17%는 2학년 때 쓰여진 것으로 나왔다. 사회대 학생이 제일 많아 56%를 차지했고 다음은 공대로서 14%, 그 뒤를 의대·치대·수의대 등 의과계열 8%, 인문대 5%, 사범대 4%, 미대·자연대 각각 3%, 법대 2% 등의 순서였다.

보고서의 핵심 주제를 보면, 가치관을 둘러싼 갈등이 34%로 가장 많았고, 다음은 학생운동 12%, 진로문제 11%, 대학문화 10%의 순서였으며, 가족·친구·사랑·종교 등의 문제를 다룬 것도 15%가 되었다. 보고서에 명시적으로 드러난 갈등의 유형을 보면, 교육에 대한 회의가 34%, 부모와의 갈등이 31%, 진로선택의 갈등은 29%였고 15%는 일탈행위에 속했다.

그 뒤 1999년 주소가 확인된 1천2백여 명을 대상으로 하여 우편 설문조사를 실시했는데 50% 이상 응답을 했다. 그 결과를 보면, 80년대 대학생 세대에게 가장 큰 영향을 미친 1순위 사건으로는 87년 6월 항쟁이 37%, 80년 광주항쟁이 34%였다. 그러나 2순위 사건으로는 51%가 IMF 경제위기를 들었다. "80년대 대학생 세대는 비판적인 성향이 강하다"라는 문항에 91%가 동의했고, "80년대 대학생 세대는 매사에 의미를 부여하는 '의식과잉'의 경향이 있다"는 문항에 76%, "80년대 대학생 세대는 다른 어떤 세대보다 소외된 집단에 대한 이해심이 높다"에 75%, "80년대 대학생 세대는 민중에 대한 부채의식을 가지고 있다"에 74%, "80년대 대학생 세대 안에는 끈끈한 유대와 동질성이 있다"에 73%가 동의했다. 이 안에 이들의 자화상이 담겨 있지 않나 생각된다.

앞으로의 과제에 관해서는 인적 자료 DB를 계속 확장하면서 명실상부한 종단적 연구를 수행하는 것이 중요할 것 같다. 이와 함께 세대와 세대, 집단과 집단 사이의 상호 이해를 촉진하기 위해 과거의 체험에서 오늘의 대화를 위한 좋은 소재를 발굴하는 것도 의미 있는 일이다. 이 책은 이러한 시도의 출발로서 의미를 갖는다.

이 책에 수록된 34편은 전체의 아주 작은 일부일 뿐이다. 그러나 이 책을 내는 데도 여러 단계의 일들이 있었고 그때마다 수고한 사람들이 적지 않았다. 우선 출판의 가치가 있다고 판단되는 글들을 두 차례에 걸쳐 뽑았는데 모두 4백여 편을 선정하여 전산 입력했다. 그 가운데 일단 1백여 개를 뽑아 삶의 스토리에 초점을 맞추면서 콜버그 이론에 관한 전문용어 등을 제거하는 작업을 했으며, 다시 56편을 뽑아 1차

출판을 기획하게 되었다.

그런 사이 실험적인 종단 연구의 필요성이 제기되어 그 56명 중에 연락이 쉽게 된 10명을 상대로 하여 심층 면접을 실시했다. 이것이 계기가 되어 서로 몰랐던 이들이 함께 모이게 되었는데, 첫 번째 모임에서 서로의 개성적인 인생 경험과 행로에 깊은 감흥을 느껴 자연스럽게 의기투합하게 되었다. 이들이 편집위원이 되어 이 책의 출판에 관한 모든 문제들을 협의하여 결정했다.

특히 구형진 씨는 저자들의 현주소를 탐문하고 확인하여 출판 동의를 얻는 어려운 일을 열심히 해 주었다. 편집위원 대표로서 진정, 김명희, 조두현 씨는 전체 원고를 꼼꼼히 읽었고 김주영 씨는 각 원고의 제목을 다는 일에 적지 않은 시간을 쏟았다.

이런 출판 작업 이전에도 여러 사람들의 노력이 있었다. 4백여 편을 고르는 데 한때는 김성기 씨가, 후에는 김경지 씨가 힘을 쏟았다. 특히 김경지 씨는 2002년 봄부터 출판을 염두에 두고 1백여 편의 문장을 다듬는 일을 헌신적으로 수행했다. 후에 작가 박순애 씨도 도움을 주었다.

아무튼 이런 과정을 거쳐 80년대의 암울했던 현실에서 나에게 위로와 감동 그리고 영감을 주었던 당시 학생들의 글이 이렇게 햇볕을 보게 된 것을 기쁘게 생각한다.

그동안 협력을 아끼지 않았던 편집위원들과 다른 모든 분들 그리고 출판에 동의한 저자들에게 이 자리를 빌려 심심한 감사의 뜻을 표한다.

2003년 5월
한상진

차례

1장 가치관의 혼란과 재정립

2장 광주의 충격과 자기 성찰

3장 소외된 민중을 향한 시각

4장 학생운동과 나의 선택

가치관의 혼란과 재정립

1980년대 대학생들은 대학에서 이전까지 듣고 배웠던 기존의 가치관이 완전히 허물어지는 경험을 했다. 그것은 커다란 발견이자 놀라움이었으며, 동시에 두려움과 갈등이 수반되는 체험이었다. 이 장에서는 이런 주제에 부합하는 5편의 글을 싣는다. 저자인 진정, 양용석, 김주영, 박채향, 위종욱은 각기 다른 주제로 가치관의 전복을 경험하면서 탈인습적인 새로운 가치관의 획득을 향한 내면의 갈등과 방황 및 성찰을 보여 준다.

우리는 이 장에서 80년대 대학생들이 자신을 구속하는 고정관념을 응시하면서 현실과 이상, 자기중심적 가치관과 사회적 자아 사이에서 갈등하는 모습을 발견한다. 가치관의 재정립은 모든 사회 발전의 토대가 아닌가 한다. 당연시된 인습을 거부하고 보다 보편적이고 정당화가 가능한 가치관을 찾는 것은 새로운 인간 유형의 등장을 뜻하기 때문이다.

80년대 대학은 정규 교과목을 통한 지식의 전수 못지않게 동아리 모임, 지하 서클들을 통해 사회의 모순을 고발하고 이를 극복하는 데 필요한 가치를 탐색하고 획득하는 장이 넓게 열려 있었다. 그 과정에서 급진 이념이 확산된 것도 사실이다. 그러나 중요한 것은 합리적으로 정당화할 수 없는 고정관념이나 편견이 널리 퍼져 있었다는 것이며 이 현실이 비판적 의식을 일깨웠다는 점이다.

이 장에 실린 5편의 글은 각기 가치관의 혼란, 우리 교육의 일그러진 자화상을 보면서 이것들을 극복하기 위한 길을 논하지만, 급진적 이념으로 질주하지는 않는다. 이것은 행위자의 자기 성찰이 제도적으로 보장된다면 사회 발전을 이끄는 귀중한 원동력이 될 수 있다는 것을 뜻한다.

임금님은 발가벗었다
지식인의 사명

:

진 정

흑백의 고정관념

돌이켜보건대 나는 고교 3년까지 그 사실조차 깨닫지 못할 정도로 고정관념이란 깊은 늪 속에 빠져 살았었다. 대학에 들어와서 생활하면서 비로소 이제까지의 내 관념의 틀이 산산조각 나기 시작했다. 이제까지의 나의 관념의 틀이 사실은 내 것이 아니었다는 것을 깨닫게 되었던 것이다. 나는 남의 사상을 빌려다 그대로 지껄이고 행동하는 한 마리 앵무새나 원숭이에 지나지 않았다. 지금까지 내 고정관념의 상당 부분은 위정자들이 저항을 받지 않고 그들이 원하는 바를 관철시키기 위해 국민에게 주입하고 세뇌시킨 것이었다.

우리 사회에 고정관념의 벽을 유지시키려는 세력이 있다는 사실을 알게 되면서, 그 두꺼운 벽을 깨고 그 진실을 모두에게 보여 주려 할 때는 항상 보복이 뒤따르는 것을 보면서 나뿐만이 아니라 이 땅의 모든 사람들이 놀림을 당하고 있는 것 같았다.

죽기 직전에 담배 한 대 피우기를 제의 받은 어떤 사형수가 담배는 몸에 해롭다고 하면서 거절했다는 우스운 이야기가 있다. 신문이나 방송 등의 대중매체를 통해 주입된 획일화된 의식구조가 ─이 경우에는 흡연은 몸에 해롭고 흡연을 하면 그만큼 일찍 죽는다고 하는 '흡연은 곧 죽음'이란 고정관념화stereotyping─얼마나 무서운가를 단적으로 보여 주는 한 예라고 생각한다.

최근 TV가 흑백에서 컬러로 바뀌었다. 내 머릿속도 흑백의 시대가 물러가고 컬러의 시대로 바뀌었는가? 아니다. 나는 아직도 고정관념이란 흑백의 시대에 살고 있다. 비록 내가 컬러의 세계에 살고자 하여도 흑색과 백색뿐인 이 땅에서는 다른 색은 도무지 발견할 수 없다. 나는 누가 그렇게 해 왔으며 지금도 그렇게 하고 있는지 어렴풋하게나마 알게 되었다.

흑백의 시대에 일어나는 일이다.

누군가가 별 하나 없는 캄캄한 한밤중에 나에게 총구를 들이대고 "너는 공산주의자냐, 아니냐?"라고 묻는다. 내가 자신 있게 "아니다"라고 말하는 순간 총의 방아쇠가 당겨진다. 그는 공산당원이었다.

다음 날 밤에 누군가가 다시 묻는다.

"너는 공산당이 좋으냐, 싫으냐?" 나는 자신 있게 "좋아한다"라고 대답한다. 그 순간 총소리가 울린다. 그는 국군이었던 것이다.

지식인의 사명은 무엇인가

우리 사회에서는 반공을 하지 않으면 공산주의자로, 미국을 옹호하지 않으면 반미주의자로, 정부의 시책에 잘못이 있어 그것을 지적하면 반정부주의자로 낙인찍혀서 현 세계와 유리되어 어두운 철책 속에 갇힌다.

나는 지식인이 되어야겠다고 항상 생각한다. 그렇다면 흑색과 백색만 있는 것이 아니라 그 사이에는 청색도 회색도 녹색도 있다는 것을 모든 사람들에게 알려야 하지 않는가. 진정한 지식인이라면 진실을 말한 후의 보복에 대한 두려움은 떨쳐 버릴 수 있어야 하지 않는가. 진정한 지식인이 되기를 원하면서도 진실을 큰 소리로 외치지 못한 채 "무력함을 한탄만 하고 있을 수는 없으니 우선 진실에 관한 이론적 체계를 확립하는 데 주력하자. 그 후에 나는 큰 소리를 낼 수 있을 것이다"라고 말한다면 그것은 도피가 아닐까?

왜곡되어진 진실의 참모습을 만인에게 소리쳐 알려야겠다고 마음먹던 순간 눈앞에 떠오르는 철창이 나는 또 얼마나 두려웠던가? 진실이 무엇인가를 가능한 한 명백하게 모든 사람들에게 알리는 것이 모든 정보가 사전에 통제되는 상황에서 진정한 지식인의 사명이라면 소리칠 용기가 없는 나는 대체 무엇이란 말인가?

현 사회체제를 유지하려는 세력의 위협, 부모님의 기대, 또 무엇보다도 일신의 영달을 추구하려는 개인적인 욕망 등에 힘입어, 억압과 공포의 분위기 속에서 건전한 소수의 의견은 모조리 묵살당하고 다수를 가장한 강자의 허위와 기만만이 판치는 것을 나는 똑똑히 보고 느낄 수 있다. 그런데도 나는 진실의 문을 열고 들어갈 수가 없다.

몇 번이고 용기 없는 자신을 질책하고 고민하고 부끄러워할 따름이다. 사회의 부조리나 시대적 모순을 이야기하면 '좌경화', '반미', '반정부' 등의 명목으로 철창에 갇히게 되는 무서운 세상이다. 언론이 사실을 사실대로 밝히지 못한다는 것은 이 시대의 적신호다. 시대의 적신호를 보고도 가만히 앉아 있어야 한단 말인가? 현실적 보복을 이겨 나갈 수 있는 굳건한 의지를 가질 수 있을 때까지 진실이 무엇인가라는 이론적 문제에만 매달려 있어야 한단 말인가?

진리의 세계를 향해

나는 농민과 노동자들에게 죄스러운 마음을 느끼지 않을 수 없다. 나도 사회계층 면에서 볼 때 그들보다는 잘살고 있지 않은가. 아무런 고통도 받지 않고 많은 돈을 써 가며 대학을 다니고 있지 않은가.

이 사회에서 기득권을 갖고 그것의 계속적인 유지를 위해서 모순투성이인 현 체제를 고수하려는 계층은 과연 어떠한 세계관과 인간관에 젖어 있단 말인가? 수많은 사람들이 노력의 정당한 대가도 받지 못하고 빼앗기고 있는데 그런 것을 보고도 아무렇지도 않단 말인가? 나에게 현실을 깨우치려는 노력이 없고 현실적인 불이익에 대한 두려움이 계속 존재하는 한, 나도 같은 동포의 고혈을 빠는 그런 자들이 되어 버릴 것이다. 나는 진실의 성으로 열심히 달려가 문을 열고 들어갈 것이다.

국민으로서 당연히 가져야만 하는 권리를 박탈당한 채 통제된 언론 속에 갇혀 살았던 나는 자라면서 검은색과 흰색밖에 볼 수 없었고 검은색은 나쁘다는 고정관념에 갇혀 버렸다. 이제 나는 고정관념의 벽을 부수고 진리의 세계를 위하여 앞으로 나아가리라, 진실을 외치고 현실의 모순을 외치리라고 다시 한 번 다짐해 본다.

그러나 그것이 언제일까? 나는 언제나 임금님이 발가벗었다고 큰 소리로 외칠 수 있을까?

진 정

1982년 서울대 국제경제학과에 입학하여 1990년 졸업했다. 83년 강제징집을 당한 후 85년 말 제대, 86년부터 부평에서 공장 생활을 시작했다. 졸업 때까지 노동운동을 했고, 94년부터는 공인회계사로 활동했다. 현재 ㈜썬텍에너지 대표이사로 있다.

가치관의 전복
다시 세워야 할 목표

:

양용석

가치관이 허물어지는 경험

부모님을 비롯한 가족들과 주위 사람들의 축하와 기대 속에 내가 서울대에 입학하던 때가 바로 엊그제 같은데 어느덧 6년이라는 세월이 흘렀다. 약간은 두려운 생각도 있었으나 부푼 희망을 안고 대학 캠퍼스에 첫걸음을 내디딘 이후 지금까지 내가 겪어야 했던 갈등과 좌절의 순간들, 또한 현 사회에서 내가 담당해야 할 역할을 생각하면서 이 글을 쓴다.

입학 후 첫 3개월 동안은 그야말로 정신없는 생활을 했다. 학과 공부는 뒷전으로 밀쳐놓고 동문회다 향우회다 하면서 이곳저곳을 찾아다녔고 같은 반 친구들과 어울려 밤새워 술을 마시곤 했다. 82년 당시의 살벌하기만 하던 캠퍼스 현장을 잠시 방관자적 입장으로 보기도 했지만 그때까지 나는 무엇을 어떻게 해야 하는지 갈피를 잡지 못하고 있었다.

소란한 5월이 다 지나갈 무렵 지나온 3개월을 돌아본 나는 실의에 빠졌다. '이것이 아닌데…' 하면서도 그것이 무엇인지는 명확히 떠오르지 않았다. 계속된 실의와 고민 끝에 나는 결국 첫 학기도 다 마치지 못한 채 휴학을 하고 시골집으로 내려갔다.

당시에는 나름대로 내 행동에 대한 변명과 약간의 계획도 가지고 있었지만 되돌아보니 새로운 생활에 대한 부적응에서 잠시 벗어나 보려는 도피 심리였다고 생각된다.

그럭저럭 해가 바뀌고 83년 3월이 되자 나는 복학을 했고, 어쩌면 나의 인생에서 가장 힘들었고 따라서 가장 의미 있는 1년이었다고 생각되는 한 해를 맞이하게 되었다. 83년 한 해 동안 나는 그때까지 듣고 배웠던 기존의 가치관이 완전히 허물어지는 경험을 하며 새로운 사고 체계를 받아들였다. 그것은 나에게 있어서 커다란 발견이었으며 놀라움이었다. 그러나 마음 한구석에는 항상 두려움과 갈등과 위기의식이 동시에 존재하고 있었다.

개학과 더불어 다시 시작된 이런저런 학내의 사건들을 보면서, 또 주위의 선배·동료들과의 대화와 그동안 접해 볼 기회가 없었던 사회과학 서적과의 만남을 통해서 나에게 서서히 의식의 대전환이 일어나기 시작했다.

우리나라의 해방 전후사에 대한 새로운 인식, 역사, 철학 등 고등학교 때까지는 깊이 있게 배우지 못한 부분들에 대한 학습이 이루어졌고, 이는 자연스럽게 현 한국 사회에서의 대학의 위상과 대학인들의 역할 문제로 이어졌다.

기존의 타율적인 지배 이데올로기를 배제하고 비판적인 의식과 가치관을 정립하기 위해 노력하면서 나는 알지 못했던 새로운 것들을 발견하고 깨닫는 즐거움과 동시에 급격한 변화에서 오는 갈등과 위기의식을 느꼈다. 특히 이 사회에서 정의·자유·평등은 공허한 외침일 뿐이고 실제로는 각종 불의와 부조리, 극심한 억압과 속박, 엄청난 부의 불평등이 만연해 있음을 보면서 나는 분노했고 좌절했다.

당시 나는 사회에 대한 불만과 부정적 시각으로 인해 감정적으로 지나치게 고조된 상태에 있었다.

갈등과 망설임 끝에 입대

현실은 내게 근본부터 다시 세워야 할 쓰러져 가는 건축물과 같았다. 나는 각종 악법들 역시 철폐해야 한다고 믿으면서 소크라테스의 독배를 경멸했다.

이 과정에서 신식민지인 한국 사회의 대학생 중 한 사람으로서 가지 않으면 안 된다고 생각했던 길과 부모님의 기대를 저버릴 수 없다는 생각 사이의 갈등과 망설임은 1년 내내 나를 괴롭혔다.

진정한 지식인이란 누구이며 이 사회에서 어떤 길을 가야 하는지 고민하면서 민중과 아픔을 함께하지 않는 지식인은 결코 진정한 지식인이 될 수 없다고 믿었다.

이런 극단적 생각을 가진 내게 대학교수, 공무원, 자연과학 계통의 엔지니어, 그리고 대학 졸업 후 기업체에 진출한 인문과학 계통의 화이트칼라 등은 모두 비양심적인 지식인들로 보일 수밖에 없었다. 수없이 많은 다양한 부분들의 결합에 의해서 사회가 이루어지고 움직인다는 사실을 받아들이면서도 모든 지식인이 오직 한길로 모여서 한뜻으로 뭉쳐질 수 있다면 얼마나 좋을까 하는 매우 단순하고, 감정적이었지만 아주 진실하고 절실했던 생각을 버릴 수가 없었다.

내 인생의 중대한 변화기였던 83년 한 해가 지나갔다. 문제가 풀릴 전망은 보이지 않은 채 현실은 여전히 모순의 미궁 속에 빠져 있었고 나는 숱한 고민과 해결되지 않은—어쩌면 나로서는 영원히 해결할 수 없을지도 모를—문제들을 안은 채 자의 반 타의 반으로 갑자기 군대에 가게 되었다.

군대에 머무른 30개월에 가까운 기간 동안 나는 육체적으로는 힘들었지만 정신적으로는 어떤 면에서 편안함을 느꼈다. 왜냐하면 군대라는 사회가 복잡하기 이를 데 없는 세상일들로부터 나를 상당 기간 동안 격리시켜 주었기 때문이다.

86년 마침내 전역을 하고 그해 가을에 두 번째 복학을 하게 되었다. 그러나 2년 반 동안 떠나 있었던 캠퍼스의 양상은 너무도 많이 변해 있었다.

84년 학내 자율화 조치가 있기 전까지의 살벌했던 모습이 사라진 것은 알고 있었고 분명 반가운 사실이었으나 도대체 학교의 상황이 어떻게 되어 가는지 알 수가 없었다. 그 변화는 내가 예상했던 바를 훨씬 뛰어넘고 있었다.

82, 3년 당시보다 학생운동의 성격은 훨씬 급진적이었고 학내 분위기는 자유로움을 많이 되찾은 반면에 통일성을 상실하고 있었으며 그 구성원들은 양분된 상태에 빠져 있었다.

다시 시작하리라

복학하여 한 학기 동안 그동안의 대학 사회와의 단절을 극복하고자 노력했으나 그것은 이미 불가능했다. 나는 어느 정도 객관적으로 세상을 보게 되었으며 절대적으로 옳은 명제와 현실적으로 실현 가능한 명제를 구분하고 있었기 때문이다.

군 입대 전에 내가 가졌던 생각들 중 상당 부분을 지금도 역시 옳다고 생각하고 있다. 하지만 당시에 내가 지나치게 감정적이고 성급했던 것과 하나의 사고 체계에 극단적으로 몰입하면서 현실의 엄밀한 분석과 객관적인 비판에 기초한 문제의 점진적이고 단계적인 해결을 무시했던 점에 있어서는 나 자신이 이미 오래전부터 반성하고 있었던 것이다.

문제의 해결은 어떤 한 가지 방법만으로 이루어지는 것이 아니다. 지식인이 노동현장으로 들어가서 노동자들과 함께 일하며 그들의 권익 신장을 위해서 헌신적으로 노력하는 것이 중요하듯이, 학문 연구를 계속하거나 사회의 여러 분야에 진출해서 사회에 기여하는 것 또한 그에 못지않게 중요하다는 것을 깨달았다.

중요한 것은 어떤 분야에서 무슨 일을 하느냐가 아니라 정의의 편에 서서 자기 양심에 따라 맡은 바 역할과 책임을 다하는 것이라 생각한다.

대학에 다니면서 현실에 대한 올바른 인식을 정립한 사람들이라면 그 대부분이 사회에 진출한 후에도 최소한 자신이 가졌던 가치관에 역행하는 행동은 하지 않으리라 볼 때, 현재 나의 이런 생각에 더욱 무게가 실리는 것 같다.

몇 차례 우여곡절을 겪으며 지금까지 이어져 온 나의 지난 대학생활을 스스로 되돌아보면서 내가 찾고자 했던 것이 무엇이며 어떤 문제점이 내포되어 있었는가, 또 현 시점에서 이제 많이 제한되고 좁혀지긴 했지만 내가 선택해야 할 삶의 방향은 어느 쪽인가 등을 스스로 다시 생각해 보는 계기를 이 리포트가 마련해 주었다.

1년간 휴학한 후에 다시 학교생활을 시작하면서 내가 해야 할 역할 등에 대한 고민은 계속되어 왔고 또 앞으로도 계속되리라 생각한

다. 그리고 그 고민과 더불어 내 사고의 성장과 발전도 계속되리라 믿
는다.

양용석

1982년 서울대 영어영문학과에 입학하여 1989년 졸업했다. 이후 동원증권, 세종증권, 솔로몬투자증권에
서 근무하며 파생상품 관련 업무를 담당했고, 현재는 은퇴하여 전업투자자로 생활하고 있다.

잠 못 이루는 대학의 밤
나를 얽어매는 통념들

:

김주영

꿈을 이룬 모범생

나는 한국인이다. 나는 한국의 내일을 짊어지고 나가야 한다는 청소년이다. 나는 모든 사람의 선망이 되고 있는 서울대 학생이다. 나는 부산에 계신 우리 부모님의 1남 6녀 중의 둘째 딸이다. 나는 외국어대 불어과 3학년인 우리 언니의 동생이다.

우리 집은 중산층이다. 대학 교육을 받은 아버지와 고등학교 교육을 받은 어머니, 어느 정도의 지식인이라고 할 수 있는 부모님 밑에서 일곱 남매가 모두 학교에 다니고 있고 그중 위로 딸 둘을 간신히 서울에서 유학시킬 수 있을 정도다. 한때 사업에 실패하신 적이 있고 지금은 모 회사에 다니시는 아버지는 몹시 과묵하신 편이고 반면에 어머니는 지극히 여성적이고 가정적이시다.

이렇게 평범한 환경이지만 종가인 우리 집에서 유일한 남자이자 장손인 우리 막내가 이제 겨우 아홉 살이고 아버지의 연세가 쉰하나라는 환경은 그다지 평범하지는 않다. 그래서 언니와 나에게 지워진 부모님의 기대는 꽤 큰 편이었고 여태까지 언니와 나는 어느 정도 그 기대에 부응해 왔던 편이었다. 주위의 많은 사람들이 격려의 뜻이 섞인 칭찬을 마구 쏟아부었고 좀 더 밝고 뚜렷해야 하는 우리의 장래에 끊임없이 기대를 걸었다. 공부도 잘하고 똑똑하고 재주 많고 의지도 굳고 자존심도 강하다는 둥, 너희가 잘돼야 동생들도 잘되니 항상 책임감을 느끼라는 둥, 남의 집 시원찮은 열 아들 안 부럽겠다는 둥….

이러한 칭찬과 기대 속에서 자랐던 나는 지금 서울대에 들어온 사람들의 대부분이 그렇듯 자부심과 우월감으로 잔뜩 자만에 빠져 있었다. 더구나 외국어대밖에 가지 못했던 언니의 '실패' 이후의 성공이었던 나의 서울대학교 입학은 주위의 칭찬을 나에게 모았고, 나는 은연중에 언니에 대한 우월감까지 가지게 되었다.

이때까지의 나는 평범한 아이였다. 국어 시간, 도덕 시간에 배운 것을 가장 뚜렷한 모범으로 삼아 행동할 줄 알았고 그런 규범을 준수하면서 주위의 모든 기대에 부응할 수 있었고, 그런 만큼 주위로부터의 칭찬과 기대 속에서 '모범적인 아이'로 자라게 되었다. 통일은 반드시 이루어져야 하고 그것을 위해서 필요한 강력한 정부의 주도하에 맹목적인 추종을 해야 하고 그럼으로써 나라에서 필요로 하는 '일꾼', 내일의 주인 '청소년'이 될 수 있다는 것을 당연하게 여겼다. 그리고 사랑하는 부모님과 동생들을 위해서 모든 이들의 선망의 대상인 서울대생이 되어야 한다는 생각을 당연하게 여겼고 사회적으로 인정받는 서울대생은 외국어대생보다 조금이라도 나은 점이 있지 않을까 하는 통념이 당연시되었다. 그리고 그 당연시되는 생각의 기준에서 볼 때 나는 당연히 '좋은 아이'였다.

혼란스럽기만 한 첫 대학생활

중간고사도 다 치른 지금, 나는 어느새 대학생으로서 두 달을 보낸 셈이다. '대학'이라는 새로운 세계에서의 두 달은 더구나 지방 학생인 나에게 있어서는 '놀라움'의 기간이었고 그 새로운 세계의 한 부분으로서 나는 큰 혼란 상태에 빠졌으며 그에 따른 문제를 떠안게 되었다.

"과연 무엇이 사실인가?"

대학은 내가 여태껏 한 번도 경험해 보지 못했던 완전히 새로운 세계였고 그런 만큼 내게 '혁신적인' 환경을 제공해 주었다. 더구나 서울에서 '촌'이라고 불릴 만큼 정치적, 사회적, 문화적 관심도가 낮고 모든 정보가 늦게, 그리고 상세하지 않게 전달되는 '지방'에서 철든 뒤의 대부분을 보내 왔던 나에게 밀려오는 '새로움'과 '변화'의 홍수는 바로 '경이'였었다.

새롭게 인식되는 사회와 정치와 문화에 비하면 대학에서의 강의는 오히려 고등학교의 수업만큼이나 진부한 것이었다. 선배와 동료와 수없이 많은 대화를 나눌 수 있는 기회가 제공되었고, 지금껏 접할 수 없었던 책들을 볼 수 있는 기회를 얻게 되었다.

대화와 독서와 생각들을 통해서 내린 결론은 여태껏 내가 습득해 왔던 '사실'의 진실 여부를 재고해야 한다는 것이었다. 지금까지 '옳다', '당연하다'고 여겨 왔던 것들이 생각했던 것처럼 옳거나 당연한 것이 아니었다. 주위 사람들의 말처럼 나만 똑똑하고 잘난 것이 아니었다.

나는 여태껏 지니고 있던 자부심과 우월감의 벽이 흔들리는 굉음을 감당해야 했고 기존의 가치관이 모조리 뒤집혀 뒤죽박죽이 되는 혼란 상태를 경험해야 했다. '정사선악正邪善惡'의 기준이 흔들려서 이제까지 내가 가지고 있던 판단의 기준들이 모두 잘못된 것이 아닌가, 혹시 나는 거짓말에 계속 속아 살아온 것이 아닌가 하는 극단적인 생각까지 하게 되었다. 이런 혼란의 와중에서 새로운 지식을 가르쳐 주고 함께 고민할 수 있는 서울대의 분위기는 무조건 옳은 것처럼 보였고 나는 그 분위기에 매료되어 갔다.

나를 얽어매는 상념들

나는 한국인이다. 그리고 한국은 현재 남북으로 나뉜 분단국가로 민족적 통일이라는 시급한 과제를 안고 있다고 한다. '적화통일'을 꿈꾸는 북한 공산 집단과 대치해 있는 특수한 상황에 처해 있기 때문에 무엇보다도 중요하고, 그래서 선행되어야 할 것은 '안보'라는 것이었다. 그리고 한국인으로서 마땅히 해야 할 일은 안보에 힘쓰는 일이라고 했다. 지금까지의 나에게 이것은 한 번도 부정되어 본 일이 없는 당연한 사실이었다. 누구나 그렇게 말을 했고 누구나 다 그렇게 가르쳤기 때문이었다. 반공 글짓기 대회에서는 누구보다도 열심히 멸공을 주장해서 상을 받았고 반공 도덕 시험도 항상 만점이었다.

그런데 대학에 들어와서 생각해 보니 '통일'이나 '안보' 등이 부당하게 이용되고 있다는 생각이 들었다. 필요하다고 말로는 외치면서 실제로는 정작 통일과는 멀어지고 있는 식이었고, 과연 안보의 방법은 이런 식이어야만 하는가 하는 의문이 일어나 나는 무엇이 옳은 것인가 고민해야 했다.

또한 '허위의식'에 가려져 사실을 몰랐다는 불쾌하고 부끄러운 생각이 들게 되었다. 물론 국가는 중요한 것이다. 평화통일은 이루어져야 하는 것이고 우리 모두를 위해서 안보는 필요한 것이다. 하지만 과연 안보의 방법이 이런 식이어야만 하는가 하는 의문이 일어나면서 나는 무엇이 옳은 것인가 고민해야 했다.

졸업정원제만 해도 그렇다. 나는 졸업정원제 세대의 서울대생이다. 날이 갈수록 늘어 가는 재수생 문제와 좁아지기만 하는 대학의 문, 거기에 따르는 과외 열풍, 심각한 입시 후유증, 일류대 병, 고3 병 등 갖가지 문제를 해결하기 위해서 졸업정원제라는 혁신적인 방안이 채택되었고 그것은 고무적인 일이었다. 연일 신문은 졸업정원제의 장점을 떠들어댔고 그 당시 고등학교 2학년이던 나는 당연히 졸업정원제를 환영했다. 나뿐만 아니라 모든 학부모와 고등학교 학생들이 졸업정원제를 쌍수를 들어 환영한다고 보도되었다. 마치 졸업정원제만이 그 모든 문제를 해결해 주는 것처럼 생각되었다.

그러나 대학에 들어와서 오직 학점에 목숨을 걸어야 하는 학생들로 타락하고 만 우리의 모습을 보며 나는 졸업정원제의 폐해를 실제로 느끼게 되었다. 그러면서 동시에 많은 의문들이 꼬리를 물고 일어났다. 나는 왜 졸업정원제를 막연히 좋다고 생각하게 되었을까? 나는 왜, 무엇을 위해서 공부를 해야 하는 걸까?

잘사는 국가? 그리고 행복?

나는 청소년이다. 잘사는 우리나라를 만들기 위해서 내일의 주인공인 우리가 전문적 기능인으로 양성되어야 한다고 한다. 그리고 국가에 충성하고 부모에 효도하는 아이들이 되어야 한다고 한다. 물론 우리나라는 유례없는 비약적 발전으로 중진국 대열에 들어섰다고 했다. 그러나 사람들이 말하는 것처럼 우리는 그렇게 '잘' 살고 있지는 않은 듯하다. '애국'이라는 추상적인 단어는 무엇을 요구하는 것일까? '전문적 기능인'이 되는 일이 과연 우리가 할 일의 전부일까?

나는 서울대 학생이다. 모든 사람이 대한민국 제일의 대학으로 손꼽는 서울대를 좋다고 들어왔다. 그러나 과연 무엇이 좋은 것일까? 서울대생이 외국어대생보다 정말로 나은 '사람'일까? 왜 모든 사람이 서울대에 진학하기를 원하는 것일까?

나는 우리 부모님의 딸이다. 부모님이 바라는 대로 공부 잘해서 서울대생이 됐다. 이것이 진짜 효도일까? 부모님은 서울에 가면 무슨 일이 있어도 데모는 하지 말라고 신신당부를 하셨다. 그러나 대학에 와서 생각해 보니 정부 측에서 말하듯이 모든 것이 잘돼 가는 것은 아니었고, 대학 내의 분위기는 학생운동이 필요하다는 것이었다. 과연 데모는 나쁘기만 한 것인가? 옳은 일을 해야 하고 불의는 시정되어야 한다는 여태까지의 '규범'과 '나'와 부모님, 가족을 위해서는 융통성이 있어야 한다는 말이 서로 모순된다. 내가 따라야 할 말은 무엇일까?

나는 끊임없이 문제에 부딪히게 되었다. 당연하게 여겼던 사실의 재인식과 새로운 지식의 유입, 그럼으로써 가지게 된 새로운 시야는 가치관의 혼란을 가져왔고, 그 결과로 '반정부면 좌경화' 식의 정부의 말, 여태껏 믿어 왔던 언론의 말들은 몽땅 거짓말이고, 서울대만 나오면 출셋길이 열린다는 믿음으로 서울대에 집착하는 부모와 그 당사자인 자식들 모두를 자기중심적이고 무사안일주의적인 사람들로 치부하는 극단적인 생각에 빠지게 되었다.

당연하게 여겼던 것들은 무조건 의심해 보아야 한다는 생각, 하나의 기준만으로 모든 것을 평가해 버리는 듯한 '대중'의 의식은 무조건 잘못됐다는 편견으로 흘려버렸다.

그러나 학생운동의 필요성을 부르짖는 사람들 역시 현실적인 면에서 구체적 방향을 찾지 못하고 있는 것 같았으며 문제에 대한 다양한 시각이 결여되어 있다는 느낌이 시간이 지남에 따라 회의의 형태로 찾아들었다.

과연 모든 것이 잘못되어 있기만 한 것인가. 오랜 연륜에 의한 경험을 쌓으신 부모님의 말씀에도 일리가 있는 듯하다. 윤리적 측면에서 볼 때 나는 나만의 생각으로 움직일 수 있는 것일까? 이상을 추구해야 한다지만 현실을 무시할 수 있는 걸까? 여태껏 당연하다고 생각해 왔던 많은 규범들, 선악과 정사에 대한 일반적 기준은 오랜 세월 동안 많은 사람들에 의해서 수용되었던 것일 텐데, 그런 것에도 어떤 정당한 이유가 있었기에 받아들여져 왔던 것이 아닐까 하는 반문을 하게 되었다.

이와 같은 반대되는 생각들로 혼란스럽던 상태가 두 달 동안 계속되었고 이것이 어떤 의미의 위기 상황이었던 것 같다.

새로운 세계에 대한 인식, 자신에 대한 재인식

이처럼 나에게 있어서의 위기 상황은 '혼란'이었다. '칭찬받고 싶다'라든가 '좀 더 중요한 인물이 되고 싶다'는 이드id가 있었고, 모르는 상태에서 느껴 왔던 권위나 기대가 내재화되었던 슈퍼에고superego는 단적으로 본다면 공부를 잘해서 서울대학교에 들어가 남들의 존경을 받으며 국가적으로 필요로 하는 사람이 되어, 중요한 타자였던 부모님의 기대를 만족시키고 모든 사람들에게 일반적인 목표가 되어 있는 행복을 얻겠다는 것이었다.

그러나 대학에 들어와 새로운 사실을 알게 되었고 '나의 세계' 외의 이방에 대한 인식은 충격적이었다. 당연한 규범으로 여겨 왔던 것들에 대한 당연한 행동은 이미 당연하거나 옳은 것이 될 수 없었고, 사회화

과정에서 일탈적 행동으로 여겼던 것—부정적 일탈—들은 반드시 나쁜 것은 될 수 없었던 것 같다. 새로운 세계에 대한 인식과 자신에 대한 재인식은 구실의 갈등을 일으켰고, 그런 갈등 등이 복합된 '혼란'이라는 것이 위기 상황의 형태로 나타난 것이다.

이 혼란은 아직도 그대로다. 따라서 위기 상황은 극복되지 못한 상태다. 내가 가진 가치관은 보편적, 관례적 가치관과 특정 사회에 필요한 가치관 사이에 뚜렷한 구별이 서 있질 못하고 '내가 누구인가'라는 정체감도 가지지 못한 상태다.

그러나 어떤 점에서 다시 생각해 본다면 '혼란'을 가져올 수 있었다는 것은 한 가지 극단으로 빠진 것이 아니고, 하나의 극단과 그와 상반되는 또 하나의 극단을 가지게 된 것이므로 양면을 살펴보게 되었다는 점에서 규범과 기대에만 따르거나 극단적 자기중심으로 빠지는 것 모두가 바람직하지 못하다는 생각이 '기존의 규범, 권위, 가치관에 대한 전면적인 부정'이라는 위기 상황으로 빠지는 것에 대한 극복으로 보이기도 한다.

그러나 아직까지 한국인, 청소년, 서울대생, 딸, 동생이라는 구실에 대한 정확한 인식이 없고 규범에 대한 주체적인 자각도 갖지 못한 상태인 것은 분명하다.

김주영

———
1982년 서울대 사회학과에 입학하여 1986년 졸업했다. 2년여 간의 사회활동 끝에 잡지사에 근무하기 시작했으며, 90년부터 방송 구성작가로서 〈영상기록 병원 24시〉 등 다큐멘터리를 주로 집필해 왔다. 제3영상에서 기획실장으로 근무하고 있다.

세상은 거대한 바다
항해의 푯대를 세우자

:

박채향

닿을 수 없는 돛단배

우리가 고등학교에서 보냈던 3년은 대학을 향한 맹목적인 동경과 명문대의 신비에 사로잡혀서 하루하루를 책과 씨름하며 보냈던 시기였다. 서로에 대한 경쟁의식 속에서 좀 더 시간을 쪼개서 공부를 해야 한다는 강박관념에 사로잡혀 일 분이라도 덜 자려고 애를 쓰던 시기였다. 우리는 대학생이 되면 누리게 될 무한한 자유와 젊음을 그려 보면서 이 모든 어려움을 견디어 냈다.

대학교의 수업 방식은 분명 새롭고도 흥미진진할 것이다. 내용 또한 얼마나 넓어지고 깊어질 것인가. 시험과 학점에 목숨 걸 필요가 없는 상태에서 하고 싶어서 하는 공부는 얼마나 큰 기쁨일까. 막연한 기대감 속에서 샘솟는 대학에 대한 우리의 동경은 부모님과 선생님들의 기대와 부추김에 의해 더욱 채찍질되어졌다.

막상 들어와 보니 대학이라는 곳은 아이덴티티, 퍼스낼리티란 단어의 개념을 채 알기도 전에 먼저 그러한 말들을 들어야 했고 써야 했고 또 옮겨야 했던 곳이었다. 고등학교 3년을 거치며 생각과 행동의 주체로서의 자신을 잊어버리고 주위의 기대에 부응하는 것에 초점을 맞추며 일상의 규범과 기존의 제도 속에 안주하던 나는 당연히 혼란에 빠지게 되었다. 교양 과정의 수업 내용과 수업 방식도 고등학교의 연장이라고밖에 생각되지 않을 정도로 기대에 미치지 못했다.

거기에다 학점 또한 여전히 걱정거리였다. 대학에서도 나는 '어떻게 하면 A⁺ 학점을 딸 것인가? 어떤 답안 작성이 유리할 것인가?' 하는 걱정을 떨쳐 버릴 수 없었다. '어떻게 하면 정말 깊이 있는 학문을 연구하며 참된 앎을 추구해 나갈 수 있을 것인가' 하는 생각들은 전혀 예상치 못했던 이런 고민거리들 앞에 맥없이 무너져 버렸으며 한갓 허상으로서만 나를 괴롭혔다.

부모님과 친지들의 기대 또한 무시되어질 수 없었다. 그들의 자부심과 긍지는 대단했으며 그런 만큼 내가 그들의 기대에 부응해 주기를 바랐다. 학내의 데모나 현실적인 문제에는 눈 돌리지 않고 얌전히 학교만 다녔으면…, 남들보다 좋은 성적을 얻어 장학금 받으며 학교에 다니다가 사회에 나가서도 기반을 잘 닦았으면…, 좋은 남편 만나 시집 잘 갔으면…, 부모님들의 기대란 대개 다 이러하다. 대학생활의 목표를 학문적 탐구보다는 그 이후에 좋은 위치를 차지하기 위한 능력을 기르는 데 두고 있는 것이다.

폭풍의 바다 속으로

이러한 가운데 대학생활은 내게 전혀 생각지 못했던 또 다른 갈등과 위기를 초래했다. 당시 나는 내 자신의 논리와 의견을 정립하지 못한 채 대화와 토론에 응하면서 선배님들의 질문을 받아 내고 다른 사람의 논리를 깨부수어 달라는 요청도 받고 있던 상태였다. 여기서 바로 문제가 생겼다. 나는 심각한 문제의식에 봉착했고 거부반응마저 일어났다.

이제껏 자신의 개인적인 작은 일에만 급급한 나머지 그 이외의 일은 눈에 들어오지도 않았던 나였다. 내가 언제 한 번이라도 국가와 민족이라는 커다란 문제에 관심을 가져 본 일이 있었던가? 우리나라의 경제 사정이 어떤지 빈부 차이의 실태가 어떤지 조금이라도 생각해 본 적이 있었던가? 그런 내가 어떻게 이런 것들에 관해 이야기할 수 있는 것일까? 나는 이러한 나 자신을 어떻게 받아들여야 하나?

학생들의 데모 또한 내게 상당한 혼란을 가져다주었다. 나는 '왜 저 사람들은 데모를 할까? 자기네들이 알면 무엇을 얼마나 안다고 정부를 비판하고 우리나라의 안보에 위기를 더하는 것일까?' 하는 종래의 의구심에 대해 다시 생각해 보지 않을 수 없었다. 이 의구심에 정면으로 반박하며 대응하는 수많은 사람들을 보게 된 것이다.

갈등과 혼란 속에서 나는 내가 무엇을 어떻게 해야 할지 알 수 없는 일종의 아노미 상태에 빠졌으며, 이를 극복하고 다시 중심을 잡게 되기까지는 무척 많은 시간이 걸렸다.

아노미Anomie라 함은 현대 사회와 같이 규범이 너무 다양한 데다 구속력이 약하고 서로가 다르며 모순하고 갈등하는 데서 오는 무규범 상태를 지칭하는 말이다. 이 상태를 벗어나기 위해서는 어떤 규범이 정말 옳고 그른지를 가릴 가치관의 정립이 무엇보다도 시급했다.

항해의 푯대를 세우자

이렇게 혼란 속을 헤매는 동안 어느 선배로부터 이런 말을 듣게 되었다. "모든 것은 자기 마음속에서 어떻게 받아들이고 어떤 식으로 극복하고 흡수해 가는가에 달려 있다. 사소한 문제이건 커다란 문제이건 간에 자기와의 관련은 다 있는 것이다. 그중에서 자신과의 관계를 찾고 관심을 가지고 그 문제들을 하나하나 관찰한 연후에 다시 직면할 때, 그것들은 골치 아픈 문젯거리에서 벗어나 신선한 이미지로 새롭게 대두된다. 요컨대 자신이 직접 대처해서 처리하겠다는 의지를 가지고 자신과 관련을 지어 생각해 보면 왜 그러한 문제들을 생각하고 이해해야 하고 피해서는 안 되는지 알게 될 것이다"라고 말이다.

나는 이제까지 나 자신의 가치관을 가지고 내 시야로 세상을 보며 살았던 것이 아니었음을 깨달았다. 이 사회에서의 출세와 성공을 소망하면서 타인의 기대와 기존의 제도에 부합하려고 노력하는 삶이었다. 왜 내가 이렇게 행동해야만 하는가는 생각할 여지가 없었다.

그런 식의 반문은 단지 부정적인 측면에서 삶을 보게 한다는 생각에서 비판적인 시각과 태도를 일축해 버렸던 것이었다. 사회로부터의 부정적 일탈에 대한 두려움에서 기존의 흑백논리에 충실하려고만 했지, 그것이 왜 흑이며 백인가 하는 흑백논리 자체의 당위성과 정당성을 고찰해 보지 않았었다.

이제 나는 나에게 쏠린 모든 기대에 그저 부응하려고만 했던 지난날에서 벗어나서 왜 기대에 합당한 행동만을 해야 하는 것이며, 그 기대가 과연 바람직한 것이었나를 생각해 보게 되었다.

아직까지는 대학생활에 익숙하지 못하고 내 좌표도 찾지 못했을 뿐더러 위기도 완전히 극복했다고 할 수 없지만 해결의 실마리는 찾은 것 같다.

나는 나에 대한 기대에 부응하려고만 하는 생각을 지양하고, 내가 바라는 바람직한 상과 나에 대한 기대에 의해 표현되어지는 상의 두 연장선이 만나는 점을 파악하여 그 점을 표준으로 삼을 것이다.

이제 마음의 닻을 내리고

대학이 힘들었던 고등학교 시절의 연장이라는 표면적인 인식을 극복하고 좀 더 본질적인 것을 찾아볼 가치가 충분히 있는 곳이라는 생각으로 대학생활에 임할 것이다. 내가 이렇게 할 때 환상과 낭만의 장으로서의 대학이나 운동과 투쟁에만 급급한 대학이 아닌, 젊음의 무한한 가능성을 펼 수 있고 이상을 추구할 수 있는 장으로서의 대학이 내 앞에 펼쳐질 것으로 생각한다.

그리하여 그 속에서 '뉴New'가 아닌 '프레시Fresh'의 의미를 살린 진정한 '프레시맨Freshman'이 되겠다고 다짐해 본다. 아직까지도 불확실한 자아와 주체성을 정립할 것이다. 그 위에서 학문을 탐구하는 희열감도 맛볼 것이다. 아울러 국가와 민족과 이웃과의 관계를 모색하는 데 게으르지 않다면 자기중심적인 관점에서 탈피하여 타인의 입장을 이해하는 사회적 자아를 형성하게 될 것이라고 확신한다.

박채향

1982년 서울대 사회학과에 입학하여 1986년 졸업했다. 졸업 후 사회과학연구소에서 활동했으며, 1992년 인터넷 관련 업무로 첫 직장 생활을 시작, 현재까지 국내 인터넷 관련 업체에서 근무하고 있다.

진정한 지식인의 길
우리 교육의 일그러진 현실

:

위종욱

고교 시절 선생님의 기억

우리 인간들은 자신이 너무나 당연하고 타당하다고 생각했던 사실 속에 진실이 은폐되어 있고 온갖 허위와 기만의 장식들로 꾸며져 있다는 것을 알게 되는 순간 심한 갈등과 번민에 빠지게 된다.

그러나 이 순간은 또한 당연과 필연으로 가장된 세계의 껍질을 벗기고 좀 더 깊은 진실이 숨겨져 있는 곳을 통찰할 수 있는 기회이며, 이 기회를 잘 활용할 때 우리는 내적으로 성숙해서 앞으로 더 큰 문제들과 맞닥뜨리더라도 전보다 향상된 기량으로 그것들을 파악하고 해결해 나갈 수 있을 것이다.

내가 처음 가치관의 혼란으로 괴로워했던 때는 고등학교 2학년 여름방학 때였던 것으로 기억된다. 나는 내 또래의 친구들보다 약간 특별하게 고등학교 시기를 보냈다. 나는 학교에서 인정하고 있지 않은 소위 '언더 서클'에 3년 동안 몸담고 있었는데 그곳에서 나는 많은 정신적 각성과 발전을 이룰 수 있었다.

서클 활동은 지금 각 과와 학회에서 하는 세미나 형식이 주를 이루었으며 주로 문학 서적들을 많이 다루었다. 세미나를 마치고는 대학교에 다니는 서클 선배와 함께 학교 이야기도 하면서 부담 없이 대화를 주고받곤 했다. 가끔씩 이야기가 현실적인 문제들로까지 옮겨 가는 경우도 있었는데 당시 나의 짧은 생각으로는 이해가 되지 않았던 부분이 많았다고 기억된다.

고2 여름방학 때 그 당시 사회를 떠들썩하게 했던 '민중 교육지 사건'이 터졌는데 그 사건에 연루된 선생님들 중에는 우리 학교에서 국어를 가르치던 분도 계셨다. 그 선생님은 비록 내가 직접 수업을 받은적은 없었지만 친구들이나 서클 선배와 이야기하면서 가끔씩 화제가되었던 분으로 잘 알려진 문학평론가이자 현실적 문제를 다루는 시인이었다. 나도 그분의 시집을 읽고 무척 감동을 받았던 적이 있었다. 그분은 어느 누구 못지않게 진실로 열심히 살려고 노력하시는 분이며 학생들에게 존경받는 인간적인 선생님이었다.

그분이 민중 교육지에 실은 글로 인해 경찰에 검거되었다는 소식을접했을 때의 나의 충격은 이루 말할 수 없는 것이었다. 죄명은 반정부적이고 용공성이 짙은 글을 썼다는 것이다. 나는 급히 문제가 된 책을구해서 하룻밤을 꼬박 새우다시피 하며 읽어 보았다. 그러고 나서 내가 느낀 것은 한마디로 억울하다는 것이었다. 모순투성이인 이 나라교육제도의 현실을 밝히고 진실을 토로하며 자신의 소견을 용기 있게밝히신 분들이 왜 시대의 죄인이요, 북한에 동조한 나쁜 사람으로 매도되어야 한단 말인가?

울음을 삼키며 집으로

나는 착잡하고 괴로운 심정을 달랠 수가 없어 나름대로 우리 학생들이 취할 수 있는 여러 가지 방법을 생각해 보았다. '정부 당국에 교사와 학생 명의로 탄원서를 내 볼까?' '우리도 대학생들처럼 데모를 할까?' 이것저것 온갖 생각을 다 해 보았다.

며칠이 지난 후 나는 학교에서 가장 믿고 있던 선생님을 찾아가서 내 심정을 솔직히 말씀드렸다. 선생님은 창문 너머를 한참 바라보다가 말씀하셨다.

"종욱아, 네가 그 선생님을 생각하는 마음은 충분히 이해한다. 하지만 너는 지금 당장 눈앞에 닥친 현상적인 일에만 너무 괴로워하고 있어. 이제까지 네가 모르고 있는 동안에도 정말 열심히 살고자 했던 많은 분들이 이런 경우를 당하셨고, 지금 우리가 이런 대화를 주고받는 이 순간에도 그런 탄압은 일어나고 있단다. 하지만 지금 당장 어떻게 해 보기에는 너의 힘이 너무도 부족하단다. 내가 너에게 당부하고 싶은 것은 이런 일들을 제발 잊지 말고 가슴속 깊이 명심해 두라는 거야. 이게 현재 네가 취할 수 있는 최선의 방법이란다. 그리고 네가 열심히 공부해서 이 다음에 사회에 진출해 어느 정도 자신의 역량을 키운 후에 그때 가서 너의 신념을 펼쳐 보라는 거야."

나는 울음을 삼키며 집으로 돌아왔다. 그리고 그 선생님의 말씀대로 새롭게 마음을 다잡고 열심히 공부에 매진했다. 하지만 지금 와서 생각하니 그것은 한편으로는 옳고 타당하며 한 제자의 스승으로서 충분히 할 수 있는 말이었으나 다른 한편으로는 무척 애매모호하며 뚜렷한 방향성도 없는, 다만 아직 확실한 변별력을 갖고 있지 못한 어린 제자에게 글을 가르치고 있는 스승이 준, 사랑으로만 가득 찬 일상적인 말이었다는 생각이 든다.

진실을 말할 수 있는 용기

자유 언론에 대한 탄압이 있는 동안에 그분의 말처럼 그 사실을 마음속 깊이 새기며 열심히 공부했던 사람들이 사회에 진출한 후 과연 얼마만 한 일을 이루어 놓았는가?

해방된 이후 우리 언론은 과연 얼마만큼 탄압에 대항하며 자유 언론의 길을 걸어왔는가? 혹시 제자리를 걷고 있었거나 아니면 후퇴하고 있지는 않았었는가? 자신의 신념을 펼칠 수 있기 위해서는 실제로 사회에서 어느 정도의 위치에 올라야 하며 어느 정도의 역량을 필요로 하는 것인가? 또 그런 역량을 갖추는 동안에 사회에 일어나고 있는 부조리와 모순을 다만 머릿속으로 깨닫고 인식해 두기만 하면 지식인으로서 그 사명을 다했다고 할 수 있는가?

어제 신문에 난 서울대 교수님들의 시국 관련 성명 보도를 읽었다. 그럼 그분들을 제외한 대한민국의 나머지 교수님들은 모두 4·13호헌 조치를 지지하고 있다는 말인가? 그것은 결코 아닐 것이다.

그렇다면 이것은 무엇을 말해 주는가? 비록 올바른 생각을 갖고 있고 또 진실이 무엇인가를 알고 있는 사람이라 할지라도 그런 자신의 신념과 주장을 실제로 펼쳐 보이는 것은 보통 어렵고 힘든 일이 아니며, 그럴 수 있기 위해서는 많은 현실적인 불이익을 감수할 수 있는 용기가 필요하다는 것이다.

그렇기 때문에 나는 서명을 하지 않은 대부분의 교수님들을 비난하기보다는 서명을 하신 소수의 교수님들의 용기에 대해 아낌없는 지지와 찬사를 보낸다. 또 이런 이유로 나는 당시 그 고등학교 선생님의 제자에 대한 사랑에는 일단 감사의 마음을 드리지만, 여기서 그분이 그런 말씀을 할 수밖에 없었던 우리의 교육제도와 사회 전반에 대한 문제를 지적하지 않을 수 없다.

몇 주 전에 과 선배들과 이야기하던 중 어느 선배로부터 "사춘기라는 것은 어떻게 보면 경직되고 모순된 사회구조상 필연적으로 나올 수밖에 없는 산물이다"라는 요지의 말을 듣게 되었다.

이것은 이제까지 사춘기를 정신과 육체의 성장 과정에서 나타나는 현상으로 알고 있었고 이를 '젊음의 상징'이라는 낭만적인 시각으로만 바라보고 있었던 내게 새로운 충격을 안겨 주었다. 그래서 여러 책들을 구해서 읽어 보고 또 그 선배와 다시 이야기할 기회도 가지며 내 나름대로 다시 생각을 정리하게 되었다.

우리의 교육 현실

결론적으로, 우리 사회에는 청소년들의 반항, 갈등, 방황 등을 원만히 수용할 수 있는 포용력과 그것을 사회 발전의 원동력으로 삼으려는 기성세대의 노력이 부족하다는 것이다. 중·고등학교 시절의 나 역시도 교사나 학생들 사이에 소위 문제아로 낙인찍힌 학우들을 보면서 그 책임을 그들 개개인에게만 돌리는 상황을 당연시했었다.

왜 해마다 집을 뛰쳐나오는 가출 청소년들이 속출하며 십대 범죄가 늘어 가기만 하는가? 왜 학교생활에 적응하지 못하고 말썽을 부리며, 교칙을 어기는 문제 학생이 반드시 있어야 하는가?

당시에는 나 역시도 우리 사회의 구조적인 취약점은 미처 깨닫지 못한 채 이것에 대한 대답을 문제 학생 개개인에게서만 찾으려고 했던 것이다.

우리는 초등학교 때 착하고 바르게 살며 서로 돕고 살라고 분명히 배웠다. 하지만 이것은 벌써 중학교에만 들어가도 마치 케케묵은 옛날

이야기처럼 고루하고 진부해지고 우리는 서로 간의 경쟁에 돌입하게 된다. 그리고 고등학교에 들어와서 대학 문턱이 실로 엄청나게 높다는 것을 절감하게 되면서, 우리는 남보다 한 발 더 앞서기 위해서 가능한 모든 것을 동원하며 더욱 치열하게 경쟁하게 된다. 경쟁이란 총알 없는 전쟁터에서 능률과 암기 위주의 교육이 인성 교육을 자연스럽게 밀어내고 점점 확고히 자리를 잡아 가게 되었고 우리 학생들은 주입식 교육에 의한 기계적인 학습에 익숙해졌다.

오로지 대학 입학이 목표

이것을 가리켜서 고등교육이니 사회생활에 기초가 되는 교양 교육이니 하고 떠벌리는 사람들이 있다고 하는데 그런 자들은 도대체 양심이 있기나 한 건지, 아니면 혹시 자기 자식들은 외국에서 공부시키고 있어서 마음이 편해서 그러는 것인지 나는 도무지 알 수가 없다. 초등학교 6년, 중학교 3년, 고등학교 3년, 장장 12년 동안의 교육 목표가 오직 대학 입학이라는 현실에 서글프고 안타까운 마음이 든다. 그래서 혹자는 대입 수험생의 4분의 3은 결국 4분의 1의 대학 합격자를 위해 12년 동안 들러리를 서는 격이 아니냐고 하는데, 참으로 비극적인 일임에는 틀림이 없다.

이런 타율적이고 비주체적인 교육제도에 잘 적응해서 기성세대가 일방적으로 정한 규율을 잘 지키면 무조건 모범생이라고 칭찬을 받고, 그렇지 못하면 문제 학생으로 교사들에게 낙인찍혀서 항상 감시와 의심의 눈초리를 받으며 학교생활을 하게 된다. 학교의 선생님들은 제자들이 앞으로 살아 나가는 데 필요한 가치관과 역사관의 형성에 도움을 주는 인생의 길잡이에서 대입 경쟁을 감독하고 부채질하는 역할을 수

행하는 자로 전락했다.

선생님들은 항상 "지금의 교육 현실이 정상적이지 못한 것은 안다. 하지만 할 수 없는 일이다. 너희들은 어쨌든 여기에 적응해서 열심히 공부하지 않으면 안 된다"라는 말만 우리에게 반복한다. 왜 비정상적인 것을 정상으로 만들려는 노력 대신에 그 비정상적인 것에 적응하려는 노력만을 해야 한단 말인가. 이것은 학생을 교육한다는 사명감을 갖고 있는 교육자라면 도저히 입에 담을 수 없는 말이 아닌가.

비단 학교만의 문제가 아니다. 나는 사회생활의 근간이요 정서적 안정의 근원지인 가정에 대해서도 문제를 제기하려고 한다. 어렸을 때는 항상 인자하던 부모님도 자식이 중·고등학교에 들어가는 순간 그것이 실은 당신 자식을 망치는 것임을 모르고 "다 너 하나 잘 되라고"라는 미명 아래 경쟁을 부추기는 경쟁 독려자가 된다. 언제부터인지 부모와 자식 간에 대화가 단절되고 서로를 이해하려는 노력 대신 자신의 입장을 고수하며 상대방을 자기 쪽으로 끌어들이려고 하는 상황이 벌어지고 있다. 문제 학생의 뒤에는 문제 가정이 있다는 말이다.

이 시대의 용기 있는 젊은이들

부모님은 최소한 가정이란 울타리 안에서만이라도 능률 위주의 가치관, 속도 지상주의, 편법주의 대신에 끈끈하고 풋풋한 인간관계와 인격적인 가치관을 공고히 하려고 노력해야 하며, 자신들의 진심을 쏟아 놓는 진실하고 성실한 대화를 통해 가족 간에 열린 관계를 유지해야 할 것이다. 그리고 공교육 또한 자율적이고 창조적인 인간형의 추구에 중점을 두어야 하며, 경쟁을 조장하기보다는 남과 서로 돕고 지낼 수 있는 능력을 기르는 것에 주력해야 할 것이다.

대학교에 들어와서 겪었던 것에 관해 잠깐 언급하고자 한다. 대학에 들어오기 전까지 나는 데모라는 것은 신문이나 TV의 보도대로 일부 극소수 좌경 용공 학생들만이 하는 것이라고 생각하면서 데모의 폭력적인 형태에 진저리를 냈다. 하지만 알고 보니 이것은 분명히 틀린 생각이었다. 그들은 결코 여러 언론 매체들이 이구동성으로 떠드는 것처럼 소수가 아니었고 용공도 좌경도 아니었다.

그들은 다만 고등학교 때 검거된 국어 선생님처럼, 이 시대의 왜곡되고 잘못된 부분들을 과감히 파헤치고 진실을 추구하며 성실히 살려고 노력하는 자들로, 이 과정에서 기성세대의 오해와 탄압을 받으면서도 그들 자신의 신념을 굽히지 않는 이 시대의 용기 있는 젊은이들이었다. 나는 이것을 어느 누구에게도 떳떳하게 말할 수 있다. 그들은 어느 누구보다도 더 많이 올바르게 사는 것이 무엇인가를 고민한 이들이다. 그런 이들을 소영웅주의에 빠진 학생들이라고 폄하하면서 자신들의 위치와 행동을 은폐 내지는 합리화하고 있는 기성세대의 행태에 나는 분노마저 느꼈다.

인문대 5동 앞에서 발대식이 있을 예정이라고 해서 그곳으로 가던 길이었는데 대자보 앞에 학생들이 뺑 둘러서서 웅성거리고 있는 게 보였다. 학생들이 둘러선 가운데에서 내가 대학에 들어오기 전부터 익히 그 이름을 들어 온 모 교수와 학생들이 언성을 높이며 말다툼을 하고 있었다.

모 교수는 이 대자보가 좌경과 용공의 불온 내용을 담고 있으니 떼어서 가져가야겠다고 했다. 그러자 한 학생이 나서서 "교수님, 그렇다면 교수님이 생각하시는 이 대자보의 좌경과 용공 부문을 조목조목 짚어 주는 대자보를 한 장 만들어서 이곳에 붙여 주십시오. 그러면 저희들이 그것을 보고 깊이 생각해 보겠습니다"라고 했다. 이에 모 교수는 얼굴이 붉어지면서 "학생들이 어디 함부로 교수 앞에서 소리를 높이며 말대꾸를 하느냐. 너희들은 그렇게 배웠느냐"라는 식의 말도 안 되는 논리를 주장했다.

나는 더 이상 그 자리에 서서 교수님의 얼굴을 지켜볼 수가 없었다. '사회적으로 저명한 교수님께서 어떻게 저런 무책임한 말을 할 수가 있을까? 사회적 위치로 볼 때, 교수라면 당대 최고의 지성인이요 그 시대의 선각자라고 할 수 있는 사람이 아니던가? 그러기에 나 또한 어려서부터 교수라는 직업에 무척 매력을 느껴 오지 않았던가?' 하는 생각에 마음이 심란해졌다.

우리 사회에서 진정한 지성인이 되는 것은 참으로 험난한 길이라는 생각이 들었다. 올바른 소리를 하면 감옥에 들어가고 시류에 따라 지배계급에게 아부하면 출셋길이 열리는 이 모순된 사회구조 속에서 과연 나는 어떤 길을 걸어가야 할 것인가?

분명 올바른 길을 걸어가야 한다. 비록 천 사람, 만 사람이 다른 길로 간다 할지라도 내가 가는 길이 올바른 진리의 길이라면 나는 묵묵히 그 하나의 길을 걸어가야 한다. 먼저 깨닫고 인식한 사람만이 실천할 수 있다는 사실을 명심하며 진리는 영원하다는 신념으로 용기를 가지고 그 올바른 길을 당당하게 걸어갈 것이다.

위종욱

1987년 서울대 정치학과에 입학하여 1992년 졸업했다. 전국노동단체연합 간사와 청년 네트워크미래회장을 역임하며 사회 활동을 했다. 한샘학원, 메가스터디, 비상에듀 등에서 사회 과목 강사로 일했다.

2장

광주의 충격과 자기 성찰

이 장에서는 1980년 5월 광주민주화운동^{광주항쟁}의 충격과 이로부터 시작하는 자기결정권의 문제를 다룬다. 광주항쟁은 영화 〈서울의 봄〉처럼 민주화 요구를 압살하는 비극을 잉태한 역사적 경험이면서 또한 다른 영화 〈길 위에 김대중〉의 정점에 위치한 민중항쟁에 속한다. 이 항쟁으로 1980년대 민주화 운동의 봇물이 터졌다고 할 수 있다.

이 장의 5명의 저자 가운데 백희라와 김유선은 각각 광주 출신으로서 광주항쟁으로 느꼈던 충격을 술회하고 이를 통해 터득한 억압된 진실을 말하고 있다. 탄압의 잔혹성도 문제였지만, 더욱 놀라운 것은 특수 공수부대와 대치하는 과정에서 광주 시민이 보여 준 경이로운 자기결정권의 행사이다. 이것이 민주화 운동에 깊은 영향을 미쳤다. 이 점에 착안하여 이강진과 이상호는 집회 시위나 수업 거부 등과 관련하여 자기결정권의 의미를 적극적으로 해석했다. 또한 김민철은 자신을 불태워 독재에 항거했던 김세진과 이재호의 분신에서 느낀 충격을 솔직히 밝히면서 자신의 이념적인 혼란과 함께 해결해야 할 과제를 자기결정권의 눈으로 탐색했다.

요컨대 이 장은 광주항쟁과 학생운동의 관계를 다양하게 조명하는 의미를 갖는다. 민주주의를 위해서는 자유롭고 평등한 개인들로 구성된 공동체를 주민들이 합의로 이끌고 향유하는 절차로써 자기결정권의 행사가 중요하다. 이 관점이 여기에 잘 드러나 있다. 이 권리가 부정될 때 시민들은 이에 저항할 수 있는 권리를 갖는다는 점도 분명하다. 인습을 넘어 탈인습의 보편적 가치로 진입하는 중요한 관문의 하나가 여기에 있다.

광주의 진실
5월의 밤에 빛난 횃불과 함성의 감동

:

백희라

광주에서 체험한 어두운 역사의 굴곡

내 고향은 예로부터 불의에 대한 저항 정신이 면면히 흐르고 있는 전남이다. 이곳은 고대 백제의 형성이 있기 전의 목지국과 직산 지방의 갈등에서부터 동학란과 민란, 광주학생운동, 소작쟁의, 4·19 등에 이르기까지 역사적 사실들의 중심지가 되곤 했던 의식의 고장이다.

전남은 호남평야와 나주평야를 끼고 있어 고래로 농업 국가의 가장 중요한 곡창지대로서 큰 몫을 담당하고 있는 지방이다. 그럼에도 불구하고, 아니면 그래서인지 전라도는 남한의 여러 도들 중에서 상대적으로 유난히 영세하다. 통설에 의하면 전라도에는 경상도의 100분의 1 정도에 해당하는 자원이 분배된다고 한다.

나는 전남의 도청 소재지요 인구 80여만의 교육·소비 도시인 광주에서 그곳의 문화를 호흡하면서 자랐다.

원래 준거집단의 수준이 높았던 탓인지 아니면 성취 지위에 대한 명예욕이 강했던 탓인지 나는 학교를 다니면서 계속 피어그룹peer group 의 중심 멤버였다. 나는 모범생이란 지위에 걸맞은 역할 수행에 노력하면서 학교에서 원하는 인간형이 되고자 부단히 자신을 훈련시켰는데, 다행히도 동료들에 비해서 같은 노력에 더 많은 보상이 따르는 결과를 얻을 수 있었다. 이렇게 철저하게 잘 사회화되어 있었던 내가 지금의 모습으로 변하게 된 것은 고향이 광주이기에 체험해야 했던 어두운 역사적 굴곡의 영향 때문이다.

나는 중학교에 입학하면서 세상이란 것에 조금씩 눈뜨기 시작했고 사회가 진리대로 옳은 것을 따라서만 움직이는 합리적이고 이상적인 것만은 아니라는 것을 느끼기 시작했다. 장기 집권과 독재가 우리나라의 현실임을 알았고 부조리와 불만이 사회 곳곳에 웅덩이의 썩은 물처럼 고여 있다는 것도 어렴풋이나마 알게 되었다.

중3 때 영문 모를 10·26사태가 일어났다. 이로 인해 한국적 민주주의와 유신의 허상이 막을 내리는가 했지만 그것도 잠시뿐이었다. 정국은 누군가의 계획대로 어떤 이가 추대되어져서 권력의 핵심 인물로 세력을 키워 나가는 모습과 그 반대파들의 행보로 불안과 혼돈 속으로 빠져들고 있었다.

내가 정부에 대한 무조건적인 신봉에서 벗어나 이면에 숨어 있는 것들을 보려 하고 비판적인 시각을 조금씩 키우게 된 시기도 이 무렵부터였던 것 같다. 그러나 당시 나는 분단된 조국의 현실에서 반공과 한국적 민주주의는 어쩔 수 없는 것이라는 논리에서 여전히 벗어나지 못한 상태였다.

내가 다녔던 고등학교는 자율적 기질이 강한 곳이었고 선생님들도 학생들에게 새로운 시각으로 역사와 현실을 보는 자세를 많이 깨우쳐 주었다. 어떤 선생님은 저항 시인으로 옥고를 치르기도 했었다. 그러나 결국 학교는 문교부의 산하 기관으로 학생들의 선택적 선발 기능을 주된 교육 업무로 삼는 곳이었다.

5월의 밤에 빛난 횃불과 함성의 감동

고1 때였다. 계절의 여왕인 5월 무렵 시국과 관련하여 전국은 학원 소요사태로 들끓고 있었고 광주 또한 격렬하게 요동치고 있었다. 그러던 어느 날 저녁 아홉 시쯤 집에서 공부를 하고 있는데 어디선가 애국가가 장엄하게 들려왔다.

거리로 나가 보았다. 그 길고 긴 대열이라니…. 이름하여 횃불 행진으로 전남 학생들이 주도한 시위였다. 그 긴 행렬에는 고등학생, 교수, 시민들뿐 아니라 아무것도 모르고 그저 좋아서 따라가는 초등학생들도 끼어 있었다. 모두 노래를 부르고 구호를 외치면서 횃불을 밝혀 들고 한없이 걷고 있었다. 참으로 길고 긴 엄청난 행진이었다. 그 옆에는 도로를 따라 전경 차와 대원들이 질서 유지를 위해 나란히 열을 지어 가고 있었다. 5월의 밤에 빛난 그 횃불과 그 함성의 감동은 너무나 감격스러웠다.

5월 18일 친구랑 시내에 놀러 나갔다가 최루탄과 그 밖의 물질에 의해 혼이 났다. 시내는 쥐 죽은 듯이 고요했고 십자군 병사처럼 방패를 들고 늘어선 전경들이 숨어 있는 학생들의 사기를 꺾으려 하고 있었다. 노선을 이탈해 운행할 수밖에 없게 된 버스를 타고 겨우 집에 돌아올 수 있었으나 그날은 참으로 무서운 일요일이었다. 곳곳에서는 파출소들이 피습을 당해 엉망이 되어 불타고 있었다. 다음 날 학교는 공포 속에서 휴교령이 내려졌고 선생님들은 학생들의 무사한 귀가를 위해 동분서주했다.

횃불 행진을 절정으로 잠시 데모가 그쳐 잠잠했던 도시는 갑자기 출현한 공수부대의 횡포로 무참하게 유린되었다. 무고한 시민과 학생들의 처참한 죽음과 여대생들의 치욕이 입에서 입으로 전해지면서 시민들은 점점 더 분노해 갔다.

도시의 모든 기능이 완전히 마비된 상태에서 진실은 유언비어를 통해 사람들 사이에 퍼져 갔다. 간헐적으로 학생들의 격렬한 움직임도 눈에 띄곤 했다. 시내에서는 내 손주 내놓으라는 할아버지들의 시위가 있었다고 했고, 무등 경기장에서는 택시 기사들의 단합적 시위가 있었다고도 했다. 시민과 학생들은 지방 곳곳의 무기고를 습격해 총을 보유하게 되었다. 외곽에서는 총격전이 계속되어 시체가 쌓여 간다고 했다.

도청 앞 광장의 핏자국들

며칠 후 버스를 비롯해서 시내의 모든 차량이 동원되었다. 유리창이 부수어졌고 대원들은 각목으로 차량을 두드렸으며 거기에 피켓을 걸고 온갖 격분한 구호를 새겨 넣어 가두 행진의 도구로 사용했다. 시민들은 거리거리마다 물동이를 준비해서 민주 시민들의—그들을 정부 측에선 폭도라고 불렀으나 광주에 뿌려진 전단에서는 민주 투사라고 불려졌다—목을 축여 주었고 가게의 콜라와 사이다 등의 음료수는 모조리 응원품이 되었다. 우리 집에서도 그들에게 태극기와 음료수를 건넸고 열렬한 응원의 박수도 보냈다.

신문과 방송은 전혀 진실을 보도하지 못했다. TV에서는 조작된 화면이 방영되었고 다른 지방의 반응은 냉담했다. 나는 거의 날마다 언니들의 손을 잡고 도청 앞 광장에 나갔다. 그곳의 공기는 엄청나게 퍼부어진 최루탄으로 인해 너무나 매웠고 아스팔트 위에 여기저기 얼룩져 있는 핏자국들은 처참한 영상을 떠올리기에 충분했다. 그 후 비가 왔지만 그 핏자국은 쉽게 씻겨 내려가지 않았다. 광장 곳곳에는 전복된 군인 차량들이 불탄 고철이 되어 쌓여 있었다.

소식을 알기 위해 도청과 그 앞의 광장 주변은 연일 사람들로 붐볐다. 그곳은 마치 고대 그리스 시대 아테네 시민들의 집회 장소와 같았다. 도청은 학생들과 그 밖의 민주 인사들의 사무실이었고 그 앞 건물인 상무관은 시체들의 영안실이 되었다.

언제까지나 도시를 무정부 상태로 격리시킬 수 없다는 것을 잘 알고 있었던 우리는 우리의 뜻과 사태의 진실을 알릴 수 있는 길을 모색하기에 여념이 없었다.

진실을 보도하지 못하는 매스컴에 격분하고 앉아 있을 수만은 없었기에 도청 앞 광장에 온 외국 기자들에게 우리는 얼마나 사정했는지 모른다. 제 나라에서 일어난 사건을 그곳의 매스컴이 보도하지 못해서 외국의 기자들을 붙들고 하소연해야 하는 것은 너무나 참담하고 눈물겨운 일이었다.

학생과 민주 시민들은 상공의 헬리콥터에서 찍는 카메라를 피하기 위해 눈만 남기고 얼굴을 온통 천으로 감았고 더욱 무거워지는 책임감에 얼굴은 굳어져만 갔다.

사망자 2천 명을 106명으로 발표

엄마와 이모는 시체 안치실에 갔다 와서는 그 잔인하고 적나라한 모습들에 치를 떨었다. 급우의 부상 소식을 듣고 병원에 달려간 오빠는 친구의 이름을 찾기까지 사망자 명단을 수십 장 넘겨야 했다. 훗날 신문 보도엔 사망자가 106명이라고 하고 비공식 집계로는 2천이 넘는다고 하나, 워낙 묵인 속에서 비공개적으로 일어난 일이라 정확한 수는 파악될 수 없었다. 그 후 어떤 군인으로부터 그때 자기의 일은 하루 종일 암매장만 하는 것이었다고 전해 듣기도 했다.

5월 말의 햇살은 하루가 다르게 뜨거워만 갔고, 열흘이 넘어가는 광주 공화국을 더 이상 지탱하기 힘들다는 것을 알고 있는 시민들의 불안도 시간과 함께 점점 증폭되어 갔다. 그간 시민들은 모두 한마음이 되어 역사적 사실로서의 광주사태에 대해 주역으로서 책임감과 긍지를 느꼈으며, 단결된 힘의 크기를 스스로 확인하는 기쁨과 쌓였던 응어리를 표출하는 해방감을 맛보았다.

그러나 정부에 대한 시민들의 요구는 받아들여지지 않았다. 동서고금의 역사가 보여 주듯이 이미 기득권을 획득해서 행사하고 있는 자에 대한 정면 도전과 항거는 그리 쉽게 용납될 수 있는 성질의 것이 아니었다.

고등학교 1학년생의 사회과학 지식으로는 제대로 인식할 수도 분석할 수도 없는 엄청난 사태였다. 당시의 임시 대통령은 자수하는 자에게는 추후 아무런 책임을 묻지 않을 거라고 연일 육성 방송을 내보냈지만 정작 사태가 진압되자 그 말은 아무런 효력도 발휘하지 못했다. 광주사태 도중 많은 사람들이 불순분자로 구속되었다. 매스컴에서는 이번 사태로 북한의 남침 가능성이 그 어느 때보다 고조되어 있다는 보도를 집중적으로 내보내고 있었지만 광주 시민들은 지배계급의 이데올로기에 더 이상 속지 않았다.

참다운 지식인이 되기 위해 가져야 할 사명감
총탄이 포물선을 그으며 밤하늘을 붉은 꽃으로 수놓던 밤에 나는 겁도 없이 옥상에 올라가 그 광경을 보면서 관청의 한 간부라는 사람에게 3·1운동에서부터 시작된 우리의 근대사에 대한 간추린 설명을 들었다. 필연의 사태라고 부르는 그날이 있기까지의 이야기였다. 한 국가의 정치적 독립은 경제적·군사적 독립 위에서만 실현될 수 있다는 것, 경제 성장이라는 목적하에 정치 발전은 유보될 수 있다는 논리는 옳지 못하다는 것, 힘으로 국민의 반감을 억누를 수는 없다는 것 등을 알 수 있었다. 신문과 교과서에 쓰인 것 그대로를 믿을 수는 없다는 것도 말이다.

불안과 야릇한 흥분 속에서 하루하루를 지내던 어느 날 새벽, 요란한 총소리에 잠을 깼다. 유리창에 담요를 대고 이불 속에서 숨죽여 떨었다. 한참이나 계속된 총소리가 끝나고 먼동이 터 올 무렵 군인들이 발맞추어 대문간에 서 있다가 지나가는 소리를 들었다.

다시 계엄군이 들어온 것이다. 광주 공화국은 열흘 남짓한 기간으로 끝난 것이다. 도청에 있던 그 많던 학생들과 시민들의 운명은 어찌 되었을까?

뒷날 도청에서 벌어졌던 그날의 참상이 들려왔고 광주는 가택 수사로 인해 또 한바탕 공포에 떨어야만 했다. 시민들의 그 뜨거운 함성과 학생들의 그 격렬한 몸짓이 있었음에도 불구하고 해당 정권은 큰 독사의 목이 잘려 나가면 새로운 목이 돋아나는 격으로 계속 유지·발전되었고 역사는 어둠 속에서 이어졌다. 그렇게 엄청나고 치명적인 사건도 시간이 흐르면서 정리되어 갔고 사람들의 뇌리에서도 조금씩 잊히고 있다.

그러나 지금의 이 정권은 도덕적·정치적인 면에서 그 오명을 절대로 씻을 수 없을 것이다.

나는 광주사태를 체험하면서, 그 이후에 있었던 박관현 전남대 학생회장의 죽음을 겪고 그 속에서 서클 선배들의 아픔을 보면서, 또 그럴 때마다 도시를 제압하는 전경대원과 군인들의 엄청난 수적 횡포에 의한 심리적 부담감에 시달리면서 이전의 현 정부에 대한 무조건적인 신뢰와 지지에서 완전히 벗어나게 되었다.

이제는 오히려 그것을 부정적으로 보게 되었고 학교가 원했던 어떤 모범생의 틀을 벗어 버린 것처럼 현 사회가 원하는 사람은 아니게 되어 버렸다.

대학에 들어와서 빈번하게 데모를 겪으면서, 또 사회과학 서적들을 대하면서 나는 지배계급의 이데올로기라는 것의 실상을 조금이나마 꿰뚫어 보려고 노력하게 되었고 그 허상을 인식하게 되었다.

그리고 한국에서 태어났다는 작은 소명의식을 가지고 참다운 지식인이 되기 위해 공부하고 있으며, 우리나라의 역사적 발전 단계에서 제 몫을 해야 한다는 사명감을 느끼고 있다.

백희라

1983년 서울대 심리학과에 입학하여 1987년에 졸업했다. 이후 결혼하여 현재 아들 하나 딸 하나를 두고 있는 가정주부다.

광주의거를 바로 보게 되기까지
고향에 대한 자부심

⋮

김유선

초등학교 6학년 때의 기억

나는 광주에서 태어나 고등학교까지 다녔다. 내가 다녔던 고등학교는 전남대학교 사범대학 부속고등학교로서 전남대학교 안에 위치하고 있어서 전남대 학생들의 잦은 데모로 인한 최루탄의 독한 냄새 속에서 눈과 코, 목에 고통을 느끼면서 등하교하는 날들이 많았다.

원래가 사물을 긍정적으로 받아들이는 성격이었고, 부모님과 선생님께 항상 모범생이었던 나는 대학생들이 하는 데모를 이해하지 못했다. 그리고 이것은 우리 학교가 받은 피해가 커질수록 정비례하여 갔다. 실상 대학생의 데모 때문에 우리 학교가 받은 피해는 상당했다. 수업 시간에 데모가 시작되면 매운 냄새와 이로 인한 재채기 때문에 수업이 제대로 진행되지 못할 정도였다. 신문이나 방송의 영향과 함께 내가 직접적으로 받은 피해는 나로 하여금 학생운동에 대해 엄청나게 부정적인 시각을 가지게 했고 이런 시각은 데모가 특히 심한 5월, 그 데모의 원인인 5·18 광주사태에도 그대로 적용되었다.

5월이 되면 광주는 온통 긴장의 도가니로 변해 버린다. 대학교 주변과 시내 곳곳에서 시위가 계속되고 전경들이 이에 맞서는 모습은 어디에서나 볼 수 있는 일상의 풍경이 된다. 당시 대학생들의 시위에 많은 불만을 가지고 있던 나는 그들이 주장하는 것을 진지하게 생각해 볼 마음이 전혀 없었다. 따라서 난 고등학교를 졸업할 때까지 광주사태에 대해서 거의 모르는 상태였고 또 알려고 하지도 않았다. 사실 내가 이렇게 된 것은 광주사태가 발생한 1980년 당시의 나의 여러 가지 여건 탓도 있었다.

그때 난 겨우 초등학교 6학년인 어린아이였다. 또 우리 집은 충장로나 금남로와는 상당히 떨어진 변두리 지역에 있었던 탓에 교통이 완전히 끊겨 버린 상태에서는 도청 주변에서 도대체 무슨 일이 벌어졌는지 알 길이 없는지라 당시의 상황을 정확히 파악한다는 것은 어려운 일이었다. 광주사태에 대해서 내가 기억하는 일이라곤 학교를 가지 않아도 되었기 때문에 마치 봄방학을 한 듯한 기분으로 들떠 지내던 것과, 그렇게 보내던 어느 날 동네 청년인지 아닌지는 알 수 없으나 여러 명의 청년들이 머리에 태극기가 그려진 흰 띠를 동여매고 트럭에 올라타기 직전에 애국가를 부르면서 눈물을 흘리던 것을 우연히 본 것 정도였다. 당시 나는 그들이 왜 우는지도, 그들이 외치는 구호가 무엇을 뜻하는지도 이해할 수 없었다.

최규하 대통령의 담화를 방송으로 들으면서 부모님께서 은밀히 이야기를 나누며 걱정하시던 것도 어렴풋이 생각나기는 한다. 일주일 정도 지난 후에 다시 등교하라는 방송을 듣고 학교에 나가니 여러 친구들이 모여 웅성거리며 끔찍한 이야기들을 주고받고 있었다. 나는 깜짝 놀라 집에 가서 학교에서 들은 이야기를 했지만, 부모님께서는 그런 말은 유언비어라고 하시면서 일소에 부쳤다.

무성했던 소문도 차차 가라앉았고 어느새 난 광주사태를 잊어버린 채 중학교와 고등학교 6년을 시키는 대로 공부만 하면서 보냈다. 고등학교 때 잊어버렸던 광주사태를 다시 떠올리긴 했지만, 광주사태는 나에게 어떠한 의미도 가지지 못했으므로 실상은 잊혀진 것이나 마찬가지였다. 나는 윤리의식과 반공정신으로 철저히 무장된 진짜 모범생이었는데, 어쩌면 이것은 공무원이신 아버지와 선생님이신 어머니의 영향이 컸는지도 모르겠다.

내가 알지 못했던 또 다른 광주

대학에 들어와서 처음 맞이한 작년 5월은 나에게 큰 당혹감을 던져주었다. 많은 사람들이 5·18 광주사태를 입에 올리면서 내가 전혀 모르는 충격적인 이야기를 했다. 게다가 내가 광주 출신이라는 것을 아는 주위의 친구들은—특히 경상도 친구들은—정말 그런 일들이 일어났었는지, 또 그것에 대해 어떻게 생각하는지 계속 질문을 해 왔다. 그때마다 나는 "당시에 너무 어렸기 때문에 잘 모른다" 또는 "우리 집은 변두리에 있었다"라는 변명을 되풀이하곤 했다.

이런 변명을 할 때마다 내 마음속에서는 부끄럽다는 감정이 강렬하게 용솟음쳤고 이 부끄러움은 5·18 광주사태가 어떤 것이었는지 알아야겠다는 필요성을 절감케 했다. 이러한 때 같은 기숙사 방을 쓰던 친구가 나와 똑같은 생각에서 광주사태에 관한 유인물을 들고 왔다. 그 친구도 광주 출신이었는데 그 유인물을 읽고는 나에게도 읽어 보라면서 건네주었다. 그는 유인물을 읽으면서 너무 분하고 억울해서 울었다고 하면서 특히 목격자의 수기 부분을 잘 읽어 보라고 강조했다.

난 말도 안 되는 소리라고 생각했다. 어떻게 이런 일이 있을 수 있단 말인가. 그 유인물에 쓰인 이야기는 너무 참혹한 나머지 감정에 호소하여 동정을 구하고 사람들을 흥분시키려는 의도에서 과장되어 쓰인 것이라는 생각이 들 뿐이었다. 심한 거부감과 불쾌감이 나를 사로잡았다. 난 그 유인물을 끝까지 다 읽지도 않았다. "설마 그럴 리가 없어. 그건 거짓말이야"를 되뇌며 알아야겠다던 내 생각을 잠재웠다.

나의 가치관과 내가 지금까지 받아 온 교육에 의하면 그런 끔찍한 일은 절대 일어날 수 없는 것이었다. 미국은 우리의 아주 고마운 우방이며, 정부는 국민들이 잘살게 하기 위해서 많은 노력을 기울여 왔고, 그 덕분에 우리나라는 눈부신 경제성장을 거듭하며 선진국으로 향해 가고 있는 개발도상국의 선두주자이며 민주국가인데 그런 일이 일어났을 리 없다는 것이 나의 생각이었다.

12년 동안 그 누구보다도 열심히 초·중·고등학교 교육을 받은 나에게는 실제의 현실을 냉철히 비판할 수 있는 능력이 결여되어 있었던 것이다. 아니 어쩌면 내가 옳다고 믿고 따르던 규범에 혼란이 생길 것이 두려워 일부러 의식적으로 진실을 알기를 두려워했는지도 모른다.

광주사태를 정확히 알아야 한다는 광주인으로서의 당위성과 알고 싶지 않다는 나의 감정은 약 5개월 동안 팽팽하게 대립했다. 이 대립 상태는 고등학교 때에는 나와 똑같은 사고를 하고 비슷한 가치관을 가졌던 친구들이 변하는 모습을 보면서 지금까지 지녀 온 내 생각들에 확신을 가질 수 없게 되는 쪽으로 점점 기울어졌다. 그렇다고 섣불리 나의 가치관을 바꿀 수는 없었기에 이런 애매한 상태가 계속되었다.

역사여! 진실하라

2학기가 시작되던 9월의 어느 날, 친구에게서 빌린 학보의 5월 광주의거에 대한 특집 기사를 읽으면서 나는 가슴이 떨려 오는 것을 느꼈다. 눈물이 솟구쳐 흘렀다.

그렇다. 광주의거의 참혹한 실상은 유언비어도, 감정을 자극하기 위한 과장도 아닌, 정말로 일어났었던 진실 그 자체였던 것이다. 비로소 나는 광주의거의 진실을 인정할 수 있었다. 나의 지난 과오를 시인함과 동시에 지금까지 맹목적으로 믿고 따르던 여러 가지 일들의 옳고 그름을 이제는 스스로 판단해서 선택해야겠다는 마음을 갖게 되었다.

지금까지 광주의거에 대한 나의 인식의 변화와 이에 수반되었던 고민과 갈등에 대해서 이야기했다. 눈이 가려지고 귀가 막힌 상태로 사회의 엘리트가 되기 위해서만 노력한 까닭에, 또 너무나 모범생이고 우등생이었던 까닭에, 은폐된 진실을 애써 외면하고자 했던 이 사회의 한 나약한 동조자가 오랜 기간의 고민과 갈등 끝에 겨우 진실을 액면 그대로 받아들이게 된 것이다. 현재의 나는 아직 변한 내 생각을 행동으로 옮길 만한 의지와 실천력을 지니고 있지는 못하다. 이것은 계속된 자기 성찰과 반성을 통해서 극복되어야 할 것이다.

지금은 내가 고등학교 다니던 시절과는 달리 많은 중·고등학생들이 광주의거에 대해서 어렴풋하게나마 올바른 시각을 가지게 되었고 아울러 학생운동에 대해서도 예전의 나처럼 무턱대고 부정적인 시선을 갖지 않게 되었다고 본다.

이것은 지난해와 올해의 민주화 추세에 기인한 것이다. 이들은 무조건적인 동조자가 아닌, 진실을 알고 옳지 못한 일에는 반항할 줄 아는 진정한 민주 시민으로 성장할 수 있게 될 것이다.

사회가 이끌어 가는 대로 순응하기만 하며 정부와 매스컴의 보도를 맹신했던 생활에서 벗어나 지금까지의 자기 자신을 되돌아보고 진정 옳은 것이 무엇인지 이성적으로 판단하게 된 것은 나에게 있어 커다란 진보였다. 내가 광주인이라는 사실은 나에게 많은 고민을 야기했지만, 지금의 나는 민주화를 위하여 의롭게 일어선 광주가 나의 고향이라는 것에 자못 큰 자부심을 느끼고 있다.

역사여! 진실하라.

김유선

1987년 서울대 의예과에 입학하여 1993년 졸업했다. 서울대병원 인턴 및 내과 레지던트와 소화기내과 전임의 과정을 수료했다. 인제대 서울백병원 교수를 지냈고 하버드 의대, 피츠버그 의대에서 연수했으며, 현재는 한림대 강동성심병원에서 소화기내과 교수로 근무중이다.

진정한 다수의 의사에 의해 움직이는 사회
집회, 시위와 표현의 자유

:

이강진

교과서 왜곡 사건의 진실

단과대 총회가 있는 날이었다. 아마 그날이 9월 둘째 주 금요일이었던 것 같다. 그 내용은 당시는 기세가 조금 누그러졌지만 매스컴에서 한창 떠들었던 '일본의 역사 교과서 왜곡'에 관한 것이었다. 안 들어봐도 뻔한 이야기를 가지고 왈가왈부하려고 수업을 빠질 수 있나 하는 생각이 들었다. 그러나 실제로 그런 자리의 마련이 어려운 실정에 있다는 점을 감안했고, 또 이번 기회에 그 문제에 대하여 대학생으로서의 분명한 인식과 입장을 토론을 통해 분명히 하기 위해서 나는 총회에 참석하게 되었다.

이제까지의 내 입장은 우리가 힘이 없으므로 왜곡의 시정을 부르짖는 우리의 외침은 화답 없는 빈 메아리의 울림일 뿐이라는 것이었는데, 그곳에서 나는 이 문제에 대한 내 생각이 너무 피상적이고 대응 또한 안일했다는 것을 깨닫고 큰 충격을 받았다. 그날 총회에서는 일본은 교과서 왜곡을 조속히 시정하고, 정부는 미온적 태도를 반성하라고 촉구했고 언론의 국민 관심에 대한 오도 등을 비판했다.

나는 친구가 잡혀가는 것을 보았다. 잡혀간 학생들 중 몇몇은 구류를 살게 되고 어떤 이는 바로 군에 강제 입대하게 되었다. 우리는 이에 항의해 과 총회를 거쳐 결국 학생의 마지막 저항 수단인 수업 거부에 들어갔다. 교과서 왜곡 사건에 대한 넓고 총체적인 시각 또한 이 사태에 대한 어떤 필연적 움직임을 만들었다.

깃발을 높이 들고

24일 광화문에서 실력행사를 하자는 결의가 내려졌다. 그동안 우리 의사의 관철을 위해 학교 안에서 투쟁했지만, 이제는 학교 문을 나와 시내에서 우리의 뜻과 결의를 보인다고 생각하니 여러 가지 생각이 들었다. 그 당시 나는 신제국주의에 의한 우리 민족의 위기를—미국이 한국에 대한 방위 임무를 일본에 위임한다는 것—국민에게 분명히 알려야 한다는 절박한 심정이었다.

그러나 그것은 단순히 당위성만의 문제가 아니었다. 실제로 우리가 그 많은 인파 속에서 어떤 모습으로 시위를 이끌지 의문이었다. 이 시위는 허가된 것도 아닌 데다 충분한 사전 준비도 없었기 때문에 그 양상을 짐작하기도 어려웠다.

지난번에 잡혀간 친구를 면회할 때의 감정 등 헤아릴 수 없이 많은 감정이 내 마음속에서 교차했다. 학생으로서의 사명감은 나를 부르는데 그것에 대한 실질적인 불안 요인들 앞에서 나는 무력감을 느꼈다.

그러나 24일 오후 학교 도서관 난간에서 어떤 학생 하나가 외치며 촉구하는 내용을 들으면서 그간의 복잡했던 내 마음이 하나로 모아졌다. 그의 촉구가 이 상황이 학생들에게 필요로 하는 행동이 무엇인가를 내게 일깨워 준 것이다.

지하철을 타고 종각에서 내려 나와 보니 종로는 퇴근하는 인파에 연고전으로 인한 무리까지 겹쳐 그야말로 인산인해였다. 종로서적 앞에는 이미 3백여 명의 학생들이 서서 노래를 부르고 있었는데, 나는 거기에 합류해 무리를 지었다. 좌우에는 어느새 전경들이 바리케이드를 치고 있어서 우리는 그 사이로 몰려다니는 입장이었다.

그러다 갑자기 전경들이 차도 앞쪽에서 덮치는 바람에 정신없이 도망을 가는데 무언가에 의해 어깨가 세게 내리눌렸다. 거기다 앞쪽에 넘어진 학생에게 걸려 넘어지면서 안경도 잃어버렸다. 나는 급히 근처 상점 안으로 피했다. 그때 갑자기 어깨가 아파 오고 정신이 몽롱해졌다. 왠지 내가 오그라드는 느낌과 동시에 내 마음은 분노로 가득 찼다. 상점 셔터가 내려진 상태여서 밖으로 나갈 수가 없었다.

잠시 후 셔터가 열렸고 밖은 정리가 되어 보여 나가니 반대쪽 인도에서는 학생들이 여전히 시위를 하고 있었다. 이번 시위에는 정말 많은 사람들이 올 줄 알았는데 실제로는 그 수도 얼마 되지 않았고 이끄는 사람도 없는 느낌이었다.

종로서적 앞에서의 경험으로 인해 두려움이 앞선 나는 다시 시위 대열에 낄 것인가 말 것인가 고민했다. 시위 대열은 점점 늘어났고 그들의 끊임없는 함성은 결국 나를 시위 대열로 불러들였다. 잠시 후에 우리는 도로를 침범했다. 모든 교통은 혼잡을 이뤘고 우리는 구호와 노래를 계속하며 앞으로 나아갔다.

그러던 중 분위기가 바뀌었다. 흰옷에 흰 빵모자를 쓰고 손에는 몽둥이를 든 사람들이 어디서 왔는지 갑자기 나타나서 학생들을 마구 때리고 잡아가기 시작하면서 그날의 시위는 끝이 났다. 그들은 마치 사냥감을 쫓는 사냥개들 같았다. 나는 그들의 모습을 결코 잊지 못할 것이다.

나는 우리의 이 실력행사가 무엇을 의미하며 그 속의 나는 어떤 의미를 가지는가를 고찰해 보고 싶다. 무릇 사회는 질서가 있기에 그 안정됨을 유지할 수 있다. 한시라도 질서가 깨지면 사회는 불안해지고 구성원은 공포 속에 살게 된다. 이런 의미에서 질서를 유지하는 것은 매우 중요하다고 할 수 있다. 그래서 우리는 이 질서의 파괴를 막기 위해서 법을 만들고 또 집행한다.

현실 참여의 이유

우리 사회는 남북이 대치해 있는 상황에서의 국가 안보를 내세워 사회질서의 혼란을 금기시하고 있다. 현행법으로 볼 때 우리는 엄연히 법을 어기고 사회를 혼란하게 했다.

질서 유지라는 임무 수행을 위해 우리를 막았던 경찰이나 전경들의 일련의 행동은 정당하다. 그러나 나는 질서라는 것이 누구를 위한 질서인지 먼저 짚고 넘어가고 싶다. 이 질서는 틀림없이 모든 국민을 위해 있는 것이다. 이것이 소수의 정권 유지를 위한 위협 수단으로 남용되어서는 안 될 것이다.

국민 한 사람 한 사람의 의사 표현으로서의 집회와 시위는 분명 정당한 것이다. 국민은 그들이 내세운 대표들이 잘못을 할 때 떳떳이 그것의 시정을 요구할 권리가 있다. 이런 종류의 집회와 시위는 당연히 인정되어야 한다.

물론 우리 학생들의 현실 참여 문제는 그 양상이 조금 다르다. 대학생은 미래의 주역으로 내일을 위한 내적 기반을 쌓기 위해 진리를 탐구하고 학문을 연구하는 역할이 있다. 일반 정치의 영역에 뛰어드는 것은 상당히 문제가 있다고 할 수 있다. 그러나 우리는 그들의 현실 참여를 비난하기에 앞서 왜 그들이 그런 식으로 사회에 참여하는지를 먼저 살펴보아야 한다.

다시 말하면 우리의 현실이 학생들을 상아탑 속에서 진리 탐구를 하고만 있게 하지 않는다는 것이 문제다. 우리 사회에 정부를 통제하는 기능의 국회가 엄연히 있고, 국민의 의사를 대변한다는 언론이 존재함에도 불구하고 왜 군이 학생들이 그 역할을 하려고 할까. 그것은 국회와 언론이 그 역할을 제대로 다하고 있지 못함에 있다고 생각한다. 진실 보도를 생명으로 해야 하는 언론은 정부의 성과를 홍보하는 데 주력하고 사실을 정확히 조명해 주기는커녕 오도와 왜곡을 일삼고 있다.

사회에 나타나는 여러 병적인 현상을 해소하려면 그런 병적 현상을 배태하는 사회를 변화시켜야 한다. 나는 사회를 구성하는 구성원의 의식 개혁이 사회 변화를 이룰 수 있는 한 계기라고 생각한다. 그래서 어떤 획기적 결과를 가져올 수 없었다고 할지라도 위에서 열거한 나의 몸부림은 이 상황 속에서 취할 수 있는 대학생의 자세라고 본다.

나의 시위 참여 행위는 인간으로서의 한 표현이다. 이것을 불법으로 만드는 그 법은 대체 누가 어떤 의도로 만든 것일까. 진정 법이 누구를 위해 필요한지 다시 생각해 보고 그것이 대다수의 국민이 아닌 소수를 위해 있다면 과감히 그 법 자체를 고쳐야 한다고 생각한다.

현재 우리 사회에서는 너무나 상식적인 일을 행동에 옮기는 데도 두려움을 가지게 되는데, 이것은 뭔가 문제가 있는 것이다.

우리 사회는 자유로워져야 한다. 국민의 자유가 다른 여러 상황을 빌미로 어느 소수의 이익을 위해서 침해되지는 않아야 한다. 대학생을 포함해서 지식인은 양심에 따라 사회에서 자행되는 잘못을 정확히 인식하기 위해, 또 진정한 다수의 의사에 의해 사회가 움직일 수 있는 계기를 만들기 위해 노력해야 한다.

이강진

1982년 서울대 무역학과에 입학, 학생운동에 투신하여 1985년 민정당사 연수원 사건으로 옥고를 치렀다. 이후 복학하여 1988년 졸업했고 대우자동차에 근무한 후 영어 학습교재 이스턴 영어를 출판하는 브릿지북스코리아 경영지원담당 이사를 지냈다.

시험 거부에 따른 진통
군중심리 비판에 대한 비판

:

이상호

전경들의 구둣발 아래 짓밟힌 교정

1985년 10월 30일 교문을 들어서는데 학생처장 이름으로 된 공고가 곳곳에 붙어 있었다. 교육적인 차원에서 삼민제를 허용하지 못한다는 내용이었다. 그날은 바로 삼민제의 개막제가 있는 날이었다. 어느 누구도 공고의 내용에 아랑곳하지 않았고, 우리 법대에서도 단대마당을 할 장소를 물색한 끝에 본부 앞 잔디밭으로 가게 되었다.

여러 명의 보직 교수님들과 법대 교수님들이 오셔서 잔디밭에서 나가라고 했다. 학장님도 직접 나와 설득을 했다. 법대가 다른 학과를 자극하면 교수님들이 곤란해진다는 것이었다. 심지어 어떤 교수님은 잔디의 가격을 따지면서 나가라고 소리를 쳤다. 학생들은 더욱 엉덩이를 굳게 바닥에 붙였다. 교수님들의 곤란한 사정은 안다. 우리들이 왜 모르겠는가. 하지만 우리들은 교수님들을 믿고 따를 수가 없었던 것이다.

학생들은 잇달아 일어나서 의견을 발표했다. 사실 여기서 나가는 것은 일도 아니었다. 그러나 그것은 반발이었다. 교수님을 믿고 따를 수가 없었던 것이다. 학생들이 울분을 토로하는 동안 학장보는 개막제 시간을 기다릴 수 없으니 들어가자고 교수님께 권했다. 좀 전까지도 학생들의 의견을 들어주겠다고 말했던 분이 개막제 시간이 연기되었으니 지금 여기 서서 학생들의 말을 듣고 있을 필요가 없다는 것이다.

사실 나는 이곳이 아닌 다른 곳에서였다면 교수님과 학생 간에 이 정도의 대화조차도 이루어지지 못했으리라 생각한다. 철저한 배신감을 느꼈다. 어쩌면 서글펐는지도 모른다. 우리를 이해해 주고 감싸 주는 교수님은 없는 것 같았다. 이제는 전설이 되어 버린, 말로만 들었던 용기 있는 교수님들이 그리웠다.

나는 개막제에 법대생의 일원으로 참가했다. 첫날은 조용했다. 둘째 날은 열두 시에 법대에서 주관한 모의재판이 있었다. 요즘의 고문 수사와 법정에서의 일을 풍자한 내용이었다. 수업은 거부되었다. 윤리 과목이었는데 4학년 학생들 중 몇 명만 교실에 있다가 나왔다고 한다.

그 시간에 중요한 사건이 터졌다. 고문 수사에 의해서 사망했다고 믿어지는 우종원 학형에 대한 추모식이 수배중이던 학생회장의 대행인 손영진 형의 주관으로 세 시쯤 거행되었다. 수업을 거부하고 나왔던 나도 그 속에 끼어 있었다. 대략 5백여 명의 학우들만이 참여하고 있었다.

갑자기 수위들과 교직원들이 본부를 둘러쌌다. 그 뒤에는 수많은 사복경찰들이 대기하고 서 있었다. 최루탄이 터지고 학생들이 당황하여 흩어지자 경찰들은 손영진 형을 잡아 순식간에 차에 싣고 가 버렸다. 그 순간 푸른 제복을 입은 전경들이 구둣발 소리를 내며 좌우에서 무섭게 내려왔다.

격렬한 싸움이 있었다. 사복경찰들과 전경들은 최루탄을 마구 쏘

아댔고 학생들은 돌을 던지며 정면으로 대결했다. 학생들의 수가 많은 탓인지 본부 잔디밭에서 우리와 대치하던 그들은 잠시 후 빠른 속도로 교정에서 철수했다. 몇 명의 경찰관이 잡혔다는 이야기는 나중에 들었다.

학교로 향해 날아든 돌팔매

푸른 옷이 짓밟고 간 잔디를 보면서 눈물이 나왔다. 신성한 교정을 푸른 옷에게 짓밟히다니…. 성난 학생들이 교문으로 밀고 내려갔다. 한동안 서로를 향해 최루탄 쏘기와 돌 던지기가 계속되었다. 그때 갑자기 한 학생이 학교 쪽으로 몸을 돌려 본부 건물에 돌을 던졌다. 학생들의 분노가 학교로 향한 것이다.

그것은 학교라기보다는 그들을 묵인하고 도와준 학교 당국을 향한 것이었다. 이어서 무수한 돌팔매들이 본부 건물로 날아들었다. 유리창이 깨지는 소리가 우리를 더욱 자극시켰다. 드디어 무질서의 도가니로 빠져든 것이다.

수많은 학생들이 "군부독재 타도"와 "총장 물러가라"를 외쳤고 도서관에서 농성을 하기 위해 1천여 명 이상의 학우들이 도서관으로 몰려갔다. 도서관은 무방비 상태였고 성난 학생들을 막을 수 있는 것은 아무것도 없었다. 책상과 의자들을 한쪽 구석으로 밀어 놓고 우리들은 바닥에 정좌했다. 그 안에서 공부하고 있던 학생들이 일어나서 나갔다. 그들은 우리 학교 학생이었으나 또한 아니기도 했다.

우리는 앉아서 노래를 불렀다. 승리의 노래이며 앞으로의 고통을 예견한 노래이기도 했다.

학과별로 낯익은 학우들의 얼굴이 보였다. 토론이 시작되고 격앙된 발언들이 나왔다. 학교 측은 무대응으로 일관하고 있었고 경찰이 곧 개입할 것 같기도 했지만 그날 밤은 조용히 지나갔다. 개인적인 사정으로 인해 학우들을 뒤로하고 열 시쯤 그곳을 나와야 했기에 농성에 대한 내 경험은 여기서 끝났다. 그들은 신문지상에 보도된 대로 아침에 해산했다고 한다.

무너져 버린 서울대학교

11월 1일 금요일 아침, 완전히 질서가 깨진 학교에 들어섰다. 법대 앞에서 농성을 풀고 나온 학생들과 이야기를 나누었다. 의견은 '우리의 학교를 지키자' 하나인 것 같았다. 본부의 유리창은 참담한 몰골을 드러내고 있었다.

한 시경부터 비상 학생총회가 있었다. 수천 명의 학생들이 모였다. 학생들은 다시 스크럼을 짜서 교문으로 돌진했다. 나와 몇 명의 친구들은 거기에서 나와 식당에 있었다. 교련 시험이 있는 날이어서 우리는 잠깐 공부를 했다. 학교에는 시험 거부 움직임이 일고 있었다.

두 시쯤 교련관 쪽의 계단 앞에 학생들이 모이기 시작했다. 학생들이 어느 정도 모이자 토론이 시작되었다. 시험을 거부하자는 것을 놓고 열띤 공방전이 벌어졌다. 격앙된 어조로 한 학생이 말을 했다. "친구들이 지금 옆에서 싸우고 있는데 우리가 들어가서 시험을 본다면 어떻게 되겠습니까?"

사실 우리는 수업에는 안 들어가도 시험은 볼 작정이었다. 그러나 어제의 유감스러운 사태로 인해 분위기는 달라져 있었다. 모여 있던 많은 학생들은 경찰관에게 맞아 피를 흘리며 쓰러졌던 학우들을 머릿속에 떠올리고 있었다. 교관들이 다가와 시험 볼 것을 종용하는 중에도 학생들의 논의는 계속되었다. 시험 거부에 대한 반대 의견도 강력했다. 시험을 현재의 상황과 연관시킬 필요가 있느냐는 것과 시험을 보는 대신 공부하는 것은 어떻겠느냐는 의견이 대두되었다.

오전에 인문대에서 있었던 교련 시험 거부가 찬반으로 갈라져 흐지부지된 터였다. 지금도 학생들의 의견이 뚜렷이 찬·반 둘로 갈려서 이야기는 혼선을 빚고 있었고 시험 시간은 가까워지고 있었다. 2백여 명의 학우가 모여 있었다. 시험을 볼 것인가 말 것인가의 결정이 시급해진 것이다.

의견은 한 가지로 모아졌다. 집단적인 결정에 따라 단체 행동을 하자는 것이었다. 기권은 없기로 하고 거수를 해서 다수결로 결정하기로 했다. 드디어 선택의 시간이 왔다.

나도 선택했다. 내가 태어나서 처음으로 보아야 할 시험을 보지 않겠다고 결의하는 순간이었다. 3 대 1 정도로 시험 거부가 결정되었다. 교관이 눈물로 이성에 호소하면서 세 시에 시험을 치르겠다는 위협적인 말을 뒤로하고 학우들은 스크럼을 짜고 노래를 부르며 내려왔다. 뒤에는 찬성으로 결의한 학생들이 남아 있다가 내려갔다. 들어가 시험을 친 학생들도 개중에 있었다고 나중에 들었다. 싫은 사람들이다.

군중심리학에 근거한 비판들

나는 여기서 군중심리를 연구한 것들 중에 우리의 시험 거부 결정을 비판하는 데 사용될 수 있는 몇 가지를 살펴보고자 한다.

첫째, 집단적인 의사 결정에서는 대부분 극단론이 나오기 쉽다. 온건론이 무시되고 합리적 사고 대신 극단으로 치닫게 되는 경우가 많은데 이를 극화현상이라고 한다.

둘째, 미국의 1961년 피그스만 상륙 작전에서와 같이 현명한 사람들이 모여서 극히 졸렬한 판단을 내리는 경우가 있는데 이를 집단사고라고 부른다.

셋째, 대중이 극한 상황에서 반사회적으로 무모하고 잔인하게 일어나는 것을 난중행동이라고 한다. 우리는 이것을 학생운동을 하는 학생이나 시위를 막는 경찰관 간의 감히 생각도 할 수 없는 폭력적 상황에서 볼 수 있으며, 당시 그 상황에 있지 않았던 제3자의 입장에서는 사실상 이해하기가 힘든 경우가 많다.

넷째, 이 같은 난중행동을 할 때의 심리적 상태를 몰아현상이라고 한다. 개인이 전적으로 책임을 지는 경우와는 달리 군중 속에 섞이게 되면 책임이 분산되어 책임감을 상실하게 되며, 수많은 사람들이 지르는 함성과 시각적이고 청각적인 자극으로 인해 정상적인 개별적 판단력을 상실하게 된다.

다섯째, 역시 난중행동의 과정으로서 행동 전염이 있다. 이는 평상시에는 유혹을 느끼지만 감히 해 볼 생각을 못하다가 소수의 타인이 그런 행위를 하는 것을 보고 마음속의 규제가 사라져 같이 따라하게 되는 것을 말한다. 이 과정은 몰아현상과 깊은 관계가 있다고 할 수 있다.

정리해 보자면 군중심리학적인 관점에서는 우리의 시험 거부 결정이 위에서 언급한 몰아현상과 행동 전염 극화현상 등이 연합적으로 작용하며 이루어진 것처럼 보일 수 있다는 것이다.

군중 속에 파묻혀 책임감도 내적인 규제도 잊어버린 상태에서 우리 다수는 이것이 옳다고 보는데 소수인 너희의 의견이 어찌 맞을 수 있느냐는 식의 극단적인 집단 사고라는 비판이다. 또 한 번쯤 해 보고 싶었던 시험 거부를 지금이나 해 보지 또 언제 할 수 있겠느냐는 심정으로 이번에 몰아붙인 것은 아니냐는 의심이다.

종합적인 비판

우리의 시험 거부 결정을 비판하면서 나올 수 있는 말들과 당시 시험을 치르자고 주장했던 이들의 말을 종합적으로 정리하자면 다음과 같다.

첫째, 공부한 학생들이 손해라는 것이다. 사실 다수의 학생들이 시험 공부를 했는데 그들이 평가받을 기회를 잃는 것은 억울하다는 것이다.

둘째, 상황과의 연계성이다. 당시의 학교 상황이 어떻든 간에 시험은 시험이라는 것이다. 즉 현 대학가의 구조적인 갈등이 하루 이틀에 고쳐질 것이 아닌 다음에야 시험을 거부하는 의의가 상실되지 않느냐는 것이다.

셋째, 위에서 이미 언급한 군중심리이다. 그렇게 하면 좋지 않다고 생각하면서도 극단론에 입각한 소수의 행동과 발언 때문에 자기를 상실해 도저히 생각할 수 없었던 일을 할 수 있게 되었고, 그것도 남의 눈치를 보게 되면서 더욱 심해졌다는 것이다.

넷째, 시험은 학생의 의무이며 학생에게는 학업 평가를 거부할 수 있는 권리가 주어지지 않았다는 관습적인 생각이다.

다섯째, 솔직히 시험을 좋아하는 사람은 없다. 심리적으로 하기 싫었지만 지금까지는 무조건 해야 했던 것을 거부할 수 있는 선택의 기회가 생겼을 때 거부해 보자는 심리가 작용했다는 것이다.

대충 이런 종류의 반론이 있었고 개인적으로 시험을 본 이들도 이와 같은 판단에서 행동했으리라고 생각한다. 이제 이것을 반박하면서 새로운 차원에서 우리의 시험 거부 결정을 조명해 보고자 한다. 위와 같은 반론을 편 사람들은 스스로를 매우 이성적이라고 생각하겠지만 실제로 이성은 그보다 한 단계 위에 있는 것이다.

비판에 대한 비판과 정리

첫째, 물론 학생들 중 다수가 시험 공부를 했지만 공부를 전혀 못한 사람들도 있다는 것이다. 그들은 바로 우리 모두가 같이 느끼는 경찰의 교내 침입에 대한 분노를 더욱 절실히 느끼고 그 분노를 직접 행동으로 표현한 용기 있는 우리들의 학우인 것이다. 또 만일 시험이 예정대로 치러졌더라면 당시 벌어지던 시위로 문이 막혀서 들어오지 못한 이들의 손해는 누가 배상해 준단 말인가?

둘째, 물론 대학 내의 갈등 상황은 고질적인 것으로 단시일에 해소될 수 없는 문제이다. 하지만 그때는 그중에서도 특별한 상황이었다. 경찰의 난입과 학생들의 반발로 평소의 모든 질서가 망가진 상황이었던 것이다.

셋째, 어느 정도의 군중심리가 작용한 것은 사실이다. 그렇지만 그것이 난중행동은 아니며 또한 결정이 강경파에 의해 강요되었던 것도 아니다. 비록 발언자 수는 적었고 강경파가 많았으나 누구도 이성적 분위기를 잃지 않았고 또 선택할 기회도 있었다. 설사 눈치를 보았다고 하더라도 결국은 남들이 하는 일이 옳기 때문에 이기적인 욕망이 눌렸던 것이다.

넷째, 사실상 관습이 모두 옳다고 할 수 없다. 우리는 합리적이지 않은 인습을 타파하고 새로운 질서를 만들어 가야 한다. 또 교련이라는 과목의 특수성에 비추어 보아 도대체 평가의 가치가 있는지조차 의심이 든다. 달달 외워서 답안지에 쓰고 십 분이 채 지나지 않아 깡그리 잊어버리는 내용에 대한 평가가 대체 무슨 의미가 있는가?

다섯째, 모두가 시험 보기를 싫어하는 심리를 이번 일을 기회 삼아 밀어붙였다고 하는데 어느 정도 군중심리의 영향도 있었다. 그러나 그 자질이 서울대에 올 정도로 최고라는 사람들이 그 정도의 판단을 못하고 감정적으로 움직였다고는 생각되지 않는다. 나는 많은 학생들의 경우에 그렇지는 않았을 것이라는 믿음을 갖고 있다.

시험 거부, 그 얻은 것과 느낀 것

이상에서 나는 있을 수 있는 비판과 그에 대한 나의 반론을 말했다. 사실상 학생의 신분으로서 시험을 거부한다는 것은 자신의 노력과 실력을 평가받을 수 있는 기회를 상실하는 것으로 유감스러운 일이다. 실은 나도 시험 공부를 했었지만 평가를 못 받은 것에 대한 미련은 없다. 시험 거부 과정에서 얻은 것과 느낀 것이 그것을 보상해 주기 때문이다.

은연중에 단체 행동을 폄하하고 무시하는 경향이 있는 것 같다. 그러나 시험을 거부하고 난 뒤 스크럼을 짜고 〈농민가〉와 〈출정가〉를 부르며 열을 지어 내려오면서 앞에서 펄럭이는 법대의 깃발과 손에 와 닿는 친구들의 든든한 어깨에서 오는 짜릿한 감동을 느껴 보지 못했다면 너무 불행한 일이라고 나는 생각한다.

시험 거부 결정은 고등학교 때까지 시험을 거부하기는커녕 수업에 빠지는 것조차 엄두를 못 내고 결석 한 번 없었던 나에게는 하나의 큰 변혁이자 모험이었으며 대학에 온 이후로 내 의식의 변화를 나타낼 수 있었던 가장 두드러진 사건이었다.

흔히 고등학교 때까지는 모범생이었던 학생들이 대학에 오면 무질서와 방종에 빠진다고들 말하지만 그것은 그들이 뭘 몰라서 하는 소리라고 생각한다. 대학 4년은 이제는 사회의 일원으로서 주체적인 자신의 입장을 가지기 위한 연습 기간인 것이며 그 장소가 바로 대학인 것이다.

이번에 나는 비록 많은 학생들 중의 하나라는 입장에 있었지만 군중심리에 동요되지 않고 나름대로 자신 있게 결정을 내려 시험 거부를 지지할 수 있었다. 이것은 나 자신에 대한 나의 주체적 판단과 합리적 이성에 대한 어느 정도의 자신감과 믿음이 있었기에 가능했다고 생각하며 앞으로 보다 넓은 가치 창출을 위한 기반이 내 안에 쌓여 가는 것을 느낄 수 있었다.

이상호

1985년 서울대 법학대학에 입학하여 1989년 졸업했다. 1988년 제30회 사법시험에 합격했으며, 신림동 '사랑의 집'에서 야학교사로 재직하기도 했다. '민주사회를 위한 변호사 모임'의 위원장을 지냈으며 현재는 법무법인 양재에서 변호사로 근무하고 있다.

어떻게 살 것인가
두 열사의 죽음에서 깨달은 것

:

김민철

두 열사의 분신

86년 3월 문무대라는 곳에 가야 한다는 교련 교관의 말을 들었을 때 나는 조금도 문무대 입소가 억울하다거나 부당하다고 느끼지 못했다. 오히려 6일 동안이나 단체생활을 한다는데 그동안 과 친구들과 친해질 수 있겠다는 기대감이 들었고 교관이나 선배들이 말해 준 훈련 생활에 호기심마저 동했다.

신입생 환영회에서 선배들이 가르쳐 준 문무대 노래도 재미있을 따름이었다. "빡빡 기는 각개전투, 피똥 싸는 유격훈련…"으로 시작되는 문무대 노래 가사나 "고생 좀 해 봐"라고 위협하면서 문무대 입소의 부당성을 은근히 지적하려는 선배들의 말은 당시 군에 입대해 있던 형님을 생각하면 오히려 사치스러운 말들이라고 여겨졌다.

문무대는 왜 가야만 하는가를 단순히 학칙에 있기 때문이라거나 당국에서 가라고 하기 때문에 간다는 차원을 떠나서 잘 생각해 보라던 한 선배의 말은 당시 신입생인 나를 좀 긴장시키기는 했지만 그뿐이었다. 문무대에서의 내 가장 큰 관심은 편지를—특히 여학생들한테서—몇 장이나 받느냐 하는 것이었다. 편지를 많이 받음으로써 주위 사람들로부터의 사랑과 관심을 확인받고 싶었다. 문무대에서 난 부대장의 지시에 충실히 따랐다. 자주국방이니 남침야욕이 어떠니 하는 내용의 강연도 그런대로 열심히 들었던 것 같다.

문무대를 나왔을 때 나의 가장 큰 관심은 학점이었다. 학점은 그때 주위 친구들에게도 역시 큰 부담이었을 것이다. 우선 학사 경고니 학사 제명이니 하는 말이 소름이 끼칠 만큼 두려웠고 또 한편으로는 좋은 점수를 받아 고생하시는 부모님이나 주위 사람들에게 실망을 주지 않아야겠다는 생각에서였다. 대자보나 당시 생각으로는 살벌하게만 느껴졌던 구호들에 별 관심이 없었던 나는 이런 학교생활이 지루하기만 했다.

그러던 중 4월 말의 김세진, 이재호 열사의 분신은 나에게 엄청난 충격으로 다가왔다. 도대체 전방입소가 어떤 문제이기에 분신까지 해야 하는가. 미국은 어떤 나라이기에 반미와 자주화를 이렇게 죽음으로 외쳐야만 하는가.

그때 생각을 정확히 나타내기 위해 당시 친구에게 보냈던 편지를 인용해 본다.

어떻게 살 것인가의 문제

"어느새 5월이 되어 버렸다. 5월이란 말을 쓰고 보니 '5월 그날이 다시 오면…' 하는 노래가 떠오른다. 그만큼 이곳 분위기는 소위 말하는 '의식화'를 강요하고 있다. 난 이런 것들이 대학생활과 이렇게까지 밀착되어 있는 줄은 몰랐었다.

운동권 학생들의 모습은 너무도 당당했다. 난 적어도 나보다 많이 알고 똑똑한 형들이므로 애써 믿어 보려고도 했다.

그러나 '양키 고 홈'을 외치는 형들에게 미군이 철수한 뒤의 국가 안보를 물어보았을 때 직접적인 대답 대신 남북한 체제 중 북한을 우위에 두고 있는 그들의 의중을 들은 나는 아연실색하지 않을 수 없었다. … 내게는 마치 북한이 밀고 내려오면 순순히 항복해야 한다는 투로 들렸다.

솔직히 말해서 분신 소식이 전해지던 날 나는 데모에 참가했었다. 그러나 난 도저히 형들처럼 본관 유리창에 돌을 던질 수 없었다. 이해하지도 못하면서 '반전반핵', '양키 고 홈', '미제 용병교육 전방입소 결사반대' 등을 따라 외칠 수는 없었다. 내가 데모에 참가했던 것은 다만 두 형들이 목숨까지 산화시키며 투쟁을 외쳐야 하는 현실에 대한 분노랄까 그런 거였다.

패기만만한 신입생이었던 내가 이번 일주일을 겪으며 기가 팍 죽은 것은 사실이다. 구체적으로 인식할 수 없는 사회 현실, 순탄하지만은 않을 것 같은 앞으로의 생활이 나에게 너무도 무거운 짐처럼 느껴진다."

나는 처음으로 나 자신과 직접적인 관련이 없는 문제에 대해서 분노를 느꼈다. 그것은 시골인 전라도 정읍에서 별 기복 없이 자라며 온실 속의 꽃같이 안온한 생활을 해 왔던 나에게는 너무도 충격적인 사건이었다. 이후로 나는 대자보나 운동권의 여러 주장들에 큰 관심을 가지게 되었고 그쪽 방면의 책들도 많이 사 보게 되었다. 세상일을 이해하는 데는 그리 많은 지식이 필요한 것이 아니라는 말을 많이 들었지만 막상 세상에 대해 나름대로 생각을 정리하는 것은 그리 쉬운 일이 아니었다.

이 책을 읽으면 이 말이 맞는 것 같고 저 말을 들어 보면 그것 또한 그럴듯하게 여겨지는 날들이 계속되었다. 그러나 나는 이런 과정을 겪으면서 어떻게 살 것인가 하는 문제의 답을 찾을 수 있을 거라고 생각하며 하루하루에 충실했다.

사회과학 서적이라 불리는 책들을 읽고 나서 그 딱딱한 물리나 화학을 공부해야 하는 일은 정말 고역이었다. 어떻게 살 것인가 하는 문제에 아무런 해답도 제시하지 못하면서 어렵기만 한 물리나 화학을 난거의 공부하지 않았다. 대신 나는 그것들보다 훨씬 소중하고 중요한 많은 사실들을 알아냈다. 내가 그동안 당연하게 여겨 온 가치 속에 가진 자들의 이데올로기가 물씬 배어 있고 질서니 안정이니 하는 말들이 실은 모든 국민들을 위한 것이 아니라 가진 자들의 질서와 안정을 의미한다는 것도 알게 되었다.

모두를 위해 산다는 것

이 세상 누구보다도 열심히 일하시는 우리 부모님이 빚을 져야 하는 것은 게을러서가 아니라 저임금, 저곡가 정책으로 쌀의 가치를 떨어뜨려 노동자의 저임금을 유지시키고 그 잉여를 착취하려는 가진 자들의 횡포 때문이라는 것도 알게 되었다.

무엇보다도 귀중한 것은 어떻게 살 것인가 하는 문제를 풀 실마리를 찾았다는 것이다. 그것은 나만을 위해서가 아니라 우리 모두를 위해서 살아야 한다는 것이었다.

2학년 초가 되자 이제 전방입소 문제가 다가왔다. 당국에서는 이것을 선택 과목으로 바꾼 후 지원자가 줄자 지원하지 않는 자에게는 큰 불이익을 가하겠다고 발표함으로써 우리를 기만했다. 나는 갈등에 빠지지 않을 수 없었다.

국가의 공공기관을 제외하면 자연과학도에게 일자리가 있을 리 없을 뿐더러 당시 나에게 미군 철수라는 문제 자체가 정리되지 못한 채로 남아 있었기 때문이다. 미군의 철수 문제는 북한을 어떤 시각으로 보느냐에 따라서 강하게 주장되어질 수도 유보되어질 수도 있는 문제였다.

친구들과 이야기할 때는 너무도 당연한 것처럼 미군의 철수와 핵무기의 철거를 이야기하곤 했지만 북한에 대한 명확한 시각 정립이―구체적으로 말하면 전쟁 가능성―되어 있지 않은 상태였던 내게 이 문제는 큰 고민이었다.

북한에 대한 시각 정립이 되어 있지 않았던 것은 내가 성실하지 못했던 점도 있었지만 그때만 해도 믿고 읽어 볼 만한 책들이 거의 없었던 것도 그 원인이었다.

당시 교내 곳곳에 붙어 있던 김세진, 이재호 열사의 사진을 보기가 두려웠고 뭔가 부끄럽기도 하고 억울한 것 같기도 한 꺼림칙한 기분이었지만 나는 일단 입소하기로 마음을 먹었다.

개인의 욕망과 사회적 이익의 결합

입소 당일을 맞았다. 일부는 망우리에 모였지만 많은 학우들이 학교로 모였다. 김세진, 이재호 열사 추모제를 가진 후 입소하기로 되어 있었다. 여기에서 예상치 못한 상황이 벌어졌다. 2천여 학우들의 열기에 고양된 총학생회에서 입소 거부 쪽으로 방침을 정하고 우리에게 결의해 줄 것을 당부하는 것이었다.

그것은 총학생회의 오판이었다. 입소를 확실히 거부하는 학우들은 이미 수강 취소를 한 상태였고 아크로폴리스 광장에 모인 학우들은 추모제를 가진 후 입소하려고 온 학우들이었다. 어쨌든 일단 거부하자는 분위기가 일자 난 무척이나 괴로웠다. 봄 날씨답지 않게 너무 따가웠던 햇살 아래 광장에서 토론을 하며, 나는 뚜렷하지 못한 원칙과 불이익이 너무도 확실한 상황에 고민하면서 이 시대의 청년학생임을 수 없이 원망했다.

결국 2백여 명을 그곳에 남겨 둔 채 우리는 밤늦게 입소했다.

현재 나에게 가장 중요한 문제는 나의 개인적 욕망과 사회적 이익을 어떻게 합리적으로 결합시키느냐 하는 문제다. 대부분의 사람들이 청년 시절에 겪는 갈등은 이와 무관하지 않을 것이다. 특히 자연과학도인 나로서는 어떻게 하면 과학이 소수의 이익을 위한 것이 되지 않고 사회 성원 모두에게 도움이 될 것인가에 많은 관심을 기울여야 한다고 생각한다.

각 개인의 이익과 사회적인 이익이 서로 대치되지 않는 사회가 반드시 이상향만은 아닐 것이다.

김민철

1986년 서울대 해양학과에 입학하여 1992년 졸업했다. 이후 조선일보사에 입사하여 사회부, 정치부 기자를 거쳐 현재는 논설위원으로 있다.

3장

소외된 민중을 향한 시각

80년대 대학생을 특징짓는 중요한 가치지향의 하나는 민중에 대한 부채의식이다. 이전의 대학생들은 대체로 엘리트 의식이 강한 편이었다. 그러나 80년대 대학 캠퍼스에 꽂핀 민중문화는 이 의식을 거부했다. 대학생은 사회로부터 많은 혜택을 받은 집단이라는 점과, 앞으로 해야 할 일은 성공의 사닥다리를 경쟁적으로 올라가 입신출세하는 것이 아니라 하류계층, 즉 민중의 어려운 처지를 이해하고 그들의 권익신장을 위해 노력해야 한다는 것이었다. 역사를 지배계층이 아니라 민중의 관점에서 재해석하고 민중의 놀이문화를 재창안하려는 노력이 활발히 일어났다. 이 장에서는 이와 관련된 5편의 글을 소개한다.

저자들은 다 같이 대한민국은 민주공화국이지만 과연 가난한 사람들에게 정부가 제대로 기능하는가를 묻는다. 구형진은 기회의 불공평을 깊게 살피면서 미래 의사로서의 꿈과 포부를 피력한다. 이재호는 서울 청계천 평화시장에서 일어났던 전태일 분신 사건을 노동자의 대표적인 항거로 보면서 민중의 권리문제를 거론한다. 조두현은 노동자들의 착취와 권리 침탈에 대해 그들이 울부짖는 소리를 경청하면서 노동자들을 역사 발전의 주체로 부각시킨다. 문기준은 대형 금융사건을 통해 서민의 박탈감을 생각하는 한편, 가난했던 자신의 기억을 상기하면서 청빈한 선비보다 청부한 선비가 되고 싶다는 열망을 표현한다. 김명희는 시골 출신으로 서울에 올라와 느꼈던 격차와 이로 인해 가중된 불신과 자기 검열의 늪을 어떻게 빠져나와 이웃을 향해 손을 내밀게 되었는가를 학생운동의 체험을 통해 성찰한다.

이 장에서는 못사는 사람은 계속 못살 수밖에 없는 현실에서 학생들이 제기했던 질문, 즉 내 특권을 포기하고 민중을 돕는 길로 뛰어들 것인가, 아니면 미래에 직업인이 되어 모순을 극복하는 데 일조할 것인가의 문제를 진솔하게 다룬다.

교과서에서 배운 것과 다른 현실
미래 의사로서의 마음 다짐

:

구형진

대한민국은 과연 민주공화국인가

대한민국은 민주공화국이다. 이것은 헌법 1조 1항의 내용으로서 고등학교를 졸업할 때까지 귀에 못이 박히도록 들어 왔다. 그리고 민주주의의 근본 사상은 인간의 존엄성 존중이며 이에 따라 개인의 자유를 소중하게 생각하는데 그중 가장 중심이 되는 것은 신체의 자유라고 했다. 또 생산품을 공동으로 분배하는 공산주의는 비효율적인 경제제도이며, 부의 기회가 누구에게나 열려 있어서 열심히 일하는 사람이 잘살 수 있는 우리나라와 같은 자본주의 경제가 좋은 제도라고 배웠다.

예로부터 우리는 스승님을 존경해 왔고 스승님의 말씀은 진리로 통했다. 여기에 현재의 주입식 교육 방식까지 가세한 상태에서 우리나라 학생들은 수업 시간에 배운 것을 그대로 암기하며 통상 별생각 없이 사실로 받아들인다. 나 역시 예외가 아니었다.

그러나 과연 우리는 우리나라가 개인의 자유가 보장되고 모든 국민에게 잘살 수 있는 기회가 균등하게 돌아가는 진정한 민주공화국이라고 당당하게 말할 수 있을까? 지금 입장으로서는 아니라고 단언할 수밖에 없다.

먼저 부의 기회가 균등하게 배분되는가를 살펴보자. 고등학생 때에도 우리나라에 못사는 사람이 무척 많다는 것을 몰랐던 바는 아니었다. 그때 나는 못사는 것은 할 수 없는 일이며 여러 가지 방법으로 열심히 노력해서 잘살 수 있도록 하면 되지 않느냐고 생각했다. 그러나 현실은 그렇게 간단하지가 않았다. 못사는 사람이 계속해서 못살 수밖에 없는 현실이라면 어떻게 할 것인가?

가난한 사람에게 정부는 있는가

예를 들어 현재 국가가 고시하고 있는 최저 임금 14만 원을 받는 노동자를 생각해 보자. 현실적으로는 10만 원도 채 못 받는 노동자도 허다하다고 들었다. 회사에서 그들에게 점심을 제공하지 않는 경우도 비일비재하다고 한다.

하루 열다섯 시간 정도의 작업 시간을 견디며 온몸에 쇳가루를 뒤집어쓰고 죽도록 일하는 공장 노동자를 생각해 볼 때 과연 부의 기회 균등이란 말을 할 수 있겠는가? 그들은 자신의 능력 한도 내에서 나름대로 최선을 다하고 있지만 그 대가는 겨우 목숨을 부지할 수 있는 정도의 저임금이다.

몇 년 후 나는 의사가 될 것이다. 현재 의사라면 꽤 수입이 많은 직종에 든다. 그야 의과대학 6년에 인턴 과정까지 죽어라 공부하고 일했으니 그만큼의 보수를 받는 것은 당연하다고 사람들은 말한다. 그러나 지금 나는 그렇게 생각하지 않는다. '기회'의 문제가 걸리기 때문이다.

내가 서울대 의예과에 입학할 수 있었던 것은 고등학교 다닐 때 공부를 잘했기 때문이기도 하지만 부모님께서 그럴 수 있도록 뒷바라지를 해 주셨기 때문이다. 만약 우리 집이 당장 끼니를 걱정해야 하고 대학 진학은 엄두도 못 낼 형편이었다면 나는 결코 지금의 이 위치에 있을 수 없었을 것이다.

혜택을 받은 나는 의대를 다녀서 의사가 될 수 있고 그런 기회를 갖지 못한 이들은 계속해서 가난한 노동자의 길로 갈 수밖에 없는 현실에서 부의 기회가 균등하다는 말을 할 수는 없는 것이다.

본래 돈이 많은 사람은 여러 가지 부당한 방식으로 돈을 모은다. 부동산 투기나 사채가 그러한 경우이다. 우리 학교에 다니는 학생들 중에는 이미 자기 재산을 부모님에게 물려받은 경우가 있다. 그들이 유능해서 벌써 자기 재산을 가진 것일까? 그들은 버젓이 학교에 승용차를 몰고 등하교를 한다. 부잣집에 태어난 특혜를 톡톡히 누리고 있는 것이다.

같은 나이인데도 그런 특혜를 받지 못한 자들은 공장에서 기계를 부여잡고 뼈 빠지게 일한다. 그러고는 승용차를 몰고 다니는 자들의 한 달 용돈도 못 되는 임금을 받는다. 시간과 더불어 그들 사이의 격차는 더욱 커져만 간다.

이 나라가 못살고 기회를 부여받지 못한 자들을 위해 펴는 정책에는 과연 어떤 것들이 있는가. 정부의 사업 중에 재개발사업이라는 것이 있다. 재개발사업 하면 흔히 판잣집과 철거민을 연상하게 된다. 산동네 판잣집에 잘사는 사람이 살 리가 없다. 도시 빈민들이 그나마 등을 붙이고 살고 있는 곳이다. 정부에서는 이런 도시 빈민들이 살 수 있는 집을 지어 주기는 고사하고 뾰족한 대책도 없이 재개발이란 이름으로 그들의 주거환경을 철거하고 있다. 목동 재개발사업도 그러하고 요즈음 뉴스에 자주 등장하는 사당동의 경우도 그러하다.

재개발사업을 통해 정부가 얻고자 하는 것은 무엇인가? 첫째는 철거민들로부터 싼값에 땅을 사들여 건설업체에 비싸게 되팔아 넘김으로써 막대한 이윤을 남기는 데 목적이 있을 것이고, 둘째는 재산세가 면제된 무허가 판잣집들을 헐어 버리고 40~50평의 고층 건물을 지으면 재산세, 취득세, 등록세 등을 거둬들일 수 있는 데 목적이 있을 것이다.

이것으로 미루어 볼 때 나는 정부가 빈민계층에게 잘살 수 있는 기회를 부여하기는커녕 그들을 더욱더 가난의 구렁텅이로 몰아넣는 것이 아닌가 의심하지 않을 수 없다.

87년의 슬픔

학교 교육을 받으면서 나는 우리나라가 미국이나 서유럽처럼 잘사는 나라는 아니고 비록 대통령이 군인 출신이긴 하지만 현재 민주주의를—특히 한국적 민주주의—성실하게 실행하고 있다고 믿었다.

고등학교 3학년 때의 일이다. 우리 반의 한 급우가 처음 보는 책을 하나 들고 왔다. 《말》이라는 잡지였는데 그 안에는 도저히 믿기 어려운 성 고문에 관한 내용이 적나라하게 묘사되어 있었다. 우리 국민의 치안을 도맡고 있다는 사람이 과연 그럴 수 있는 것인가? 그는 "여기서 소리 질러 봐야 도와줄 사람 하나 없어"라고 말했다고 한다. 운동권이라고 해서, 정부 측 입장에서 볼 때 국가 질서를 어지럽힌 자라고 해서 정부의 공공기관에서 한 인간의 심신을 짓밟는 성 고문이 수사의 방법으로 자행되는 그런 민주국가도 있는가?

고등학교 3년간에 걸친 공부의 결산이라고 할 수 있는 학력고사를 치르고 대학생이 된다는 기분에 들떠 있던 87년 1월, 한 서울대생이 죽었다. 이 나라가 죽였단다. 먹기 싫다는 물을 경찰이란 자들이 그의 가슴을 쥐어박으며 억지로 먹여서 죽였단다. 그 대학생을 죽인 경찰 뒤에는 강민창이라는 사람이 있다고 했다. 그러면 그 사람 뒤에는 궁극적으로 누가 있는 것인가?

그때는 이미 나도 우리나라가 국민의 권리를 존중하는 민주국가라는 말에 상당한 의구심을 가지고 있을 때였다. 우리나라가 신체의 자유를 보장하고 인간의 존엄성을 존중하는 민주국가였다면 어떻게 정당한 절차와 합법적인 판결도 없는 상태에서 공권력이 한 국민을 죽음으로 몰아갈 수 있단 말인가.

우리나라는 남북이 대치된 상황이라 부득이하게 국민의 자유를 어느 정도 제한할 수밖에 없다고 하지만 이번 사건은 이런 설명으로 변명할 수 있는 정도의 수준이 아닌 것이다. 더욱이 정부는 이 사건을 조작하고 은폐하기까지 했다. 이 사건과 그에 따른 충격은 우리나라가 민주국가라는 것에 대한 내 신뢰를 깨뜨리기에 충분했다.

모순 극복을 위한 한 걸음

이런 과정을 거치면서 나는 학교에서 배운 것과 현실에서 보는 것의 괴리로 인해 갈등과 혼란에 빠졌다. 그런 혼란기에 4·13호헌 발표를 접했다. 그 후 사태는 걷잡을 수 없이 커졌고 4·13호헌 발표는 급기야 6월 투쟁으로 번져 나갔다. 모순이 있다면 그 모순을 파괴해야 한다고 생각해 오던 나는 그것을 실천으로 옮기는 문제로 또다시 고민해야 했다.

6·10항쟁 이후 관악캠퍼스는 물론 온 나라가 민주화의 불길에 휩싸

였다. 아크로폴리스 광장에서 연일 집회가 열리더니 급기야 시험 거부 사태로 치달았다. "시험 거부라니. 내가 어떻게 들어온 대학인데 그 학교에서 치르는 시험을 거부하란 말인가. 우리들 모두 학생의 권리와 의무를 포기해야 하는 것인가?" 모든 것을 제쳐두고라도 학생은 반드시 시험을 치러야 한다는 기존의 고정관념이 또다시 내 발목을 잡은 것이다.

그러나 동시에 또 다른 생각이 내 머릿속에서 커져 가고 있었다. 그것은 보다 넓게 보고 진정 우리 눈앞에 닥친 더 중요한 것이 무엇인지를 알아야 한다는 생각이었다. 지금은 학생의 권리를 따질 때가 아니었다. 국가가 가진 모순을 파괴해야 하는 시점에서 우리 학생들이 앞장서야 할 이때 시험 운운하는 자체가 우스운 일이라는 생각이 들었다. 결국 나는 시험 거부의 찬반을 묻는 투표에서 갈등 끝에 찬성표를 던졌고 학우들과 함께 명동으로 향했다.

요컨대 인간은 성장하면서 자연스럽게 가지게 되는 시각이 있다. 그 시각에 따라 의식이 형성되며 이것이 위협을 받게 되면 상당한 갈등과 혼란이 생긴다. 이때 갈등을 극복하는 방법에는 여러 가지가 있다. 결국은 사회에 순응하는 입장으로 나를 이끌고 그런 나의 입장을 내심 정당화하고 있는 지금의 나는, 그 방법이 결코 나 자신이 옳다고 생각했던 방향에서 찾아지지 않은 경우이다. 현재는 의대생으로서 미래에는 의사로서의 테두리 안에서 사회와 국가를 위해 좋은 일을 하기를 원하는 것이다.

다시 말하면 현재의 사회 모순에 온몸으로 부딪치며 내 모든 특권을 포기하고 현실로 뛰어들기는 두렵기 때문에, 그것보다는 나의 직업인으로서의 성취와 함께 그 범위 안에서 모순을 극복하는 데 일조하기를 원하는 것이다. 가슴속에서는 이런 나를 부인하고 싶은 충동이 일기도 하지만 이것이 나 자신의 한계인 것 같다.

구형진

1987년 서울대 의예과에 입학하여 1993년 졸업했다. 서울대병원 인턴, 삼성서울병원 안과 레지던트 과정을 수료했으며, 건양의대, 강원의대 안과학교실에서 전임강사를 지냈다. 현재 강남역 인근 눈에미소안과 원장이며 강남구의사회 회장 및 대한의사협회 중앙대의원회 대의원으로 있다.

평화시장 노동자의 분신
잘못된 가치관에 대한 민중의 저항

:

이재호

인간이 만든 현실의 덫

우리는 이미 존재하는 사회구조 안에서 태어나고 자라면서 다름 아닌 바로 우리 인간이 그 현실을 만들었다는 사실을 잘 보지 못하게 되고 그 현실이 우리가 어찌해 볼 수 없는 어떤 거대한 힘으로 자신에게 강요되는 것처럼 착각하게 된다. 이 거대한 힘 앞에서 자기 자신은 너무나 초라하고 무력한 존재로 느껴지고 이에 대항하는 것은 무모한 짓으로 여겨지게 되는 것이다.

그리고 우리는 어떻게 해서라도 현실의 사회구조와 질서 앞에 무조건 머리를 수그리고 순응해야만 생존이 보장되는 것을 깨닫게 되며 이에 비례해서 현실 앞에서 위축되고 비굴해진다.

그리하여 우리는 비판정신이 의식 속에서 채 싹트기도 전에 잘라 버리고 사회가 강요하는 모든 가치관과 선전을 무조건 받아들이는 '순한 양'이 된다. 자기 머리로 생각할 줄 아는 주체성을 빼앗긴 정신적 노예로서 길들여지는 것이다.

이러한 현실을 감안할 때 수만 노동자들이 열악한 노동환경의 개선을 위해 싸우다가 뜻을 이루지 못하게 되자 스스로 자기 몸을 불살라 죽음으로써 항거한 평화시장 어느 한 청년 노동자의 이야기는 나에게 참으로 커다란 충격을 주었다.

평화시장 노동자의 하루 평균 노동시간은 작업량이 비교적 많은 기간봄, 가을, 겨울은 보통 아침 여덟 시 반 출근에 밤 열한 시 퇴근으로 열네다섯 시간이다. 일거리가 밀릴 때는 밤샘 작업도 허다하며 심한 경우는 사흘씩 연거푸 밤낮으로 일할 때도 있다고 한다. 한 달을 통틀어 휴일은 2일인데 그나마도 꼭 지켜지는 것은 아니라고 한다. 대부분이 여성 노동자이지만 생리휴가는 있어 본 적도 없고 생각할 수도 없는 일이라고 했다.

요컨대 평화시장의 노동자들에게는 일정한 노동시간이란 처음부터 아예 없는 것이며 업주가 필요로 할 때에는 언제든지 노동을 해야 하는 것이다.

인간 이하의 취급을 받을 때

더욱 놀라운 것은 이렇게 고되게 일하는 노동자들에게 지급되는 임금의 수준이다. 같은 직종의 노동자라도 경력, 숙련도, 제품 종류 등에 따라서 임금의 차이가 있지만 대체로 시다가 월 1천8백 원에서 3천 원까지, 미싱사가 7천 원에서 2만5천 원까지, 미싱 보조가 3천 원에서 1만5천 원까지, 그리고 재단사가 1만5천 원에서 3만 원까지 받는다고 한다. 특히 미싱사를 돕는 보조원인 시다의 경우 하루 열네 시간 이상의 중노동을 하여 받는 일당이 잘해야 겨우 1백 원꼴이라는 것이다. 그것도 제 날짜에 제대로 받지 못하고 닷새나 열흘씩 체불되는 것이 보통이고 더구나 업주의 장사가 뜻대로 안 될 때에는 몇 달씩 밀리거나 아주 못 받게 되는 일도 허다하다는 것이다.

무엇보다도 평화시장 노동자들을 비참하게 만드는 것은 극히 열악한 작업환경이라고 한다. 겉모습은 번드르르하지만 내부의 작업장에 들어가 본 사람은 질식할 것같이 탁한 공기와 지저분하고 어둠침침한 분위기에 놀라게 된다고 한다.

거의 햇볕이 들지 않는 작업장 내부는 조명 시설이 극히 빈약한 탓에 대낮에도 전체적으로 어두컴컴한 데다가 노동자들이 작업하는 바로 눈앞에는 항시 촉수 높은 백열전등이 켜져 있으므로 하루 종일 직접 쏘이는 이 눈부신 조명으로 인해 거의 모든 노동자들은 항상 눈이 충혈된 상태이며 밝은 햇살 아래로 나오면 눈을 제대로 뜰 수 없는 등 각종 눈병을 앓고 있다고 했다.

이 밖에도 노동자들이 겪는 불편은 화장실이다. 여럿이 같이 쓰는 변소인 데다 불결하고 그 숫자가 극히 부족하여 사용하려면 줄을 서서 기다려야 하는 등 불편하기 그지없다는 것이다. 상수도 시설도 극히 빈약하여 목욕 시설이나 세면장이 제대로 갖추어지지 않은 것은 물론 그나마 수도가 있는 곳에서도 제한 급수를 하는 통에 물을 먹기조차 힘들 때가 많다는 것이다.

또 일거리가 많은 한겨울에도 난방 시설이 없어서 노동자들이 동상에 걸리기 일쑤이고, 여름에는 서로의 몸에서 나는 열기로 그 덥고 답답함이 말로 표현할 수 없을 정도라고 한다.

이같이 비인간적인 작업 여건의 개선을 주장하며 분신자살을 기도한 어느 청년 노동자의 이야기는 그냥 스쳐 지나가는 이야기로 넘겨버리기에는 내게 너무 충격적인 것이었다. 마음을 두드리는 대의의 부름에 따라 고난의 가시밭길을 스스로 나서는 사람은 세상의 기준으로 보면 영락없는 바보다.

열심히 기술이나 배워 일류 재단사가 되어서 돈을 모으고 잘되면 한 밑천 장만하여 장사를 하든지, 평화시장쯤에 공장을 하나 차리든지 하면 좋았을 텐데, 부질없이 되지도 않을 근로조건 개선이나 부르짖고 다니다가 업주들의 미움을 사서 해고당하고 뿐만 아니라 쥐도 새도 모르게 끌려가서 치도곤을 당하는 어리석은 길을 택한 전태일 그도 분명 바보다.

이 땅에 진정한 인간 평등이…

우리는 사회에서 똑똑한 사람, 현명한 사람이 되기를 강요받는다. 똑똑한 사람이란 남의 등을 밟고 올라서는 사람, 남의 피땀의 성과를 가로채는 사람, 자신의 이익을 위하여 남에게 손해를 끼치지만 남으로부터는 절대로 손해를 보지 않는 사람, 그렇게 해 돈을 벌든지 권력을 잡든지 간에 출세를 해서 세상 사람들의 찬사와 부러움을 한 몸에 받으며 명예롭게 살아가는 사람들을 말한다.

세상에서 말하는 현명한 사람이란 현실과 타협할 줄 알고 현실에 적응할 줄 아는 이른바 처세에 능한 사람이다. 이들은 강자에게는 어떤 부당한 취급을 받더라도 고분고분 고개를 숙이고 절대로 반항하지 않지만, 반대로 약자 앞에서는 허리를 뻣뻣이 펴고 헛기침을 하는 사람이다. 현실에 대한 비판이나 강자에 대한 반항이라는 말은 이들의 사전에 없다. 우리 사회는 온통 이런 현명한 사람들로 가득 채워져 있다. 현존하는 사회는 그 구성원에게 적응, 타협, 순종, 온건함을 원하며 세상의 부모들은 자기 자식에게 똑똑한 사람이 될 것까지는 기대하지 않더라도 최소한 이러한 현명한 사람이 되기를 기대하며 또 그렇게 가르친다.

적응할 줄 아는 사람이 되어야 한다는 것은 우리 사회에서 하나의 절대적인 진리요 당연한 삶의 요건이며 전혀 의심할 여지 없는 공리처럼 되어 버렸다.

그러나 어릴 때부터 귀에 못이 박히도록 되풀이해서 들어 온 이 그럴듯한 명제는 사실은 우리에게 어떠한 현실에서건 반항하지 않는 거세된 인간이 되기를 강요하는 실로 무서운 주문이다. 적응할 줄 아는 인간이란 결국 자신이 얼마나 무력하고 얼마나 왜소한 존재인가를 뼛속 깊이 깨달아 겸손해진(?) 인간, 강자의 지배에 도전하거나 저항하거나 이의를 내세운다는 것이 얼마나 어리석은 일인가를 철저히 터득하여 온순해진 지각 있는(?) 인간을 가리키는 말에 지나지 않는 것이다.

사회는 이러한 인간을 그럴듯한 표현을 써서 이상적인 인간상으로 미화한다. 사회가 필요로 하는 인간이 되어야 한다는 말이 그 대표적인 예로 이 말은 노동자라면 기업주가 필요로 하는 사람이 되고 회사원이면 경영주가 필요로 하는 사람이 되라는 뜻이다.

다시 말하자면 명령하는 강자의 이익에 아무런 비판 없이 잘 봉사할 수 있는 사람이 되라는 것인데, 이것은 하나의 존엄하고 독립된 주체적 인간으로서의 모든 내면적 욕구와 의지와 희망을 포기하고 강자를 위한 하나의 도구나 수단으로 전락하라는 것을 의미한다.

고통받는 노동자들의 각성을 부르짖고 인간답게 살 권리를 되찾자고 호소한 평화시장 한 노동자의 죽음은 세상의 거꾸로 된 가치관에 대한 도전이었고, 자신이 가려고 하는 길이 절대로 그릇된 길이 아니라고 하는 자기 확신의 표현이었다. 그것은 세상의 똑똑한 사람들에 대한 일갈이었고 세상의 현명한 사람들에게 되돌려주는 동정 어린 비웃음이었던 것이다.

이재호

1983년 서울대 지리학과에 입학하여 1993년에 졸업했다.

그들은 왜 부르짖고 있는가
역사 발전의 주체인 노동자들

:

조두현

구로공단 사업장을 방문하다

내가 대학에 들어와 선배들에게서 가장 자주 들었던 말이 노동자나 민중이라는 말이었다. 이제껏 내가 노동자에 대해 가지고 있었던 생각과 그들이 말하는 노동자는 많이 다름을 알 수 있었다. 그러나 나는 여전히 노동자의 실체가 무엇인지 뚜렷하게 감을 잡을 수 없었다.

어렸을 때 나는 노동자를 그저 나와는 다른 못사는 사람들이라고만 생각했다. 나는 세무 공무원의 막내아들로서 별 어려움 없이 성장했다. 그리고 내가 받은 학교 교육으로는 노동자들에 대해 그 정도의 인식밖에 할 수 없었다. 남들보다 배우지 못해서 좋은 일자리를 구할 수 없으므로 공장에서 나사나 돌릴 수밖에 없는 사람들이라는 것이 내 인식의 전부였다.

그리고 그들이 조금만 더 성실하고 부지런하면 가난에 허덕이며 살지는 않을 것이라고 생각했다. 나는 열심히 공부해서 일류 대학에 들어가고 좋은 곳에 취직해서 돈을 벌고 여유가 있으면 가난한 사람들을 도와주며 살겠다고 생각했는데 그때는 그것이 가장 올바른 삶의 패턴이라고 여겼기 때문이었다.

차츰 나이가 들면서 노동자에 대한 어렸을 적의 생각들을 조금은 허물어 버릴 수 있었지만 여전히 그들의 실체는 나에게서 멀기만 했다. '왜 현대중공업에서처럼 노동자들의 임금인상 투쟁은 장기화되고 정부는 공권력의 투입으로 해결할 수밖에 없는가? 노동자들은 경제 위기를 초래할지도 모를 임금인상 요구를 좀 자제해야 되지 않을까? 노동자들의 임금을 올려 주는 것은 물가인상을 초래하기 때문에 많은 국민들에게, 그리고 결국은 노동자 자신에게도 실질적인 이익을 주지 못하고 경제에 나쁜 영향만 미치는 것이 아닌가'라는 것이 당시의 내 생각이었다.

나는 헌법에 보장되어 있는 노동 3권을 노동자들이 정당히 행사하는 것을, 자본가와 정부가 구사대와 전경들을 동원해서 무자비하게 저지하는 이유가 무엇인지 알 수 없었고 그러면서도 한편으로는 노동자·학생동맹노학동맹의 기치하에 학내에 울려 퍼지는 "노동해방 앞당기자!"라는 구호 소리에 왜 노동자들의 문제에 학생들이 참여해야 하는지를 의아해했다.

이러한 여러 문제들로 고민하면서 나는 도대체 노동자들과 어떤 관계 속에 놓여 있는가를 생각하게 되었다. 경제학도로서 앞의 고민들을 해결하지 않으면 안 된다고 생각했던 것이다. 내가 대학에 들어오면서 하고자 했던 고시 공부도 잠시 유보하기로 했다. 내가 존재하는 현실을 알지 못하고 무조건 고시 공부만 하는 것은 옳지 않다고 생각되었기 때문이다.

이런 와중에 경제학과 선배로부터 한 가지 충고를 듣게 되었다. 그는 "우리의 학문은 관념 속에서만 머물러서는 안 된다. 노동문제가 고민된다면 노동현장을 직접 가서 보고 느끼는 것이 보다 큰 도움이 될 것이다"라고 말하며 구로공단 내의 한 사업장을 방문할 기회가 마련되었음을 알려 주었다. 충분히 수긍이 가는 말이었으므로 함께 가 보기로 했다.

성조기를 밟으며

4월 22일 위장폐업 철회투쟁을 벌이는 슈어 프로덕츠 사업장을 방문했다. 슈어 프로덕츠는 외국 자본이 49% 출자된 미국 다국적 기업의 하나로 사장은 한국인이었다. 치과의 신경치료에 쓰이는 재료를 만드는데 대부분이 여성 노동자들이라고 했다. 다소 설레는 마음으로 선배들, 89학번 학우들과 함께 사업장이 위치한 구로공단에 들어섰다. 말로만 듣던 구로공단이었다.

공돌이, 공순이들이 허름한 작업복 차림에 초췌한 얼굴로 시끄러운 공장에서 일하고 있을 거라고 생각했던 구로공단이었다. 그저 동정의 대상으로만 여겼던 노동자들과 인생에 실패한 사람들이 모여 있는 곳이라고 알아 왔던 장소였다.

사업장 입구 바닥에는 성조기가 그려져 있었다. 미국에 대한 막연한 분노를 느끼며 그것을 힘껏 짓밟았다. 당초 2백여 명이 넘는 노동자가 일했었지만 위장폐업 철회를 위한 투쟁 과정에서 개인적 사정 등으로 회사를 떠나고 1백50여 명의 노조원들이 남아 있었다. 노조위원장은 구속된 상태였기 때문에 부위원장이 나와 그간의 투쟁 경과를 얘기해 주었다.

회사 측은 1988년 12월 말 크리스마스를 전후하여 노동자들의 합법적 조직인 노동조합에는 한마디 통보도 없이 폐업을 단행했다고 한다. 대부분 평균 근속 기간이 6~7년인 노동자들은 길게는 15년을 그곳에서 일한 사람도 있다고 한다. 하루아침에 삶의 터전을 잃어버리고 살길이 막막해진 것이다. 비록 저임금이었지만 회사를 위해 충실히 일해 온 사람들을 정당하고 뚜렷한 이유도 없이 거리로 내쫓아 버린 것이다.

노동자의 가르침

노조원들은 곧바로 폐업 철회투쟁을 벌여 나갔고 점차 회사의 폐업 의도가 무엇인지를 알아냈다고 한다. 몇 년 전에 결성된 노동조합의 역량이 해가 갈수록 증가하자 다가올 임금인상 투쟁에 대비해 미리 노동조합을 와해시키려는 기만적인 술책으로 폐업을 단행했다는 것이었다. 폐업이 장기화되면서 노조원들은 노동청과 당국에 해결을 위한 노력을 촉구했으나 그들은 해결의 실마리를 찾기 위해 노력하기는커녕 직무태만을 보였고 노동자들은 정권과 야합한 자본가를 상대로 고된 투쟁을 전개하지 않을 수 없었다고 했다.

하루 이틀 투쟁이 점점 장기화되어서 내가 방문한 날은 위장폐업 투쟁 115일째 되는 날이었다. 폐업 후 폐업 철회투쟁을 하느라 다른 일을 하지 못했고 또한 회사로부터 퇴직금조차 받지 못한지라 그들의 경제적 어려움은 이루 말할 수 없었다. 그들은 하루에 아침과 저녁 두 끼 식사를 하고 볼펜, 라이터 등을 팔며 간신히 생계를 유지해 왔다고 하면서 아무리 많은 어려움이 따르더라도 자신들의 정당한 요구를 관철시켜야겠다는 정신적 의지는 더욱 강해진다는 것을 힘주어 강조했다. 그리고 희망에 넘치는 미소로 승리를 확신했다.

노동자들과 함께 노래하고 함께 몸으로 부딪치면서 이전의 그들에 대한 동정이 아닌 모두가 하나라는 동지애를 느낄 수 있었다. 그들에게 가해진 착취와 억압의 상황은 비단 그들 2백여 명에게만 국한된 것이 아니다. 전국의 천만 노동자와 대다수의 민중들에게 언제나 닥칠 수 있는 상황인 것이다.

한국민족영화제작소에서 제작한 슈어 프로덕츠 노동자들의 투쟁을 담은 다큐멘터리 〈깡순이〉를 보면서 어떤 영화에서도 느껴 보지 못했던 진한 감동을 느꼈다. 자신들의 살 권리를 찾고자 하는 너무도 정당한 투쟁에 눈시울을 뜨겁게 적시지 않을 수 없었다.

영화 관람 후 노동자들과 대화하는 시간을 가졌다. 노동자들의 높은 의식 수준이 그저 놀라웠고 나 스스로에 대해 부끄러웠던 시간이었다. 그들은 자신들이 탄압받고 있는 상황에 대해 뚜렷이 인식하고 있었고 그러한 현실적 모순의 해결은 자신들의 직접적이고도 단결된 조직과 힘에 의해서만이 가능하다고 알고 있었다.

그리고 조국통일의 주체가 자신들이요, 민중해방의 주체 또한 자신들임을 역설했다. 우리가 그들의 투쟁의 현장을 방문하여 이론적으로 도움을 준다기보다 학생들이 오히려 그들로부터 더 많은 것들을 배우고 있다는 생각을 했다.

역사 발전의 주체인 노동자

그들은 절대 무식한 공순이가 아니었다. 역사 발전의 주체로 자리 잡은 사람들이었다. 그들과 함께 대화하면서 느낀 점은 모두들 장기간의 힘겨운 투쟁에도 불구하고 무척 얼굴이 밝고 힘이 있으며 생각이 긍정적이라는 사실이었다. 설사 철회가 안 되더라도 후회는 없단다. 오히려 자신을 변화시킬 수 있었던 그런 기회에 고마움마저 느낀다고 농담까지 했다.

사실 위장폐업 철회투쟁을 벌이기 이전에는 노동자들이 개개인으로 서로 분산되어 있었고 그저 무지한 노동자에 불과했다고 한다. 그런데 투쟁의 과정을 거치면서 모두가 하나라는 동지애도 생기고 모순된 현실에 하나하나 눈을 뜰 수 있었다고 한다. 노동자는 투쟁을 통해 더욱더 강인하고 올바른 모습으로 변화해 나갈 수 있는 것임을 확인할 수 있었다.

대화를 마친 늦은 밤, 정성을 다해 지은 밥을 함께 나누어 먹고 학우들과 다시 성조기를 밟으며 사업장을 나왔다.

노동형제들과 함께 한 시간은 나에게 정말 크나큰 도움을 주었다. 막연히 잘못 알고 있던 노동자들에 대한 인식을 바꿀 수 있었고 그들의 투쟁의 정당성에 어느 정도 공감할 수 있었다. 그리고 경제학도로서 보다 구체적이면서 논리적으로 우리의 노동 현실을 깨쳐 나가야겠다는 결연한 각오를 세우게 되었다. 이토록 힘겨운 투쟁을 지탱해 주는 가장 큰 힘이 무엇이냐고 질문했을 때 한 노동자는 자신들의 투쟁에 천만 노동자가 함께하고 이 땅의 청년학도들이 함께 동참한다는 사실이라고 대답했다. 그를 보면서 노학동맹의 큰 의미도 깨달을 수 있었다.

또한 물가인상 등의 요인을 들어 노동자들의 임금을 올려 주지 않으려는 자본가들의 논리를 나름대로 비판할 수 있게 되었다. 임금인상이 결코 물가인상과 직결되는 것은 아니다. 상품의 가격을 이루는 생산수단, 임금, 이윤 중 임금이 오를 경우 임금이 오른 비율만큼 이윤율이 하락해 자본가들의 이윤이 줄어들게 될 따름이다. 그러나 현실적으로는 임금인상에 의해 물가상승이 발생한다. 이것은 독점재벌이 임금인상의 부담을 곧바로 상품가격에 전가하고 물가를 상승시킴으로써 노동자뿐만이 아니라 전체 민중을 수탈하고 있기 때문이다.

너무도 정당한 요구

임금이란 노동력의 재생산 비용, 즉 생계비이다. 노동자가 최소한의 기본 생활을 유지하는 데 필요한 생계비를 수준 이하로 억제하여 물가 상승을 막아야 한다는 논리는 노동자는 죽든 말든 간에 물가는 올리지 말아야 한다는 이야기로, 그 이면에는 물가안정과 노동자의 현실적인 생계비 확보를 위해 자본가의 이윤을 줄일 생각 따위는 결코 갖지도 하지도 말라는 저들의 속내가 감추어져 있는 것이다. 따라서 살 권리를 찾고자 하는 노동자들의 임금인상 투쟁은 지극히 정당하며 이를 폭력적으로 탄압하는 독점재벌들과 정권의 행태는 그들의 반민중적인 태도를 적나라하게 보여 주는 셈이다.

불황에 빠진 산업 부문, 영세 중소기업, 사양산업 등 광범한 사업장의 노동자들은 자본가로부터 회사가 어려운데 임금이 인상되면 회사가 망해서 노동자들이 실업자가 될 것이라는 협박 아닌 협박을 당한다고 한다.

슈어 프로덕츠 경우에서 보듯이 악독한 자본가인 경우에는 위장폐업까지 단행하며 노동자의 단결을 파괴하려는 의도를 서슴지 않고 드러낸다. 회사가 잘 되도록 노동자들이 협력해야만 임금을 제대로 주겠다는 것은 자본가들의 뻔뻔스런 논리다.

임금은 노동의 대가가 아니라 노동력 재생산 비용이다. 노동자가 노동한 결과 이윤이 남지 않거나 적자가 나는 것은 자본가의 경영 능력 부족이지 결코 노동자의 책임이 아닌데도 저들은 그 책임을 노동자들에게 전가시키고 있는 것이다. 따라서 기만적인 위장폐업에 대해 철회투쟁을 벌이는 노동자들의 주장은 너무도 정당한 요구인 것이다.

조두현

1989년 서울대 경제학과에 입학하여 서울대 총학생회장 및 서울지역총학생회연합 사무처장 등을 역임했다. 1994년 국가보안법 위반으로 구속됐으며 1998년 졸업했다. 2001년 제43회 사법시험에 합격, 전주지방검찰청 검사를 거쳐 현재 조앤유 법률사무소 변호사로 있다.

대형 금융사건들
서민의 박탈감 어떻게 해소하나

:

문기준

너무나 불편했던 가난의 기억

어렸을 적 고무신을 신고 다녀야 했기에 무척이나 하얀 운동화를 신어 보고 싶었다. 그때 벌써 물건에 대한 애착은 내 마음속 한구석에 자리 잡고 있었다. 참외 서리를 하다 들켜 삼경부터 동이 틀 무렵까지 벌을 섰을 때, 연 3년에 걸친 한해로 마을 사람들이 하나둘 도시로 떠나거나 제주도로 건너갈 때, 내 마음은 작열하는 태양빛 아래 논바닥처럼 갈라져 가고 있었다.

상급학교 진학을 포기해야 했던 누이의 서러운 눈물을 토방가에서 보고 어린 마음에도 견딜 수가 없어 산으로 들로 뛰어다녔던 때는 그래도 미국 잉여농산물인 노란 옥수수가루죽이 맛있었던 철부지 시절이었다.

중학교를 마치고 고등학교 진학을 할 수 없게 되었을 때에야 비로소 빈곤이 늘 우리의 양식이라는 것을 알았다. 보릿고개는 해마다 어김없이 찾아왔고, 그래서 봄은 두려운 계절이었다. 사람들은 말갛게 부어오른 얼굴을 하고 그래도 웃고 살았다. 술과 도박은 늘 그들과 함께 있었다. 농사꾼의 자식은 땅을 파먹고 살아야 한다는 논리는 우리의 의식을 늘 잠재웠다.

아버지는 가난한 농부였다. 할아버지는 일제의 수탈을 견디다 못해 만주로 가셔야 했었고 그분의 아버지도 할아버지도 늘 그러했었다. 이렇게 대를 이어 온 가난은 나에게도 다가왔다. 그러나 나는 가난을 거부했다. 아니 가난에 도전했다. 세 마지기의 논에 벼와 보리를 심고 유축농업을 병용해야 소득이 증대된다고 해서 돼지와 소를 길렀다.

그러나 통일벼가 나오고 '노풍' 품종을 심어야 했던 우리는 이름 그대로 노No풍년을 맞이해야 했다. 농민들이 밤나무를 너무 많이 심어 밤 값이 헐값이 되어 버리고 수입 고기로 인해 어미 돼지의 값이 새끼 돼지 값밖에 안 나가게 되었을 때에도 우리는 분노하기보다는 오히려 자학적인 허탈감에 길들여져 갔다. "그런 것이여. 지가 별수 있어. 분수를 알고 살아야제" 하는 소리를 뒤로하고 우리 가족은 고향을 떠나 도시로 와야만 했다.

우리는 경제성장률이 세계 최고라고 자부하는 나라의 경제 개발이 한참인 어느 도시의 판자촌에 자리를 잡았다. 잠시 라디오를 조립하는 공장의 일당 천 원짜리 공원이 되었을 때에 나는 오히려 안도의 한숨을 쉬었다.

수출 1백억 불 소득 천 달러라는 찬란한 신기루를 제시하고 임금이 오르면 물건값이 오르고 물건값이 오르면 근로자에게 불이익이 있을 테니 임금인상은 없을 것이라는 말에 우리는 고개를 끄덕여야 했다. 추석이 가고 구정이 오고 부모님의 주름살이 하나둘 늘어 가는 것을 보며 나는 의구심을 갖기 시작했다. '왜 농부인 아버지는 가난해야 했고 근로자가 되어서도 우리는 가난하게 살아야 하는가? 모두가 잘살

수는 없을까?'

나는 아버지와 서당 선생님과 함께 어린 시절을 보냈다. 농부의 아들이라는 분수를 알라던 아버지와 마당에 널어놓은 보리쌀이 소낙비를 맞아도 전혀 개의치 않고 글을 읽던 서당 선생님, 그 두 분의 가르침을 나는 함께 받아들였다. 학교를 다니면서도 그 가르침에 대한 자부심은 쉽게 무너지지 않았다. 중학교를 마치고 고등학교 진학이 어렵게 되어서야 나는 가난은 수치가 아니지만 너무나 불편하다는 것을 깨닫게 되었다.

청빈한 선비보다 청부한 선비가 되고 싶어

내가 부의 절실함을 더욱 깨닫게 된 것은 농촌에서 벌였던 몇 가지 일과 도시에서의 공장 생활을 겪으면서였다. 이 과정에서 나는 청빈한 선비보다는 청부한 선비가 되어야겠다는 생각을 가지게 되었다. 특히 도시 생활에서의 끝없는 고난을 통해서 인정이 메마른 사회에서는 돈을 가져야 대우받는다는 사실을 뼛속 깊이 실감할 수 있었다. 그러나 부에의 접근은 그리 쉽지가 않았다. 나는 한국 사회에서 부자가 되는 길은 성실과 근면보다는 모험과 투기, 눈치와 권모술수에 있음을 알게 되었다.

이제 나는 대학생이 되었다. 경제 및 경제제도와 인간 사이의 문제를 과제로 삼는 경제학도가 된 나는 경제문제에 남다른 관심이 있다. 요즘같이 장영자 사건, 명성그룹 사건, 영동개발진흥 사건 등 상상도 못할 엄청난 금융 부정 사건을 접하고서는 더욱 그러하다.

이러한 일련의 사건들은 우선 그 사고 액수의 규모가 엄청나다. 장영자 사건이 약 4천억, 명성그룹 사건이 약 2천억, 조흥은행의 사고 액수가 약 1천8백억 등으로 이는 국가 1년 예산의 3분의 1에 달하는 천문학적 규모다. 조흥은행 사건의 경우 사고 액수가 불입 자본금 1천1백억을 훨씬 넘고 있는데 50만 원 정도의 월급을 받는 사람이 이 금액을 모으자면 한 푼도 쓰지 않고 저축한다고 가정할 때 16만 년이 걸린다고 한다.

이 사건들의 중심에 있는 자들은 권력층 내지 은행 간부와 공모, 결탁하거나 그들의 지위를 이용했고 그들의 행위가 국가의 산업 발전에 도움이 된다는 환상에 빠져 있었다. 또한 이 사건들에 조달된 자금의 상당 부분이 전주가 이름을 밝히지 않는 검은 돈으로 소위 지하경제에서 나왔다는 점도 관심을 유발시키는 요인이다.

대형 금융사건의 관련자들이 거액의 돈을 왕창 해 먹고도 금융권 범죄는 중형이 없어 실형을 받아도 밑지지 않는다는 사고방식으로 재산을 도피시키는 것을 보면서, 서민들은 삶의 의욕을 상실하고 자조적으로 되는 폐해도 마음이 쓰였다.

이런 일련의 대형 금융비리 사건에 접하고서 경제학도인 나는 크게 절망했다. 그것은 그 사건들이 경제학의 문제가 아니라 정치경제학 아니, 사회 전체의 구조적 불합리성에 기인하고 있음을 보았기 때문이다. 이제 관련자들이 구속되고 몇 가지 대책이 나오고 나면 이런 사건들은 언제 그런 일이 있었냐는 듯 사람들의 기억 속에서 사라지게 될 것이다. 그러나 우리 모두가 두고두고 치러야 할 이 사건들의 엄청난 후유증을 생각해 볼 때 나는 이 사건들의 근본 원인과 대책에 대해 나름대로의 생각을 정리해 보고자 한다.

일확천금 심리가 사회규범을 잠식하다

첫째, 후발국인 우리나라에서는 대외 경쟁력과 기술개발 등의 이점 때문에 기업의 대형화가 정부의 권장사항이 되어 왔다. 정부의 과다한 지원자금은 중소기업의 합병과 부동산 투기기업 신설 등의 기업 확대에 집중되어 왔는데 이런 무모한 경제 확대는 기업의 재무구조를 악화시키고 은행의 부실화를 가져와 결국 앞에서 언급한 대형 금융사고들로 나타난 것으로 보인다.

둘째, 현재 우리 사회에는 정당한 방법이 아니라 투기성을 곁들인 방법이나 소위 뒷문을 통해야 더 많은 부에 접근이 가능하다는 논리가 저변에 팽배해 있는데 이것도 이런 대형 사건들이 일어날 수 있었던 원인이라고 생각한다. 땀 흘려 일하기보다는 한 번의 요행수로 일확천금을 노리는 심리가 법이나 도덕 등의 사회규범을 잠식해 가고 있는 것이다.

실력보다 눈치와 권모술수로 사회적 지위를 차지하고 그에 따른 역할 행동을 함에 있어서 타인에게 피해를 주는 자들이 이런 사건들의 중심에 서 있다.

떳떳하지 못한 거액의 검은 돈은 지하경제로 흘러 들어가 부동산 투기에 투입되어 국민 경제를 좀먹고 기업가로 하여금 창조하고 혁신하려는 의욕을 상실케 한다. 이번 사건을 일으킨 뿌리 깊은 배경도 바로 이 지하경제다. 이러한 풍토는 민주사회를 지향하는 우리에게는 매우 위험한 신호라고 볼 수 있다.

셋째, 이러한 사건들로 인해 심화된 상대적 박탈감을 어떻게 수습할 수 있는가 하는 문제가 있다. 먼저 농촌 지역 주민의 입장에서 볼 때 앞의 세 사건에서 발생한 사고 비용의 합계가 올해의 쌀 생산량 3천

8백만 섬을 전액 수매하고도 남는 액수라고 하는데 이성을 가진 지성인이라면 이것을 어떻게 설명할 것인가?

우선 국제 생산비의 비교우위에 입각한 농민 부재의 농업경제이론에 대한 깊은 반성이 있어야 할 것이다. 이 이론에 따르면 국제적으로 생산비를 비교한 결과 쌀이나 밀 등의 농산물은 직접 농사짓는 것보다 수입해서 먹는 것이 훨씬 경제적이므로 수입해서 먹고 농민들은 농사 외의 수출가공업 등 다른 생산 분야에 투입되어야 한다.

오직 우리나라의 현실에 대한 예리한 분석과 농민에 대한 깊은 애정에서 우러나는 경제이론과 대책만이, 유익한 직업의 기회가 있어서가 아니라 아무런 발전도 없이 자꾸만 뒤처져 가는 농촌의 불리한 조건에서 도피하려는 농민을 이번 사건의 충격으로 인한 허탈감에서 건져 주리라 본다.

노력하는 만큼의 대가를 주는 나라

대형 금융사건을 통해 극명하게 드러난 우리 사회 전체의 구조적 불합리성에 우리는 어떻게 대처해야 하는가.

첫째, 상당한 경제성장을 이룬 지금 우리는 분배에 있어서 형평의 문제에 관심을 기울여야 한다. 우리 사회가 성실하게 일하면 잘살 수 있다는 논리가 낭만적인 생각으로만 여겨지는 그런 사회가 되어서는 안 된다. 또한 조선시대의 농본상억책에서 비롯된 민생의 빈곤을 지금처럼 역으로 공상본, 농억책으로 해결하려 해서도 안 될 것이다. 민생이 역사의 근본이라는 명제를 토대로 사회계층의 균형적인 발전으로 빈곤의 문제를 해결해야 한다고 본다.

둘째, 도덕적 억제가 있어야 한다. 우리 민족은 일제강점기와 6·25

전쟁을 겪으면서 수렁 속으로 빠져들었다. 60~70년대에 걸친 경제개발 과정에서 국민 생활은 나아졌으나 국민의 기대 수준의 향상과 불평등한 부의 재분배 등으로 계층 간의 갈등은 심화되고 있다. 더욱이 절대 빈곤을 체험한 세대의 물질에 대한 남다른 집착과 자녀에게 재산을 물려주어야 한다는 동양적인 사고가 맞물려서 재산과 토지와 기회의 집중을 낳고 있다. 이 점에 있어서 더 많이 가진 사람들에게 재화의 사용에 있어서의 도덕적 절제가 요청된다.

셋째, 더 많은 사람에게 기회가 균등히 분배되는 제도가 구상되어야 할 것이다. 그러기 위해서는 권력과 물질만을 숭상하는 지금의 사회 풍토가 다양한 가치를 중시하는 분위기로 바뀌어야 할 것이다. 이렇게 될 때 우리 사회는 납득할 수 있는 방법과 상식이 통하는 사회로 발전하게 되고 서로를 용인하고 서로에 의지하며 하나가 일체요 일체가 하나로서 서로를 포용하는 사회가 되리라는 것을 확신한다.

문기준

1983년 서울대 국제경제학과에 입학하여 1987년 졸업했다. 이후 설송웅 국회의원의 정책보좌관을 지냈다.

이제 사람을 향해 손을 내민다
불신의 과거를 넘어

:

김명희

가슴속에 뿌려진 불신의 씨앗

내가 다섯 살 되던 해에 우리 가족은 서울로 올라왔다. 내가 태어난 곳은 호남 지역에서도 유독 개발이 늦던 구석진 마을이었다. 문명의 찬란한 손길은 인색하게도 그 고장을 비켜 지나갔다. 어머니 말씀에 의하면 우리 가족이 상경한 뒤인 1960년대 말에야 비로소 그 마을에 전기가 들어갔다고 한다. 그러나 가난하고 외진 그 마을까지도 한국 경제의 파행적 발전의 여파는 미쳐서 우리 가족은 이농 가구가 되었다. 물론 상경의 명분으로는 교육, 직업, 문화 혜택의 고려가 우선적으로 내세워졌으나 사실을 말하자면 우리는 고향에서는 더 이상 먹고 살 수가 없었던 것이다.

무모한 희망과 현실에 대한 무지에서 비롯되는 용기로 똘똘 뭉친 우리 여섯 식구는 단칸방에서 바글거리면서도 잘 살아 나갔다. 티끌 모아 태산이라더니 말단 공무원이었던 아버지의 월급은 모기 눈물만큼씩이나마 모여서 우리는 어느 정도의 세월이 흐른 후에 신기하게도 우리 집을 장만할 수 있었다. 난 어려서 몰랐지만 그때 아버지의 자랑스러움과 긍지, 성취감은 아마 당신의 생애를 통틀어 최고의 수준이었으리라.

"아니여 빠꿈살이여." "아니야 소꿉장난이야." 상경해서 처음 서울 아이들의 소꿉장난을 보고 고향에서 하던 대로 '빠꿈살이'라고 불렀던 나에 대한 새침한 서울 아이의 반박과 그에 대한 오빠의 열없는 동의는 어린 나를 당혹하게 했고 분개하게 했다. 이제껏 아무 의심 없이 사용하고 통했던 내 언어가 부정된 순간 난 일말의 수치심과 함께 모욕감을 느꼈다.

그것은 서울이 내게 안겨 준 첫 번째 패배였고, 서울에 대한 최초의 기억을 기존의 사고가 뿌리째 위협당하는 불쾌한 순간으로 만들었다. 모든 것에 대해 의심하고 외부의 사물들을 일단 적대적으로 의식하는 불신의 씨앗은 이때 이미 내 가슴속에 뿌려지고 있었다.

어려서부터 습관화된 가난으로 인해 아버지는 우리 자식들을 혹독하게 단련시켰다. 쉴 새 없이 줄기차게 내 마음에 뿌려진 의심과 경계의 씨앗은 아버지의 혹독한 계율을 풍성한 거름으로 삼아서 무럭무럭 자라났다. 그리고 그것은 튼튼하게 뿌리를 내려 어떤 충격에도 좀처럼 흔들리지 않게 되었다.

아버지의 계율은 아버지 스스로가 생각했던 것보다 훨씬 더 강한 힘으로 나를 지배했다. 나의 사고는 항상 그 계율의 한계를 넘지 못했다. 강압적이고 권위주의적인 가정이라는 삭막한 환경은 나를 끊임없이 괴롭혔다. 생일, 설날, 소풍 등 제아무리 특별한 날에도 난 완전한 기쁨이나 행복을 맛본 적이 없다.

나를 보는 또 다른 나

난 항상 나를 지켜보는 또 하나의 눈을 의식했다. 그것은 나의 사고와 의식, 심지어 감정까지도 감시하다가 내가 선을 조금이라도 넘고자 할 때는 가차 없이 뒤통수를 후려치는 보이지 않는 힘이었다. 내 속의 의심의 나무는 어느새 너무나 거대하게 자라 나를 벗어나서 내 앞을 가로막고 선 괴물이 되어 버린 것이다.

오랫동안 쌓여 온 아버지로 인한 고통, 날카로워질 대로 날카로워져서 분열될 정도에 이른 자의식, 이 모두가 나를 숨 쉬기도 어려울 정도로 짓눌렀다.

나는 불신의 세계에 갇혀 있었다. 아버지를 사랑하지 않는 자, 어머니의 사랑을 믿지 않는 자가 이 세상에서 믿을 수 있는 것은 무엇일까? 의심하고 또 의심하여 모든 것을 의심하는 자가 이 세상에서 믿을 수 있는 유일한 것은 자신의 의심 그 자체뿐이다.

나는 나의 개인적인 삶의 고통에 너무나 익숙해진 나머지 그것에서 벗어난다는 것은 상상도 하지 못하는 상태였다. 고상한 감정이나 고결한 정신은 감정의 유희나 지적 사치로 여겨졌고 화해나 조화 등은 기만이라고 생각했다. 외부 세계는 나와는 동떨어진 순전한 당신들의 세계였기에 세상과 나와의 제휴나 동반은 있을 수 없는 환상이라고 생각했었다.

의심으로 메마른 내 상상력에 획기적인 충격을 준 것은 바로 대학이란 새로운 사회였다. 처음 대학에 들어갔을 때 나는 고아 같은 기분이 들었다. 모두들 바쁘고 자기 일들을 짜임새 있게 잘 처리해 나가는 이 거대한 조직을 움직이는 특수한 원리를 나 혼자만 모르는 게 아닌가 싶었다.

신입생에 대한 호의와 관심, 따뜻한 눈길들은 나에겐 무척 어색한 것이었다. 원래부터 호의를 믿지 않았기 때문이다. 그러나 나는 모두가 진심에서 우러나는 상냥한 미소를 짓고 있을 때 혼자 모르는 척할 만큼 얼어붙은 심장을 가지고 있지 못했다.

덩달아서 전에는 그래 본 적이 없는 경멸이 섞이지 않은 호의를 가지고 악수와 인사를 나누게 되었다. 그러면서도 나는 슬쩍 훔쳐보았다. 맞잡은 손과 손, 입을 모아 부르는 노래 속에 어떤 회의나 냉소는 없는가 하고 말이다. 그러면서도 일단 뛰어들어 보리라 생각했다.

스스로 싹 틔운 믿음의 나무

어느 날 선배가 우리 모두에게 모이라고 했다. 순환도로 옆 잔디밭에 모여 조를 짠 후에 우린 짝을 지어 흩어졌다. 나는 자꾸 뒤를 돌아보게 되었는데, 지나가는 사람들이 모두 사복경찰로만 보였다. 데모 현장에는 거의 시간에 맞춰 도착했다. 짐짓 태연한 척하려고 주위를 한번 둘러보고 가볍게 걸었지만 어쩐지 멍하고 아득한 느낌이었다. 조금 후에 한 곳에서 구호가 들렸고 나는 앞서는 선배의 뒤를 따라 엉겁결에 차도 한복판으로 뛰어들었다. 어느새 스크럼이 짜여지고 데모 대열은 구호에 맞춰 뛰고 있었다.

그런 지 10분도 채 못 되어 최루탄이 터졌고 앞은 전경들로 막혔다. 옆을 보니 어느새 그곳에도 전경과 사복형사들이 진을 치고 있었고 우리 대열은 이미 싸움과 최루탄 공격으로 인해 혼란해져 있었다.

나는 두려움과 혼란이 극에 달해 오히려 맥이 쭉 빠져 버리는 것 같았다. 어떻게 그 자리를 벗어났는지도 의식하지 못하는 상태로 귀갓길에 올랐다.

계속되었던 불안과 공포로 인한 피곤함과 함께 분노가 치밀었다. 무엇 때문에 떨며 가슴 조여야 했는가? 누구를 위해? 무엇을 위해? 자신의 행동에 대한 참을 수 없는 모멸감으로 난 고개를 돌렸다. 아무리 함께 최루탄 속을 뛰고 사지가 찢어지도록 서로를 잡아끈다고 해도 너의 아픔이 나의 아픔이 될 수 없다는 절망감이 엄습해 왔다. 나는 나의 의식이 개인적 한계에 머물러 있음을 안타깝고 괴로운 마음으로 확인해야 했다. 그래서 난 모든 공동체적 신념을 다시 한 번 거부했다.

참으로 이상한 일이었다. 겨울에 땅속에 숨어 있던 씨앗이 봄이 되면 싹을 틔우듯, 데모의 진실들이 내가 그것을 떠난 후에 오히려 새롭게 하나하나 밝혀지는 것이었다. 버리면 얻게 되는 이치였다. 함께할 때는 그렇게도 들어오지 않던 그들의 신념의 그 진실한 모습들이 저절로 내 앞에 모습을 드러내는 것이었다.

이미 자라난 싹을 내 안에 옮겨 심은 것이 아니었다. 그것은 내가 스스로 싹 틔운 새로운 믿음의 나무였다.

인간이기를 갈망하는 사람들

계속되는 모임 속에 운집한 군중들, 그들의 외침과 시위 속에서 나는 원시의 제천행사를 보았다. 그들은 하나가 되고자 하는 것이다. 모두가 손을 잡고 인간과 세계를 전부 포용하는 커다란 원으로 둘러서고자 하는 것이다. 그들의 외침, 그들의 몸짓은 인간에 대한 그리고 전 세계에 대한 사랑의 투사이다. 우리의 억눌림, 우리의 비굴함, 그 모든 것을 꿰뚫고 깨뜨리는 그 빛나는 함성을 나는 왜 여태 깨닫지 못했을까?

그동안 나의 상상력은 해부와 분석의 과정 속에서 말라 버렸던 것이다. 나는 뭐든지 캐내고 분석하려고만 했지, 조화와 전일성의 아름

다움을 알지 못했고 그 속에서 잉태되는 진정한 '전진'을 보지 못했던 것이다.

햇볕이 눈을 찌르며 튀어 오르는 한강을 지나간다. 그곳은 하루에도 두 번씩 지나다니는 곳이지만 지날 때마다 난 늘 어떤 경이로움과 막연한 경외에 사로잡힌다. 때론 지중해처럼 파랗게, 때론 나일강처럼 검붉게 흐르며 다릿목에 부딪히면 소용돌이치고 넓게 퍼져 나가서는 부드럽게 뒤척이는 강물은 그 밑에 수수께끼 같은 영원성의 비밀을 간직한 것 같았다.

이러한 인상은 매번 강렬하게 나를 붙잡는다. 나는 새롭게 강물을 바라보았다.

그렇다. 깊은 산의 가파른 계곡에서 소용돌이치는 물도, 곤두박질치며 산산이 부서지는 폭포 물도 모두 결국 강의 큰 흐름 속에 하나가 되고자 하는 것이다.

나는 이제 손을 내밀고 싶다. 오랫동안 불신의 음울한 눈으로 바라보던 아버지에게, 굳이 그 따뜻한 애정을 믿으려 하지 않았던 어머니에게, 그 경박함을 경멸해 마지않았던 타인에게, 또 스스로를 불신의 세계에 가두고 초조해하던 바로 나 자신에게 말이다.

김명희

1984년 서울대 노어노문학과에 입학하여 1988년 졸업했다. 이후 방송위원회에 근무하기 시작, 현재에 이르고 있다. 이 책에 담긴 소박하지만 빛나는 진실들이 좀 더 다양한 젊은이들에게 보편적으로 받아들여지길 희망한다.

4장

학생운동과 나의 선택

80년대 대학생들은 군부독재를 반대하고 민주화를 강하게 요구했지만, 모두가 학생 시위에 참여한 것은 아니었다. 시위 참여 문제를 둘러싸고 학생들의 고민이 컸다. 비록 80년대 현실은 암울했지만 학교 수업은 과연 아무 의미가 없는 걸까? 한편으로는 대학생으로서 마땅히 지켜야 할 행위 규범이 있었지만 다른 한편으로는 민주화를 위해 학생들에게 요구되는 역할이 있었다. 이 둘 사이에 긴장이 컸다. 이 장에서는 이에 관한 진솔한 자기 성찰을 보여 준다.

5명의 저자는 운동권 투사는 아니었다. 이들은 학생운동에 심정적으로 동조했지만 운동의 방식에 대해 비판적인 면모도 보여 준다. 암울했던 군사독재, 학생과 노동자의 분신, 문무대 입소 등을 경유하면서 각자 자신의 입장을 정했다. 박경로는 시위에 참여한 경험에 근거하여 시위의 문제점을 지적하고 대학문화의 다양성과 다원성을 강조한다. 고미선은 대학 교육에 필수적인 시험을 거부하는 학생운동의 결정에 대한 불편한 소회를 솔직히 밝히면서도 학생운동이 수행해야 할 보다 큰 목표와 가치를 깨닫는 모습을 보여 준다. 정일균은 왜 수업과 시험을 거부하지 않았는가를 당당히 밝히면서 옳은 목표라 하더라도 나쁜 수단은 정당화될 수 없다는 입장을 보인다. 송용은 학생은 당연히 수업을 듣고 시험을 치러야 한다는 입장에서 출발하지만 이 입장의 한계를 인식하면서 당연한 것을 의심하는 삶의 방식을 제안한다. 오은정은 대학에 들어와서 학생운동으로 인해 겪은 심리적 갈등과 방황을 솔직히 밝히면서 어떤 노선이 대학의 발전, 사회의 발전에 필요한가를 모색한다.

한 새내기의 학생운동에 대한 생각
대학문화의 다양성과 다원성

:

박경로

두 가지 시각 사이의 갈등

나의 대학에서의 첫 학기는 서클 가입에 대한 갈등으로 시작되어 학생운동에 대한 나의 주관을 정립하기까지의 갈등으로 전개되었다. 우리 84학번이 입학할 무렵에 대학의 자율화 조치가 시행되었는데 이보다 한 박자 앞서 매스컴은 대학의 학생운동을 갑자기 집중보도하기 시작했다.

고등학교 시절부터 김동길 선생의 글 등을 읽었고 모 정치·경제 선생님의 영향으로 학생운동을 그리 나쁘게 보지 않았던 나는 처음에는 매스컴이 학생운동을 왜곡해서 보도한다고 생각했었다. 그러나 반복되는 매스컴의 보도에 점차 선배와 대학이 두려워지기 시작했다.

그러던 중 입학 일주일 전에 3학년 동문 선배들을 만나 여덟 시간이 넘게 이야기하고 나서부터 나의 서클 가입에 대한 고민은 시작되었다. 선배들은 서클의 목적이 이제껏 사물의 한쪽 면만을 보도록 교육받은 우리가 그러한 편견에서 벗어나 비판적 통찰력을 기르게 되는 것이라고 했지만, 나는 또 다른 부정적 편견을 갖게 될까 두려웠다.

이런 두려움이 혹시 자기 합리화가 아닌가 하는 자책도 했었지만 아무래도 이것은 객관적으로 평형을 유지하려는 노력으로 보는 것이 옳을 것 같다. 나는 지나친 자기 비하도 지나친 자기 합리화만큼이나 경계해야 한다고 생각한다.

학생운동과 서클 활동을 보는 극단적으로 다른 두 종류의 시각은 이제까지의 내 주관과 가치관의 색깔을 하얗게 표백시키고 그 백지상태 위에 여과 없이 그대로 들어서고 있었다. 적어도 나는 그렇게 느꼈다. 그 두 가지의 정반대되는 시각에 휘둘리며 나는 극히 우호적인 생각과 부정적인 생각의 양극단을 오가면서 방황했다.

어느 때는 정의구현과 민주주의를 위해 싸우다 교도소에 갇힌 내 모습과 5대 독자를 감옥에 보내고 애통해하는 어머니의 모습을 그려 보며 한숨으로 하루를 보내기도 했었고―지금 그때를 생각하면 부끄럽고 어처구니가 없다―또 어느 때는 데모하는 학생들을 독선적이라고 냉소하기도 했었다.

그러나 그 어느 상황도 불안과 함께였다. 올바른 판단과 이해를 하지 못하고 있음을 스스로 알기에 언제 지금과는 정반대 방향으로 급선회할지도 모른다는 생각에서 오는 불안감이었다. 이런 정신적인 부담감에 시달리느니 차라리 아무 생각 없이 서클에 뛰어들어 버리는 편이 도리어 편할 것도 같았다. 그러나 그것은 내 양심과 자존심이 허락하지 않았다.

이러한 방황을 반복하면서 내가 학생운동을 점점 더 구체적이고 입체적으로 이해하게 된 것도 같다.

데모 대열에 동참했으나

4·19 기념제 때 수업도 거부하고 행사에도 참석하지 않음으로써 남에게 욕도 먹지 않고 학생운동 또한 외면하는 학생들을 보며 기회주의적이라고 생각했던 나는 수업과 행사에 모두 충실하려고 노력했다. 그러나 나 역시 이러한 나의 행동이 기회주의적인 행동으로 몰리는 경험을 여러 번 해야 했다.

그러던 중 나는 학생들이 무엇을 외치는지 귀 기울여 들어 볼 생각으로 민주화대총회 등의 집회에 몇 번 참석했다. 그러나 그것은 집회에 그치지 않고 데모로 이어졌으며 급기야는 내 손에 돌멩이를 쥐어 주었다. 나는 그 돌멩이만큼은 끝까지 거부했다. 어쨌든 나는 제대로 된 소신과 주관 없이 두 번이나 데모 대열에 휩쓸리는 경험을 하게 된 것이다.

이 경험은 대학생활의 좌우명을 "분위기에 휩쓸리지 않고 의지대로 주체성 있게 살아간다"로 정했던 나에게 오히려 데모의 선동적인 분위기에 대한 반감을 불러일으켰고 나아가 학생운동 자체를 비합리적이고 독선적인 행위로 인식하게 했다.

중간고사에서의 실패 또한 고민과 독서에 정신없었던 나 자신에 대한 불만을 학생운동에 대한 반감이란 형태로 나타나게 했던 것 같다. 고향인 대구에 갔다 오면서 접했던 많은 사회인들의 학생운동에 대한 강한 반감도—그때마다 학생운동을 열렬히 옹호하는 나 자신을 발견하고 놀랐지만—계속 격렬해 가는 학생운동을 확실히 비합리적이고 독선적인 것으로 여기도록 하는 데 한몫을 했다.

우리 학교를 다니다가 제적되어 현재는 연세대 1학년에 재학중인 어떤 선배의 충고까지 겹쳐 나는 학생운동에 완전히 반항적이 되었다.

고민과 독서와 사색도 멀리하게 되었다. 나의 5월은 주로 그동안 불성실했던 인간관계의 개선과 적당히 놀고 즐기는 생활에 할애되었다.

그러나 그랬던 5월에도, 비록 정열이 식은 차가운 마음과 부정적이고 비판적인 태도이긴 했었지만 내가 학생운동을 완전히 외면하지 않았던 데에는 나의 룸메이트의 영향이 컸다.

그는 광주 출신의 의예과 학생이었다. 1학년 초기에 나는 그의 현실적인 이기심이 지나치다고 생각하고 거기서 벗어나길 바라는 마음에서 학생운동에 관심을 가질 것을 설득한 적이 있었다. 그는 그때 여러 사람이 그럴 때는 다 그만한 이유가 있다는 내 말을 듣고 나를 의식화에 물들었다고까지 몰아붙였던 친구였다.

대학에 필요한 다양성과 다원성

그러던 그가 가두 홍보에 휩쓸려 나갔다가 경찰서에서 하룻밤을 지내고 온 후부터 변하기 시작했다. 그때 경찰의 대우는 매우 호의적이었다고 한다. 그는 서클에도 들었고 가두시위 등에 적극적으로 참여했으며 새로운 사실을 조금만 알게 되어도 남에게 가르쳐 주려고 했다. 내면화되지 않은 생각을 성급히 실천에 옮기는 그의 태도와—그때 그의 행위를 이렇게 판단한 것은 확실히 나의 지나친 독선이었다—이에 반대하는 나의 입장은 결국 상당한 갈등을 빚게 되었고 우리는 서로를 독선적이라고 몰아붙였다.

나는 우리 두 사람의 이러한 가치관의 차이를 경상도와 전라도 사람의 기질 차이로 보기보다는 천주교와 기독교의 차이로 해석해 보았다. 그는 어릴 때부터 기독교를 믿고 있었고 나는 천주교를 믿어 왔다. 일반적으로 천주교는 개인의 신앙의 내면화를 중시한다. 최근 천주교에서도 공동체의식이 강조되고 있지만 기독교에 비교할 때 개인적 성향이 강하다고 볼 수 있다.

이에 비해 기독교는 쉽게 말해서 질보다는 양을, 기도보다는 전도를 더 중시하는 경향이 있다는 맥락에서 나는 우리 두 사람의 가치관의 차이를 나름대로 분석해 보았다. 최근 우리 둘은 대화를 통해서 서로를 재발견하면서 각자의 독선적 입장에서 탈피하게 됨으로써 갈등의 해소에 성공했다.

학기 초에 나는 2학기 때부터 서클에 가입하라는 학칙을 따르기로 마음먹었었다. 소크라테스가 '죽음'으로 가르쳐 주었던 "악법도 법이다"라는 취지에서라기보다도 현재 아무 여과 장치도 없이 백지상태인 내 머릿속을 남들의 사상과 가치관들이 마구잡이로 채워 나갈 것에 대한 두려움에서 학칙을 따르기로 했던 것이다. 그러나 이제 나는 더 이상 나를 백지상태로 인식하지 않는다.

선배들은 우리가 고등학교 때까지 받았던 교육을 정치적 목적에 의한 획일적인 입시 교육이라고 했다. 나는 우리가 고등학교 때까지 받았던 교육은 현 사회의 가치관들을 배우는, 현 사회의 유지에 필요한 인간으로의 교육이었고, 대학 교육은 우리 사회와 국가와 민족이 나아가야 할 길을 볼 줄 아는 인간으로의 교육으로 이해하고자 한다. 그래서 백지상태의 비유에서 벗어나 자신의 정체성 확립 과정에서 좀 더 여러 본보기들을 열린 마음으로 받아들인다는 생각으로 2학기부터 서클 활동을 하려고 한다.

이런 대학 교육의 목적과 민주주의의 실천을 위해서는 대학문화의 다양성과 다원성이 강조되어야 한다. 원칙적인 이야기가 한국적인 특수 상황과 현실을 모르는 단견으로 취급되고 지금의 현실적인 상황이 원리 원칙을 추구하려는 움직임의 정당성의 기반을 약화시키고 있지만, 그러나 우리가 지향해야 할 방향은 언제나 원칙적인 것임을 나는 믿는다.

그리고 나의 가치관과 성격의 형성에 큰 영향을 준 천주교적 요소는 좀 더 적극적인 실천의지로 그 단점이 극복되어야 한다고 생각하지만, 소신과 내면화 없는 행동의 지양은 영원히 추구될 나의 변함없는 행동 지표가 될 것이다.

학생운동, 무엇을 해야 하는가

이제 이런 갈등을 겪으며 정립된 학생운동에 대한 나의 견해를 피력해 보고자 한다. 학생운동은 변화·진보 세력의 활동으로 이해될 수 있다. 우리나라의 기득권 세력은 정치·경제·사회·문화 등 전 분야에 걸쳐 너무도 막강한 힘으로 변화·진보 세력을 억누르고 있다. 학생운동이 주가 되는 변화·진보 세력의 활동들은 한반도의 분단 상황 속에서 반국가안보적 사태로 매도되어 진압되기도 했다.

10·26사태에 의한 5·16 군사체제의 붕괴라는 절호의 기회가 또 다른 군사정권의 출현이란 결과로 나타났던 것도 단순히 한 개인과 도당의 정권욕이 거둔 폭력적 승리로만 인식되기보다는 그러한 군사 쿠데타가 성공할 수 있었던 변수인, 10·26사태 이후 위기의식을 느끼고 안정을 갈망했던 기득권 세력에 대한 이해가 필요하다고 본다.

현재 학생운동은 반성할 점이 많다. 변화·진보 세력은 전 국민적 입장에서 보면 지지 기반이 극히 약한데 이런 상태에서 대결이 가장 첨예화되고 탄압이 가장 빠른 정치적인 면에 치중해서 활동하는 것은 문제가 있다고 본다. 또한 민중을 역사의 주체로 보는 학생운동이 정작 그 지지 기반이 되어야 하는 민중 속에 뿌리내리고 있지 못함도 반성해야 한다.

학생들은 국민과의 거리를 좁히는 노력을 해야 한다. 자신들의 민주·민중·민족 지향성을 널리 알리고 자신들이 '반정부 개혁세력'이지 '반체제 혁명세력'이 아님을 믿도록 해서 국민과 학생이 가까워져야 한다.

이러한 노력이 선행되지 않은 상태에서의 지나치게 과격한 행동은 안정을 갈구하는 대다수 국민들에게 반감을 사게 되어 결과적으로 기득권 세력의 강화와 변화·진보 세력의 약화를 더욱 촉진시키는 결과를 가져온다. 오랜 어두움 속에서도 면면히 이어져 온 한국의 변화·진보 세력은 먼 훗날, 역사의 평가가 그 숭고한 '의도'만이 아니라 훌륭한 '결과' 또한 긍정할 수 있도록 노력해야 할 것이다.

또한 학생운동은 사회의 변화와 진보를 추구하는 사회적 행위이므로 그것을 추구하는 수단과 방법에 대한 합리적 분석과 계산이 절대적으로 필요하다. 학생운동은 누가 뭐라고 해도 결과의 역설을 의식하는 책임 윤리에 충실해야 한다.

박경로

1984년 서울대 경제학과에 입학하여 1989년 졸업했다. 동 대학원 경제학부 석사, 박사학위를 받았으며 현재 대구에 있는 경북대 경제통상학부 교수로 재직중이다.

고정관념의 틀은 깨지고
선택하라, 스스로의 길을

:

고미선

커다란 혼란 속으로

인간이라면 누구나 계속되는 선택의 상황 속에서 나름대로의 판단에 의지해서 살아간다. 나 역시 마찬가지다. 태어나서 줄곧 도덕성 판단이 있어 왔다.

물론 그것은 자라면서 사회화된 방식의 전형에서 벗어나지 못한 수준으로 또래 집단과 비교해 특별히 다른 무엇이 있지는 않았다. 그러나 내가 작년에 경험한 사건은 이제까지의 내 도덕성 판단의 기준을 깨는 그러한 경험이었다. 그것은 분명 변화이고 발전이었다.

작년 그러니까 87년 9월은 한바탕 회오리가 지나간 후의 평온함이 있을 수 있었던 달이었다. 6월 한 달 동안 학생, 시민 할 것 없이 모두 거리로 나와서 외쳐댔던 "호헌 철폐, 독재 타도"가 6·29선언으로 인해 한풀 꺾인 상태에서 시민들은 기대 속에 어느 정도 희망을 품고 있었다.

6월에 있었던 학생들의 시험 거부 투쟁도 뜻하지 않은 조기 방학으로 끝을 맺은 후였다. 물론 조기 방학이 모임과 활동에 방해가 되기는 했지만 정치에 눈을 돌려 무언가를 하겠다는 입장에서 보았을 때, 또 진실을 시민들에게 알리겠다는 입장에서 보았을 때는 시간을 벌었다는 긍정적인 의미가 있었다. 그러나 9월은 회오리 후의 평온함을 허락하지 않았다.

6개월 동안 대학생활을 했다고는 해도 여전히 18년 동안 배워 온 도덕·윤리 관념에서 벗어나지 못한 상태였던 나는 방학 중에 학교로부터 날아온 시험 공고 통지서를 받고 시험 준비를 했었다. 그러나 개강이 되어 학교로 돌아왔을 때의 전반적인 교내 분위기와 학생들의 태도는 나를 다시 한 번 커다란 혼란 속으로 빠뜨렸다.

6월에 치르지 않은 시험이 9월 1일부터 시행된다는 학교 측의 공고가 있었다. 교내 대자보에는 시험 연기 결의 운동을 촉구하는 글들이 여기저기 나붙어 있었고, 각 학과들의 모임이 며칠 몇 시에 있다는 공고문들이 수두룩했다.

들리는 말에 의하면, 이번 시험 연기 투쟁은 총학생회의 결정이 아니라 87학번 내에서 자발적으로 시작되었다고 했다. 등굣길에 손에 쥐어지는 유인물과 선배들의 이야기, 대자보 등에 따르면 이번 시험 거부의 주요 목적은 6·29선언의 기만성을 드러내는 것과 총학생회를 사수하는 것이라고 했다. 당시는 총학생회의 간부 거의 모두가 구속·연행되어 학생회의 존립 자체가 위태로운 상태였다.

우리 과 학생들과 개인적으로 이야기를 해 보니 의외로 시험은 치러야 한다는 의견이 대다수였다. 도서관에서 만나는 아이들마다 손에 책이 들려 있는 등 우리 과의 분위기는 다른 과나 학내의 그것과는 많이 달랐다. 그런 모습들에서 나는 어떤 일체감과 안정감을 느끼면서도 마음 한구석은 왠지 침울했다. 아직 과 대표로부터 과 토론회 개최 얘기는 나오지 않았지만 아마 얼마 안 있어 토론회가 열릴 것이다.

내가 나아가야 할 길은

토론회가 열렸으나 모인 인원이 너무 적었다. 40명 중 10여 명이 왔을 뿐이다. 결국 대부분의 아이들이 도서실에 앉아 있다는 얘기였다. 우린 내일 다시 모여 시험 연기 및 거부에 대한 찬반을 결정하기로 했다. 하루 상관으로, 아니 한나절 차이로 시험 연기나 시험 거부를 결의하는 학과들이 속속 늘어 갔고 그 현황은 도서실 입구에 게시되었다. 이젠 왜 시험을 연기해야 하는가를 논하는 것보다는 바로 내일로 닥쳐 온 시험을 보느냐 보지 않느냐가 문제였다. 나도 이젠 결정을 내려야 했다.

지난 6월의 일이 되살아났다. 그때는 지금보다 더 많은 학생들이 시험 연기를 주장해 내 뜻과는 반대로 시험 연기가 결정되었지만, 정작 아크로폴리스 광장에 모든 87학번이 모였을 때는 나도 어떤 일체감 내지는 사명감을 느꼈던 일이 생각났다.

학생이 학교에서 배우고 시험을 치르는 것은 내게 있어서 끼니때가 되면 식사를 하는 것처럼 당연한 일이었다. 그러나 87년 대학생활에서는 그게 아니었다. 난 깊은 갈등에 휩싸였다. 도서실에 앉아 있어도 공부가 되지 않았다. 학생으로서 시험을 거부한다는 게 마음이 내키지 않았다. 우리가 시험 연기를 결의한다고 해도 학교 측으로부터의 공식적인 연기는 기대하기 힘들므로 연기는 거부로 이어질 것이 거의 확실했다. 막연히 무언가 옳지 않은 행동을 하는 것만 같았다. 은근히 죄의식이 머리를 쳐든 것이다. 총학생회를 사수하고, 6·29선언의 기만성을 드러내는 데 목적이 있다고는 하나 그래도 우리는 학생임에 틀림이 없고 일차적으로 공부하기 위해 대학에 온 것이 아닌가.

군중심리도 무시할 수 없었고 비열한 개인적 이기주의 역시 무시될 수 없었다. 내일 과 토론회가 열리면 난 과연 어느 쪽에 서야 할까? 하루 종일 머리가 무거웠고 잠을 이룰 수가 없었다. 시험을 거부했을 때 받을지도 모를 어떤 불이익을 난 감당할 수 있을까?

과 토론에서는 이것이 개인적 이기주의라고 비난받을 위험 때문에 항상 경시되고 가려지는 실정이지만, 그건 결코 간과할 문제가 아닌 것이다. 이것을 신중히 생각하지 않는다면 우리는 나중에 큰 후유증을 앓게 될 것이다.

좋은 것이라고만 배워 온 자본주의의 몰랐던 잔인한 모습이 점점 더 부각되어 나오고 있었다. 우리 정치의 비리와 비민주적 행태도 차츰 내게 모습을 드러냈다. 학교도 삭막하고 정말 뭐가 옳은 것인지 혼란스러웠다.

엄연한 학생이면서도 마음 편히 공부하지 못하고 정치적인 사안에 개입해야 하는 것은 누구의 잘못일까? 그들의 과격성인가 아니면 세대의 필연성인가? 지금까지 동시대의 힘없고 억눌린 이들을 위해서 한 일이 아무것도 없다. 이렇게 살아도 되는 걸까? 내가 만일 시험을 거부한다면 그것은 학생의 본분을 망각하고 학생의 책임을 다하지 못하는 행동이 되는 걸까? 그렇다면 학생의 책임은 무엇인가. 오직 공부인가? 또 학생이 시험을 거부하게 된 데에 시대의 책임은 없는가?

대학, 그 의무는 무엇일까

시험은 학생의 의무이며 권리로서 학생에게 가장 중요한 것이라고 할 수 있다. 그러나 이런 절대적인 의미의 시험이 상대적인 이익과 현실적인 견제를 위해 이용된다면 어떠한가? 우리 학교 학생들은 학문에 대한 욕구가 남달리 크다. 대부분은 학교의 모든 규율에 순응하며 자라온 모범생이었으리라. 그런 우리에게 시험은 우리의 발을 묶을 수 있는 훌륭한 수단이 될 수 있다.

그러나 학생들이 정치 현실에 개입하는 것을 막기 위해 시험으로 묶어 두려 한다면, 시험은 수호되어야 하는 그 절대성을 상실하게 된다. 그리고 이런 상황에서 우리 다수가 시험을 치르고 나머지 학생운동을 하는 사람들이나 총학생회 구성원들이 시험을 못 치르게 된다면 우리는 고의는 아니지만 그들에게 피해를 주게 된다.

6·29선언 이후 직선제 외에는 실제로 해결된 것이 아무것도 없다는 것은 알 수 있었다. 양심수 석방이란 문제만 해도 그렇다. 회장을 비롯한 대부분의 학생회 간부들의 석방이 이루어지기는커녕 그 이후 더 많은 사람들이 구속되어 들어갔다.

총학생회 사수라는 문제도 심각했다. 학생은 시대의 정의에 앞장설 책임이 있다. 우리 현실에서 어딘가 잘못되어 가는 부분이 있다면, 더욱이 그것이 우리의, 아니 나의 삶과 가장 밀접한 정치 분야라면 더욱 책임이 있는 것이다. 물론 내가 시험을 보고 안 보고의 행동 하나는 그리 중요하지 않을지 모른다. 그러나 우리의 단합된 행동이 국민들에게 어떤 자극제 역할을 할 수도 있지 않은가. 나는 지켜져야 마땅한 시험이지만 그것이 학생들의 발을 묶어 두는 수단으로 전락했다면 무조건 시험에 응하는 것만이 옳은 것은 아닐 거란 생각에 이르렀다.

돌이켜보면 내가 옳다고 믿어 왔던 것들 중에는 정말로 내가 판단해서 옳다고 확신한 것이기보다는 그것이 옳다고 배웠기 때문에 옳은 것으로 믿었던 것이 많았다. 절대적인 진리 외에 순간순간 현실에서 부덮치는 문제에서의 도덕성의 판단이란 결국 기존의 고정관념에 의해 지배되는데, 고정관념이란 어느 정도는 지배자의 이익과 부합되는 면이 있는 것이 사실 아닌가.

우리 과의 결정은 시험 연기였지만 끝내 학교와 타협이 이루어지지 못해서 결국은 시험 거부가 되어 버렸다. 이번 시험을 치르지 않은 학생은 모두 0점 처리하겠다는 신문 보도가 있었다. 화학 교수님들께서는 이제까지 상대평가를 했던 것을 절대평가로 하겠다고 나왔다. 시험 거부 과정에서 11% 정도가 시험에 응하는 분열된 모습을 보였기에 응시하지 않은 과 학생들이 받을 불이익은 더욱 심각했다. 우리 과의 경우 교양과정에서 한 과목이라도 F가 있으면 유급이 된다는 규정 때문에 아이들은 더욱 불안에 휩싸였다.

선택하라, 스스로의 길을…

며칠간은 회의가 덮쳐 왔다. 신문이나 학생들 입을 통해 처벌 여부가 거론될 때마다, 또 부모님과 얼굴을 마주칠 때마다 많이 힘들었다. 학생의 본분을 거론하시며 어떠한 경우라도 시험은 치르라고 당부했던 부모님이었다. 물론 나의 한 표가 아니더라도 결과는 마찬가지였겠지만, 지금 중요한 건 스스로의 선택에 대해 자신감을 잃게 된다는 사실이었다.

그러나 곧 이런 생각과 회의들은 사라졌다. 보다 중요한 것이 무엇이란 말인가? 시험이나 공부 방식은 시대와 나라와 교육 시스템에 따라서 충분히 그 양상을 바꿀 수 있는 가변적인 것이다. 시험을 안 치렀다고 해서 공부를 소홀히 한 것도 아니었다. 사실 시험 날짜가 꼭 9월 1일이어야 하는 이유는 없다. 그런데 학교에선 왜 연기해 주지 않았을까? 그 근본 이유는 무엇일까?

시험보다는 우리나라의 정치가 올바른 길로 나아가야 한다는 것, 어떤 주의를 따지지 않더라도 인간의 행복이 평등하게 주어지는 방향으로 나아가는 것이 훨씬 더 중요한 것이 아닌가. 그것을 위해 노력하는 것과, 노력하는 이들을 조금이나마 돕는 것이 더 중요한 것이다. 우리 행동이 달걀로 바위를 치는 격이 되긴 했지만 모든 일은 작은 것들의 축적인 것이다.

시험 거부만이 최선의 방법이 아니었을지 모른다. 그러나 우리가 그 상황에서 최대한 힘을 발휘할 수 있는 방법이 그것 말고 또 무엇이 있었겠는가.

그 이후 난 어떤 선택의 상황에 부딪칠 때마다 좀 더 신중히 모든 사실을 검토하게 되었다. 이제까지 배워 왔던 기존의 관습과 규범이나 가치관이 어느 때나 항상 옳은 것이 아니라는 사실이 점점 크게 다가왔다. 지금도 내 판단에 관해 확고한 자신은 없다.

단지 내가 할 수 있는 한 신중하게 검토해서 정확하고 올바른 판단에 가까이 가려고 노력할 뿐이다.

고미선

1987년 서울대 약학과에 입학하여 1991년 졸업했다. 1999년 연세대 특허법무대학원을 졸업한 뒤 특허변리사로 일했다. 이후 미국 조지타운로스쿨 LLM과정을 졸업하고 뉴욕주 변호사시험에 합격했으며, IP로펌 Nath, Goldberg & Meyer의 특허변호사를 거쳐 현재 로펌 Vorys에서 파트너로 일하고 있다.

나는 왜 수업과 시험을 거부하지 않았나
목표가 수단을 합리화할 수 없다

:

정일균

드러난 사회 전반의 모순

저는 80년에 모교에 입학을 했습니다. 당시 우리나라의 상황은 길게 설명드리지 않아도 너무나 잘 아실 것입니다. 정치·경제·사회·문화 등 모든 방면에서 우리나라가 지향해야 할 새로운 방향을 모색하여야 했고, 또한 실제로 그러한 욕구와 노력이 어느 곳에서나 표현되고 또 일고 있었습니다.

이러한 사회 전반적인 분위기 속에서 학원도 결코 예외일 수는 없었고 오히려 이러한 사회적 분위기를 이끌어 가는 것이 학원이었음도 누구나 다 아는 사실이라 생각합니다. 제가 입학한 후의 모교의 분위기도 물론 마찬가지였습니다. 그때까지 사회 전반에 누적되어 왔던 제 모순들이 폭로되었고 이것의 극복과 우리가 마땅히 지향해야 할 방향에 대하여 저마다의 가치관에 입각한 여러 모습의 표현이 넘쳐 났습니다.

운동 속으로 뛰어들다

이러한 일련의 과정에서 학교 내에서는 유신의 잔재를 청산하고 이 땅에 민주주의를 소생시키자는 기치 아래 거의 전교생이 참석하는 대규모 집회와 행사가 계속되었으며 그 외 단과대학별 철야 농성이 있었습니다.

급기야는 병영 집체훈련을 거부하자는 운동이 성균관대를 시발점으로 전국적으로 확산되어 가는 상황이 벌어졌으며, 서울 도심에서 대학생들의 대규모 연합 시위가 벌어지기도 했었다는 사실과 그 후 일련의 사건에 대해서는 잘 아시리라 생각합니다.

이러한 상황에 접한 저는 그때까지 경험해 보지 못한 엄청난 충격을 받지 않을 수 없었습니다. 그리고 당연한 귀결로 제 나름대로의 소신과 정열을 가지고 적극적으로 위에 열거한 움직임 속으로 뛰어들었습니다. 지금도 당시 학생들의 주장과 요구가 기본적으로 옳다고 생각하며 나의 행동에 대해서도 잘못되었다고 생각하지 않습니다. 물론 부분적인 문제점과 잘못이 있었음도 솔직히 인정하고 싶습니다. 그리고 지금의 학생들의 움직임에 대해서도 나름대로 지적하고 싶은 몇 가지 문제점들에도 불구하고 여전히 애정을 가지고 바라보고 있습니다.

그러나 정작 제가 지금 하고 싶은 말은 위의 이야기가 아니라 당시 자꾸만 마음속에 제기되면서 나를 괴롭히던 다음의 몇 가지 의문에 관한 것입니다.

"너의 지금 행동이 과연 전적으로 너의 앎과 가치와 확신에서 우러나온 것인가? 혹 주위 친구들로부터의 눈에 보이지 않는 기대와 전체적인 학교 분위기의 압력에 눌려서 행동한 면이 더 많지는 않았던 것일까?" "네가 지금 분노하고 개혁을 요구하는 대상인 한국 사회에 관해 너는 얼마나 알고 있는가. 만약 너의 행동이 이 사회에 대한 깊고 정확한 인식을 근거로 나온 것이 아니라 파편적인 조각 지식과 넘치는 감정을 기반으로 출발했다면, 그것이 설령 객관적으로 볼 때 옳은 행동이었다 할지라도 너에게 있어 무슨 가치를 지닐 수 있단 말인가." "자기의 확고한 소신에 의하여 진정 주체적으로 행동한 사람이 네가 주장하는 바와 달리 행동했을 때, 그를 비판하고 너의 정당성을 주장할 수 있는 근거와 자신감을 너는 가지고 있는가?"

결국 저는 이러한 물음들에 제대로 대답하지 못한 상태에서 곧 군대에 입대하고 말았습니다. 군대에서 생활하면서 얻을 수 있었던 몇 가지 중요한 깨달음 중의 하나는 스스로의 명확한 인식 기반 위에 터를 잡지 않은 관념과 행동이 얼마나 무력하고 가치 없는 것인가 하는 것이었습니다. 나름대로 현실과 치열하게 대결하여 얻은 자신의 가치관을 확립하지 못할 때 제 인생도 결국은 의미가 없을 것이라는 생각이었습니다.

독자적 행동의 이유

작년 5월에 제대하고 고향에서 농사일을 도우며 나름대로 마음의 준비를 한 후에 이번 봄에 새로 입학하는 마음가짐을 가지고 복학을 했습니다. 복학한 저의 눈에 비친 학교 내의 여러 모습은 4년 전에 비해 무엇 하나 개선되거나 그 문제점들이 해결된 것 같지 않았고 오히려 모든 면에서 퇴보한 것 같은 느낌을 주었습니다.

학원 내와 사회 전반의 문제점들에 있어서 좀 더 근원적으로 접근해서 해결의 실마리를 풀지 못하고 도식적이고 원색적인 방법으로 대처하다 결국은 문제를 더 고질적으로 만들어 놓은 것 같았습니다. 현재의 모든 문제점들을 기성세대에게만 책임 지우고 싶지는 않습니다만, 현재 이 사회를 이끌어 가는 기성세대들의 사상과 역량의 한계를 보는 것 같아 실망과 분노를 느끼기도 했습니다.

이래저래 착잡한 기분 속에서 어떠한 마음가짐과 태도로 앞으로의 대학생활에 임해야 할 것인가를 다시 생각하는 중에 확실하고 의미 있는 가치와 인식의 기반 위에서 일관성 있고 소신껏 살아가기 위하여, 또한 이 사회의 모든 현상을 좀 더 적확하고 폭넓게 조망해서 떳떳이 말하고 행동하기 위하여 우선 학문적인 정열을 불태워 보리라는 결심을 하게 되었습니다. 이러한 결심도 혹시 현실과의 타협을 위장하는 정당화의 과정은 아닐까 하는 한 가닥 의구심이 마음속 깊이 도사리고 있지 않은 것도 아닙니다만 적어도 지금은 애써 부정하고 싶습니다.

이러한 상황에서 발생했던 지난번의 수업과 시험 거부 사태는 제게 누구 못지않은 심적 긴장과 갈등을 안겨 주었다고 생각합니다. 결론부터 얘기하자면 위에서 부분적으로 언급한 제 자신의 소신과 수업과 시험 거부를 주장하는 논리에서 제 나름대로 느낀 문제점들로 저는 수업과 시험을 거부하지 않기로 결심하고 모든 수업과 시험에 임했습니다. 그러면 수업과 시험 거부를 주장하는 학생들의 입장을 기본적으로 지지하고 있으면서도 그들과 저는 왜 행동을 달리하게 되었는지에 관하여 설명해 보겠습니다.

목표가 수단을 합리화할 수 없다

첫째, 수업과 시험 거부가 나름대로의 정당한 논리에 의한 움직임이었다 하더라도 그것의 결정 과정과 그러한 결정에 학생들을 승복시키는 방법에 저는 찬성할 수가 없었습니다. 대학이라는 집단이 애당초 어떤 명백한 이념의 공감을 축으로 이루어진 집단이 아닌바, 대학 내에서는 다양한 여러 가치들이 마땅히 인정되고 존중받아야 한다고 저는 생각합니다. 비록 그중 하나가 극소수의 것이라 할지라도 말입니다.

그런데 이러한 기본 전제가 무시된 채 사태가 거의 일방적으로 진행되었다는 느낌을 아무리 좋게 생각해도 떨쳐 버릴 수가 없습니다. 이러한 문제점은 수업과 시험 거부 움직임이 지향했던 목표의 정당성 못지않게 중요한 사실로 지적되어야 한다고 생각합니다.

이러한 문제점이 간과되고 애써 무시된다면 학원의 자율화와 나아가 우리 사회의 민주화를 위해 투쟁한다는 이번 사태의 명분이 자칫 그 논리의 일관성을 상실할 가능성이 커지며, 이러한 사실은 결국 목표가 수단을 합리화시킬 수 없다는 제 자신의 평소의 생각에 배치되므로 저는 이에 찬성할 수가 없었습니다. 더구나 앞으로 우리 사회에서 대학의 책임과 중요성을 감안할 때 이러한 문제점은 더욱 엄중히 따져야 한다고 생각합니다.

둘째, 같은 학생의 입장에서는 수업과 시험 거부에 동조하기를 바라는 주위의 이목이 이에 찬성하도록 커다란 심리적 압박감을 행사했다고 생각했기 때문입니다. 많은 학생들이 수업과 시험을 거부하고 있는데 자기만 이에 응한다면 주위로부터의 보이지 않는 지탄과 소외감에 시달리게 될 것이라는 사실이 상당수 학생들의 행동을 좌우했을 것으로 저는 보고 있습니다.

원칙과 소신에 따른 행동

그러나 제게 수업과 시험에 응하는 행위는 어디까지나 원칙에 준하는 행위였기에 도덕적으로 평가받아야 할 대상이라고 인정할 수 없습니다. 그리고 전체적인 정당성을 확신하지 못하는데도 단지 외부의 심리적 압력에 눌려 자기 소신을 접고 함께 행동한다면 설사 그 행위가 결과적으로 옳았다 하더라도 제 자신에게 있어서만은 가치가 없다고 판단했습니다.

또한 수업과 시험에 개인적으로 응한 행위가 다른 학생들에게 피해를 주었다는 주장에 대해서도 과연 엄밀한 의미에서 그런 주장이 가능한가 하는 의문이 있으며, 설사 결과적으로 피해를 주게 되었다 하더라도 그것이 저의 악의적인 의도에서 행해진 것이 아닌 이상에는 변명의 여지가 있다고 봅니다.

굳이 책임을 추궁하자면 나름대로의 정당한 소신에 따라 성심껏 진지하게 행동한 사람을 뜻밖의 가해자로 만드는 제도적인 면에 책임이 돌려져야 한다고 생각합니다.

이상과 같은 몇 가지 생각에 따라서 저는 이미 언급했듯이 수업과 시험을 거부하지 않았으며 또한 저의 그런 행위에 대해서 그런대로 떳떳한 태도를 취할 수 있었다고 생각합니다. 물론 저의 행위가 전적으로 옳았다고 강변하고 싶은 생각은 추호도 없으며 또한 반성의 여지가 많았다는 것도 고백하고 싶습니다.

정일균

1980년 서울대 사회학과에 입학하여 1988년 졸업했다. 동 대학원에서 석사와 박사학위를 받은 후, 한국정신문화연구원 연구교수를 거쳐 현재 서울대 사회학과 부교수로 재직중이다. 주요 저서로 《다산 사서경학 연구》 등이 있으며, 제1회 다산학술상을 수상하기도 했다.

학생의 본분은 공부뿐인가
당연한 것을 의심하는 삶의 방식

:

송 용

가치관 사이의 정면충돌

'나의 부끄럼은 앵무새처럼 길들여진 나'라는 사실을 스무 살이 넘어서야 깨달을 수 있었다. 숨 막힐 듯한 사슬에 묶인 채 불편함도, 부끄러움도 전혀 느끼지 못하고 잘도 지냈었다. 이러한 사실을 깨닫고 부끄러움을 느끼기까지, 당연한 것처럼 여겨졌던 사실이 문득 그렇지 않을 수도 있다고 생각하게 된 의식의 변화 과정을 수업 거부라는 사건을 중심으로 추적해 보고자 한다.

내 또래의 대부분이 그러하듯이, 부모님과 선생님의 판단과 지침에 의지해서 고등학교까지의 학창 시절을 보낸 나는 이제 대부분의 생활을 자기 판단에 의존해야 할 '어른의 문턱'인 대학 문에 들어서면서 많은 시행착오를 겪어야 했다. 첫 수강신청 때부터 엄청난 당혹감을 느꼈고, 아무도 알려 주지 않아 입학식이 언제인지조차 모르는 실수를 하는 것으로 대학생활은 시작되었다.

지금까지의 '우물 안 개구리' 신세를 벗어나고자 했던 나는 많은 선배와 친구와의 만남과 대자보, 책들을 통해 이제까지 전혀 알지 못했던 새로운 앎을 접하게 되었다. 그런데 이상하게도 가끔씩 맡는 최루탄의 냄새와 함께 나날이 변화한 의식은 내게 그렇게 큰 고민을 가져다주지 않았다. '지금까지 이렇게 속아 왔었나?' 하는 것이 놀라웠고 대체 어디까지가 옳고 어디까지가 그른가 당혹스러웠을 뿐이었다.

그러던 것이 행동을 해야 할 선택의 상황이 닥쳐오자 그제야 비로소 심각한 갈등과 고민이 밀려왔다. 그리 무게를 느끼지 못했던 고등학교 때까지의 삶에서 체득된 가치관과 대학에서 새로이 변화한 가치관이 수업 거부 문제로 인해 정면충돌하고 말았던 것이다.

학생의 본분은 공부뿐인가

나는 당시 낙서해 놓은 몇몇 글들을 가지고 이야기를 풀어 보고자 한다. "어떤 친구 하나가 수업 거부를 함께 하기로 해 놓고 수업에 들어갔다. 나는 논리적으로는 그걸 캐물어야 할 이유도, 친구에 대해 기분 나빠해야 할 이유도 없다고 생각함에도 불구하고 야릇한 감정을 느낀다. 왜 그럴까?" "학생의 본분은 공부이고 수업은 교수의 고유 권한인데, 너희들이 어떻게 선생님의 수업을 듣지 않겠다고 말할 수 있느냐는 한 친구의 반론을 들었다." "또 어떤 친구는 말한다. 들어가는 녀석이 옳은지 안 들어가는 녀석이 옳은지는 아무도 알 수 없다고. 또 너희들이 하는 행동은 비록 목적이 옳다 하더라도 그 목적이 수단의 정당성까지 변호할 수는 없지 않느냐고."

이상의 글에서도 엿보이듯이 내가 고민했던 것들은 학생의 본분, 교수의 권위 문제, 수단과 목적의 문제, 들어간 친구와 안 들어간 친구의 문제, 다양성과 획일성의 문제, 진리의 기준 문제, 실리와 당위 사이에서의 내 개인적인 갈등이었다.

'학생의 본분은 공부다.' 그러나 이 말은 최소한 두 가지 함정을 지니고 있다. 하나는 '정치는 정치인이 하고'에서 보이듯이 자기 일이 아니면 상관하지 말고 주어진 위치에서 최소한의 일만 하라는 그럴듯한 함정이다. 하지만 이것은 모든 일이 상호 연관되어 있다는 단순한 진리와 한 사람이 사회에서 여러 위치를 가지고 있다는 사실을 애써 외면하고 있다. 학생은 학생이기 이전에 또한 국민의 한 사람인 것이다.

보다 근원적인 것은 덮어 버리고 현상에만 치우치는 모습이다. 과연 공부는 왜 하는가? 흔히 말하듯이 사회에 무엇인가 보탬이 되기 위해서가 아닌가. 무조건 공부만 하라는 주장은 현상유지만 강조하는 것으로, 보다 근본적인 원인은 시야 밖으로 밀어내는 것이라고 생각된다. 잘못된 현실 속에서 그 현실을 그대로 인정한 채 하는 공부는 누구를 위한 공부란 말인가? 당연하게 들리는 그 말 속에 마치 실증과학의 한계처럼 현재를 유지하려는 체제 안정적인 가치관이 숨어 있을 수 있다는 생각이 들었다.

수업에 들어간 친구와 안 들어간 친구의 정당성 문제와 더불어 과연 그들에게 안 들어가길 권하는 것이 다양성을 무시한 획일적인 사고의 발상인지, 그리고 획일성은 꼭 나쁜 것이고 다양성은 꼭 좋은 것인지 하는 의문이 있다. 나는 자신들도 스스로 참가해서 투표로 함께 결정한 것을 따르지 않는 그들이 불만스러웠지만 그 당시에는 다양성이란 이름으로 인정할 수밖에 없었다. 그러면서도 개개인의 힘으로 당해 낼 수 없는 모순에 대항해 모이는 것은 결코 나쁜 의미로 쓰이는 획일성이 아니라 진정한 다양성을 담보해 낼 수 있는 통일성이요 단결성이라는 생각을 했다.

그래도 다양성이 왠지 좋은 것 같다는 생각의 한계와 뿌리를 알게 된 것은 역시 한참 뒤였다. 나는 이제까지의 교육을 통해서 다양성을 추구해야 할 가치 있는 덕목으로 배워 왔다. 다양성의 질에 관한 언급은 없었다.

그러나 이제는 때로는 반역사적이고 반사회적인 생각마저도 다양성이라는 이름하에 뿌리내릴 수 있다는 것과, 사실 그것이 자본이 운동하는 데 가장 편리한 조건이기에 다양성이 자본주의가 내세울 수 있는 최고의 덕목이라는 사실을 알게 되었다. 동시에 다양성이란 가치관만으로는 그 가치관이 가져온 본질적인 모순을 극복할 수 없다는 것도 알았다. 그리고 이러한 반성 속에서만 진정한 다양성이 추구되어질 수 있다는 것을 깨달았다.

당연한 것, 그렇게 보이는 것

마지막은 결국 내 자신의 문제로 개인의 이익을 위해 수업에 들어갈 것이냐, 아니면 전체와의 약속이기도 하며 나 스스로도 정당하다고 생각하는 것을 피해를 무릅쓰고 실행할 것이냐의 갈등이었다.

나는 이 갈등을 처음에는 '나는 왜 이렇게 약할까?' 따위의 내 개인적인 문제로만 취급을 했다. 하지만 차차 개인적인 이익을 추구하는 것이 지금까지 살아오는 과정에서 배운, 이 사회에서 살아 나갈 수 있는 방법이었음을 깨닫게 되었다. 나 개인의 도덕성의 문제로만 생각했던 것이 사실은 우리 사회가 개개인에게 요구하는 삶의 방식이었다는 것을 알게 된 것이다.

이상에서 나는 수업 거부라는 한쪽을 선택해야 되는 상황 속에서 전적으로 당연히 여겨졌던 옛 의식과 대학에서 얻게 된 새 의식이 첨예하게 대립하는 모습을 살펴보았다.

이러한 일은 그 후 시험 거부, 6월 민주화 투쟁, 농활, 많은 세미나와 책들을 거치면서 끊임없이 제기되며 더욱 단련되었다. 앞으로도 계속해서 나의 의식은 변화해 갈 것이다. 내가 살아 있는 한 끊임없이 당연한 것처럼 여겨지는 모든 것들을 한 번쯤 의심해 볼 것이다.

송 용
——
1987년 서울대 경영학과에 입학하여 1993년 졸업했다. 동 대학원 경영학 석사를 취득했다. 현재 삼일회계법인에 근무중이며, 감사와 기업컨설팅 업무를 담당하고 있다.

학교 수업은 과연 아무 의미가 없는 것인가
내가 선택한 길

∶

오은정

입학 뒤 첫 일주일

부모님을 잘 만난 덕에 나는 부족한 것이 없이 자랐다. 나는 주위 사람들 중에서 나만큼 모든 것을 갖춘 사람이 없다고 생각했다. 현실에 대한 불만은 전혀 없었으며 내 자신을 환경에 맞추어 나가는 현실주의자였다.

나는 지금의 나보다 더 나은 나를 바란 적이 없다. 그저 이 상태를 유지하게 해 달라고 원할 뿐이었고 모든 것이 만족스러웠다. 그러나 사물을 어떻게 해서든 긍정적으로 보려는 나의 시각으로 인해 비판 능력은 많이 떨어지는 편이었다.

학생운동이 강 건너 불처럼 여겨졌던 중·고등학교 시절에는 데모는 공산당의 사주로 인해 일어나는 것이라고 생각했었다. 신문과 방송에서 보도되는 기사에는 사건의 전달만 있을 뿐, 학생운동이 일어나게된 배경과 그들의 요구사항 등은 전혀 보도되지 않았었다. 자세한 학생운동의 내막은 그나마 아버지를 통해서 들을 수 있었는데 아버지께서는 데모도 좋고 진정한 민주화도 좋지만 학생 때는 공부를 해야 된다며 20대의 경험 부족에서 나오는 맹목적인 욕구의 폭발로 학생운동을 이야기하셨다.

고등학교 때까지 나는 학생운동에 대해 이해하려는 편이었지만 우리나라의 특수한 현실, 즉 남북분단 때문에 더 이상은 긍정적이지 못했다. 피상적으로 학생운동을 인식하고 있었기에 아무런 비판도, 찬성도 할 수가 없었다. 내가 입학하기 한 달 전인 2월에 제적생 복교 조치와 더불어 학내에 주둔하던 경찰이 철수했다. 경찰에 대해서는 입학 전부터 난무하는 소문을 익히 들었던 터라 상당히 촉각을 곤두세웠었는데 84학번들은 운이 좋은 편인 것 같았다.

입학해서 처음 느낀 것은 학교 내의 회색빛 분위기와 과 사무실의 무거운 공기가 나를 짓누르는 것 같다는 것이었다. 입학해서 일주일은 너무 외로웠다. 큰 학교에 혼자 덩그러니 버려진 막막한 느낌이었다. 학과 총회, 학회, 신입생 환영회 등을 빠지지 않고 쫓아다녔다. 84학번이 다 모인 첫 과 총회에서 한 선배가 구로공단 여공의 호소문을 읽어 주었다. 관악캠퍼스에서의 생활이 채 일주일도 안 된 우리들에게 첫 학과 총회 때 꼭 그랬어야만 했을까? 지금 생각하면 방법론상의 문제였는데 그때는 그 자리를 뛰쳐나가고 싶을 정도로 회의가 들었다.

여러 번의 선배들과의 접촉을 통해 비록 한 다리 건너서였지만 학생운동에 대한 이야기를 상세하게 들을 수 있었고 또 직접 발로 뛰는 선배들도 만나 보았다. 학생운동은 이 땅에 진정한 민주화와 학원 내의 참 자유를 위한 운동이며 진정한 민중의 대변 기관이 없는 우리나라의 현실에서 학생들이라도 현 사회의 부조리를 자각하고 나서지 않으면 안 된다는 것이었다. 학생운동은 극소수의 몰지각하고 폭력적인 학생들의 전유물이 아니었다. 그것은 내가 생각했던 것보다 훨씬 더 깊게 대학 사회에 뿌리를 내리고 넓은 그늘을 드리우고 있었다.

진정으로 나라를 위한다는 것

나는 학생운동을 하는 친구들을 충분히 이해하나 실천 방식에 있어서는 그들과 생각을 같이하지 않는다. 학기 초에는 많은 신입생들이 지적 호기심을 가지고 아크로폴리스 광장에서 하는 행사에 동참했었다. 그러나 늘 하던 소리가 되풀이되고 학생들과는 전혀 관련이 없는, 국회에서나 다루어야 할 문제들이 이슈로 등장하게 되자 점점 호응도가 줄어들기 시작했다. 선배들이 무모하다는 생각이 들었고 학생운동이 반대를 위한 반대로 흘러가고 있는 듯한 느낌도 들었다.

고등학교 때까지 내가 해 온 공부는 입시를 위한 공부였다. 대학에 와서 드디어 내가 하고 싶은 공부를 한번 폭넓게 해 보려고 하는데 선배들은 나를 무조건 학생운동의 대열로 끌어넣고 보려고 한다. 그들은 학교 수업은 아무런 의미가 없다고 한다. 과연 그럴까? 대학생들에게 현실 참여는 어느 정도의 중요성을 가지는 것일까?

같이 입학한 친구 중 학생운동에 참여하는 친구에게 무엇을 위해 학생운동을 하느냐고 물어보았다. 그는 자기도 잘 모른다고 했다. 그렇지만 사람은 머리만 있는 것이 아니고 가슴이 있으며, 적어도 대학인이면 이런 사회문제들을 가슴으로 한 번쯤은 느껴 보아야 되지 않겠냐고 말했다. 내가 너무 이해타산적인지는 모르지만 학생들의 힘으로 우리의 국정에 영향을 준 적이 과연 몇 번이나 있었는가? 4·19혁명은 예외였다. 광주사태에서도 경험했듯이 혼란 상태 뒤에 사람만 바뀔 뿐 독재정권 자체는 아무런 변동이 없었다.

학생운동을 하는 사람들은 그런 자신을 약간은 영웅시하고 있으며,

학생운동과 전혀 상관이 없는 사람들을 현실도피자 내지는 자기 자신의 안일만을 생각하는 이기주의자라고 보는 듯하다. 그러나 나는 묻고 싶다. 현 정권을 비판하고 학생운동에 참가하는 것만이 그들이 말하는 진정으로 나라를 위하는 태도일까? 자기가 진정으로 조국을 위하고 민중의 대변자가 될 생각이라면 대학에서 그렇게 되기 위한 소양을 충분히 연마한 뒤에 나중에 사회에 나가서 자기의 지위를 기반으로 행동할 때 더 효과적이지 않을까?

무엇 때문에 대학에 왔는가

학년이 올라갈수록 선배들은 학생운동을 하는 쪽과 공부하는 쪽으로 양분되어 뚜렷하게 자기의 노선을 드러냈다. 학생운동을 하는 선배들은 거의 매일 학과에 상주하다시피 하며 수업도 안 들어가고 학점은 경고 안 받을 정도로만 메워 나갔다.

나는 이 점이 특히 불만스럽다. 무엇 때문에 대학에 들어왔는가? 전공 분야에서 전문인이 되기 위해서가 아닌가. 그런데 공부는 사실상 포기하고 학생운동에만 정신을 쏟는다는 것은 결국 학생의 본분을 내던지고 학생이라는 번듯한 허울만 뒤집어쓴 채 학생 신분을 교묘하게 이용하려는 것밖에 안 되는 것이 아닌가.

우리나라는 현재 많은 모순을 내재하고 있고 특히 위정자들의 경우는 집권의 정당성 자체가 의심받고 있다. 그러나 사회 변동은 하루아침에 이루어지지 않는다는 것을 우리는 또한 잘 알지 않는가? 사회체제를 급속하게 바꾸어 놓으려다가 안 한 것만 못한 결과를 빚게 되는 경우는 해방 후 40년이 못 되는 우리의 짧은 역사 속에도 수없이 많지 않은가. 나는 학생운동의 방법론적인 면에서 지금의 방법을 강력하게 반대한다.

학생운동이 학외로 확산되어 매일같이 소요사태가 이어지자 피해를 입는 시민들도 늘어 가고 있다. 대학생이라고 하면 특히 서울대생이라고 하면 나를 대하는 사람들의 반응은 각양각색이다. 나도 학생 때는 그런 생각도 많이 했었고 직접 뛰기도 했지만 사회에 나오게 되면 학창 시절에 있었던 추억의 한 페이지로 장식될 뿐 아무것도 남는 것이 없다고 하며 학생운동에 대해 다분히 긍정적인 반응을 보이는 분도 계신 반면에 대학생들은 모조리 죽여야 된다며 펄펄 뛰시는 분들도 많이 접했다. 이럴 때 지금의 학생운동의 방법에 반대하고 있는 나는 무척 안타깝다. 그들의 외침이 내 가슴에 와닿지 않고 바위로 달걀을 치는 것과 같은 무모함만이 보일 뿐이다.

내가 선택한 길

표면에 드러난 우리 사회는 학생운동에 비판적이다. 신문과 방송에도 연일 왜곡 보도가 실린다. 지난번에 있었던 중간고사 거부 때도 언론은 왜곡 보도를 일삼았었다. 그런데 언론에 종사하는 사람들을 직접 만나 보니 대부분 학생운동에 동조하고 있었고 심지어 학생들이 그렇게 해 주지 않으면 안 된다고 말하는 사람도 있었다. 그러면서도 공식적으로는 학생들을 일방적으로 비난하는 글을 쓰는 것을 보면 우리 사회는 어디서부터 잘못되고 있는지, 또 나는 어떤 태도를 취해야 될지 모르겠다는 생각이 든다.

나는 사회를 긍정적인 시각으로 보고 싶고 올바른 길을 걸으며 살고 싶다. 이때까지 내가 알았던 정부, 사회, 대학의 실제 모습이 어느 것인지는 지금도 잘 모르겠지만 대학에 온 지 1년도 안 되는 기간 동안에 일어난 내 의식의 변화를 보면 이때까지 내가 배웠던 지식은 완전히 휴지가 되어 버린 듯한 느낌이다. 점점 악화되는 학내 문제가 안타깝지만 모두 한 발자국씩만 뒤로 물러났으면 한다.

오은정

1984년 서울대 인류학과에 입학했다.

5장

애벌레 껍질을 벗고
나비가 되어

이 장은 80년대 대학생들이 학창 시절에 겪은 탈바꿈의 경험을 보여 준다. 탈바꿈은 애벌레가 껍질을 벗고 나비가 되어 날아가듯, 본체는 유지되지만 외형은 완전히 바뀌는 대전환을 가리킨다. 80년대 정치 현실에서 학생들은 이유 없이 불심검문을 당하거나 시위 참여로 연행되어 경찰서 등에 구금되는 경우가 적지 않게 있었다. 탈바꿈은 이런 실존적 경험이 깊은 충격을 주면서 그 충격을 이해하는 방식이 기존의 사고를 초월할 때 나오기 쉽다. 여기서 탈바꿈은 현실의 배면에 가려진 폭력의 실체를 알고 이에 대항하는 행동과 가치를 지향하게 되는 것을 뜻한다.

이 장의 5편의 글은 모두 탈바꿈의 경험과 관련된다. 김명희의 탈바꿈은 자신과는 다른 행동을 실천하는 학생들을 발견하면서 자신이 우물 안의 개구리였다는 점, 우물 안에서 본 하늘이 마치 하늘 전체인 것처럼 생각했다는 것을 깨닫게 되는 인식의 변화를 뜻한다. 노창현은 자신이 플라톤이 말하는 동굴의 우상에 종속된 것이 아닌가를 묻게 되는 계기를 통해 어떻게 변했는가를 담담하게 보여 준다. 황영민, 신정완, 윤흥로는 각기 불심검문과 경찰서 감금의 경험을 통해 깨달은 것을 출발점으로 하여, 자신의 탈바꿈 과정을 기술한다. 황영민은 2박3일의 경찰서 경험, 신정완은 27시간의 구금 경험, 윤흥로는 가방 속에 있던 유인물 한 장이 불심검문에서 발견되어 당했던 참담했던 경험을 계기로 하여 현실을 적나라하게 알게 되고 허상을 떠나 자신들이 나비로 탈바꿈되는 모습을 생생하게 보여 준다.

우물 밖에서 본 하늘
너무 다른 모습으로 다가온 대학

⋮

김명희

내가 알고 있는 것과 전혀 다른 세계

사람이 환경에 의해 지배받는 동물이라고 할 때 정신적인 변화는 구체적인 상황의 변동에 의해 일어난다고 해도 무방할 것이다. 내게 있어서 가장 큰 환경의 변화는 대학이라는 큰 사회와의 만남이었고, 고등학교 때까지의 닫힌 생활에서 대학이란 열린 공간으로 생활 무대가 바뀌면서 겪은 여러 경험들은 직간접으로 내 사고의 틀을 바꾸어 놓았다.

내가 대학에 들어와서 본 사람들은 나에게 '내가 알고 있는 것과 전혀 다른 세계도 존재하고 있었구나'라는 놀라움과 경이를 불러일으켰다.

고등학교 때까지 내 주위에는 나와 닮은꼴인 사람들뿐이었다. 나는 열심히 공부하고 부모님 말씀을 잘 듣기만 하면 아무 걱정이 없으리라고 생각했다. 내가 사고하는 세계는 정말로 좁고 작았던 것이다.

대학에 와서 나와 다르게 생각하고 내가 이해할 수 없는 행동을 하는 이들을 만났을 때 처음에 나는 무척 당황했고 이를 거부했다. 내가 수용하기에는 너무 큰 변화였다.

내가 '나는 왜 이럴까'라는 걱정에 빠져 있을 때 '우리 민족은, 우리 국가는…'이라는 더 큰 문제 앞에서 고민하는 사람들이 있었다. 내가 친구들과 어떻게 하면 더 잘 지낼 수 있을까 하는 문제로 고민할 때 북한 동포와 우리 주위에서 신음하며 살아가는 노동자들의 삶을 걱정하는 사람들이 있었다.

저 멀리서 터지는 최루탄 소리에 겁이 나서 눈물을 흘리며 낙성대로 뛰어 달아날 때 앞장서서 화염병을 던지며 구호를 외치는 사람들이 있었다. 내가 방향을 몰라 허둥대고 있을 때 거기엔 항상 길을 가리키고 우뚝 서 있는 사람들이 있었다. 내가 도서관 구석 자리에 앉아 책을 뒤적이고 있을 때 교정 어딘가에는 항상 울부짖는 외침이 있었다. 내게 다가온 대학은 나와는 너무나 다른 모습이었다.

그러면서도 그 속에는 큰 줄기가 있었는데 그것이야말로 모든 다른 모습들을 이어 주는 가장 중요한 것이었다.

그것은 법과 질서라는 정해진 틀 밖에 존재하고 있는 자율적이고 보편적인 정의의 원칙이었다. 고등학교 때까지 내가 행동하고 사고한 것은 법과 질서라는 차원에서 보면 물론 옳은 것이었다. 그러나 그것은 마치 우물 안의 개구리가 우물 안에서 보는 하늘을 하늘 전체인 것으로 여겼던 것과 같은 이치였다.

또 하나의 현실과 직면하고 갈등하며

지금껏 당연히 수행했던 의무가, 존중해 마지않았던 국가의 권위와 사회질서가 그렇게 아무런 회의 없이 무조건적으로 수용해야 하는 것이 아님을 알았다. 내가 그것을 그렇게 당연하게 받아들였던 것은 그 자체가 아무런 문제나 모순을 지니지 않은 완전한 것이어서가 아니라 단순히 눈에 보이지 않는 강요로 인한 것이었음을 알게 된 것이다. 그 부자연스러운 '당연'의 벽은 깨져야 하며 그런 후에야 비로소 보편성과 논리적 일관성과 윤리적 원칙에 따른 참된 결정이 가능하다는 것도 말이다.

이런 결론에 도달하기까지 내게는 많은 갈등이 있었다. 오랫동안 어떤 이의도 없이 안주해 온 질서와 규범을 비판하고 개혁하려는 것은 곧 그 안에 있던 나를 파괴하는 것을 의미했다. 물론 파괴 후에 새로 만들어지는 것이었지만 나에게는 안주해 있던 그 자리를 과감히 벗어날 용기가 무척 부족했다. 그래서 때로는 비겁자요 겁쟁이라는 생각에 힘이 들었고, 참다운 용기가 아닌 만용을 부리는 것은 아닌가 하는 두려움도 있었다.

그래서 이제는 "올바른 행위란 보편성과 논리적 일관성에 맞추어서 각 개인이 선택한 윤리적 원칙에 따른 양심의 결정에 따를 때 가능하다"라는 말을 이해하게 되었고 나 자신을 사회 전체에 확대시켜 조명하고 그에 따른 옳은 행동을 하기 위해 노력할 수 있게 되었다.

고등학교 때까지의 나는 공부 이외의 것을 쓸데없는 것으로 생각하고 오직 성적을 위해 초조해했던 나약하고 기계적인 인간이었다. 그러던 내가 이제 자율적으로 사고하고 행동하는 참다운 인간으로 발전하려는 목표를 갖게 되었다.

그리고 주위 사람들이 나와 같은 생각을 하고 있다는 것을 알게 되면서 나는 그들을 경쟁자로서가 아니라 함께 공동의 목표를 추구해 나가는 동반자로서 존중하게 되었다.

대학 곳곳에서 행해지는 열띤 토론도 '이미 다른 부류'라고 포기하고 서로 다른 두 길로 갈라서려는 의도가 아니라 함께 하나가 될 수 있다는 믿음으로 어떤 합일점을 찾고자 하는 노력이었다. 그 같은 노력과 믿음이 결국 하나가 되어 거대한 힘을 발휘했을 때 나는 기뻤다. 그리고 다시금 너와 나의 중요성을 깨달았다.

"아, 정말 이런 것이로구나. 생의 가치란 자율적으로 행동하는 중에 서로의 의미를 확인할 때 비로소 생겨나는 것이구나."

아무것도 모르는 신입생으로 학교에 들어왔을 때 우리 과 아이들에게 처음 느꼈던 것은 왠지 모르는 적대감과 경쟁심이었다. 그것을 단순히 우리 과 성원들에게서만 느꼈던 것은 아니었다. 고등학교 때까지의 삶이 나도 모르게 너와 나 사이의 벽을 두껍게 쌓아 놓았기 때문이다. 차츰 서로를 내보이고 이해하게 되면서 이 벽은 허물어졌고 이제는 '똑같은 인간이다'라는 존경과 믿음으로 대체되었다.

이것은 내 주위의 사람들만이 아니라 나와 같은 사람이면 어디에 있든 어떻게 생겼든 눈에 보이지 않는 벽은 언제든지 허물어질 수 있다는 가능성의 확인이었다.

대학에 들어와 내가 이제껏 알지 못했던 또 하나의 현실과 직면해 갈등하면서 나는 인간을 규제하는 법이나 질서, 관습을 뛰어넘어 존재하는, 그것 이상의 보편적이고 윤리적인 원칙을 발견했는데, 그것은 내 좁은 사고의 틀을 벗어날 수 있었던 큰 수확이었다.

김명희

1987년 서울대 의예과에 입학하여 1993년 졸업했다. 서울대병원에서 인턴 및 산부인과 레지던트 과정을 수료했고, 강서미즈메디병원에서 산부인과 진료과장을 지냈으며 현재는 서울라헬여성의원 원장으로 있다.

맑은 눈의 '어린 왕자'
항상 자신에게 떳떳하자

⋮

노창현

마침내 현실로 다가온 데모

벌써 11월 말, 1학년도 거의 끝나 간다. 입학과 함께 맞이한 새로운 세계는 나에게 많은 물음을 던져 주었다. 대학이란 곳은 내가 감당하기 힘든 어려움이 산재해 있었고, 나의 의지와 용기 그리고 판단력을 요구했다. 신입생 환영회부터 시작해서 하루하루의 생활이 모두 나에게는 경이롭게 보였고 오늘은 또 무슨 일이 일어날까 하는 두려움이 앞서기도 했다. 고등학교 때와는 너무나 판이한 세계가 내게 성큼 다가와 있었다.

고등학교까지 나는 주위에서 모범생이라는 말을 들으며, 학급에서 항상 다른 친구들을 이끌어 가는 위치에 있었다. 그래서 누구보다도 학교와 사회가 원하는 것을 잘 이행해야 했고, 나 또한 그것을 당연시했다. 성적표에 나오는 행동 발달 상황에서 준법성, 책임감 등은 가, 나, 다 중에서 항상 가였다.

나는 사회에 대한 아무런 문제의식을 갖지 못한 채 중학교, 고등학교를 마쳤다. 중학교까지는 사회문제에 대해서 별다른 관심이 없어 신문의 기사나 TV 뉴스 방송을 흘려듣기 일쑤였고, 고등학교 때는 주위 사람들의 기대와 나의 목표의식에 사로잡혀 공부할 수 있는 시간을 조금이라도 더 확보하려는 욕심에 신문이나 TV는 거의 보지 않고 지냈다.

이런 나에게 대학이라는 사회는 상당히 부담스럽게 느껴질 수밖에 없었다. 막연하게 들어 왔던 학생운동은 두렵게 느껴졌고 선배의 존재는 항상 운동권이라는 말과 오버랩되어 나에게 다가왔다.

그렇게 대학생활을 보내던 어느 날, 나에게 데모라는 것이 마침내 현실로 다가왔다.

강의실의 열린 창문으로 여럿이 함께 부르는 노랫소리가 연신 흘러들어왔고 이따금 열띤 구호와 박수 소리도 들려왔다. 그들은 대부분 목이 잔뜩 쉬어 있었고 피곤해 보였다.

대학의 정문 쪽에서 한바탕 충돌이 벌어졌다. 중무장한 딱정벌레 형상의 사내들이 일제히 학교 쪽을 향해 질서정연하게 전진하는 모습, 이따금 펑펑 터뜨려대는 폭죽 같은 최루탄 발사와 이어지는 재채기, 줄줄 흘러내리는 눈물·콧물…. 이 모든 현상이 슬프게 느껴졌다.

전경과 학생들의 끊임없는 대치 상황에서 나는 돌을 나르고 던져대는 학생들의 뒤쪽에 멀찌감치 떨어져서 서 있었다. 그들은 "학우여 동참합시다!"를 외치고 있었다.

계속되는 혼돈을 끌어안고

80년도 초등학교 시절 연세대 앞에서 데모를 목격했던 때와는 너무나 다른 느낌이었다. 그때는 학생들이 그렇게 강건하고 멋있어 보일 수 없었다. 그러나 지금은 아니었다. 나와 같은 학생들이 왜 저래야만 하는가, 왜 남들이 동경하는 서울대에 들어와서는 자신들을 저렇게 헌신적으로 학생운동에 바치는 것일까 하는 강한 의구심이 들었다.

뒤를 돌아보니 많은 학우들이 나처럼 그 광경을 쳐다만 보고 있었다. 여러 생각들이 머리를 스쳤다. 왜 우리는 같은 학생이면서도 이렇게 달라야만 하는 것일까? 왜 우리는 공부만 할 수 없는가? 왜 우리는 우리의 꿈과 이상을 실현하려고 노력하는 대학생활을 보장받을 수 없는 것일까?

최루탄이 펑펑 터지는 소리가 대학 캠퍼스 여기저기를 뒤흔들고 있다. 축제일의 불꽃놀이는 우리 대학가에서 이제 영원히 사라진 것일까? 그리고 나는 나만의 밝은 미래를 지키기 위해 이 현실을 회피해야 하는가?

그 이후 나는 학회에 들어갔다. 철학 시간에 플라톤의 우상론을 들으면서 혹시 내가 지금까지 동굴의 우상에 종속되어 있지는 않은가 하는 생각이 들었다. 그래서 내가 지금까지 몰랐던 것들을 직접 대하고 공부하면서 스스로 판단해 보기로 했다.

집에서는 나의 학회 가입에 대해 우려를 표하면서 귀가 시간이 늦어질 때마다 걱정들을 하셨다. 부모님께서는 데모가 있는 날엔 아예 학교에 가지 말라고 하셨다. 그러나 어차피 내가 평생 몸담고 살 사회라면 언젠가는 결국 현실과 정면으로 부딪쳐 진실을 알아내야 할 것 아닌가.

선배들이 권하는 여러 가지 책들의 내용은 강의 시간에는 전혀 접해볼 수 없는 것들이었다. 때로는 나 스스로 놀랄 만큼 깊이 분노하고 아파하면서 이 모든 것을 선입견 없이 보고자 노력했다. 교내 곳곳에 나붙은 대자보들을 보면서 어떻게 저럴 수가 있을까 했던 처음의 놀라움이 그럴 수도 있다는 생각으로 바뀌어 가고 있었다.

그러나 나는 아직도 행동으로 옮길 만큼 확신이 서지 않았다. 몇 권의 책만으로 세상을 평가할 수는 없다고 생각했다. 어느 한 선배는 행동하지 않는 양심은 위선이라고 했지만, 혹시 데모에 나갔다가 잡히기라도 하면 내 인생은 끝장이라는 현실적인 문제도 나에게는 중요했다. 그런 이기적인 사고방식에 젖어 있는 자신을 증오하면서도 항상 내 머릿속을 떠나지 않은 것은 부모님의 얼굴이었다.

항상 자신에게 떳떳하기를

6·10항쟁이 시작되었다. 우리 과는 신세계백화점 앞에서 모이기로 했다. 나는 어떻게 해야 할지 몰라 몹시 망설였으나 끝내 그곳에 나가지 못했다. 며칠 뒤 시험 연기 투쟁으로 조기 방학을 맞게 되었다.

아크로폴리스 광장에서 87학번만의 6·10투쟁 보고대회가 열렸다. 그곳에서 자신의 행동에 강한 긍지와 자부심을 토로하는 학우들을 보면서 나는 분명 그들의 말에 공감하면서도 그들과 같이하지 못했던 내 행동에 심한 죄책감을 느꼈다.

그리고 6월 26일이었다. 파고다공원에서 평화대행진이 있었다. 어디 가느냐는 어머니의 말씀을 뒤로한 채 집을 나선 나는 조금은 설레는 가슴을 안고 시내로 나갔다. 시내 여기저기에서 학생들과 시민들이 한데 어우러져 구호를 외치고 있었다. 지나가는 차량들도 경적을 울리며 동참했다. 모두가 하나임을 느끼면서 나는 약간의 환희 같은 것을 느꼈다.

명동에서 그만 전경에 잡혀서 강남경찰서로 후송되는 그 순간에도 나는 강한 성취감을 맛보고 있었다. 다음 날 오후 나는 훈방이 되어 나왔다. 그리고 며칠 뒤 6·29선언이 발표되었다. 나의 자그마한 행동과 많은 학우들의 노력이 결실을 맺었다는 기쁨에 후회 같은 것은 전혀 없었다.

어른들은 코끼리를 잡아먹은 보아 구렁이를 모자로 보지만 생텍쥐페리의 어린 왕자는 때 묻지 않은 마음을 지니고 있기 때문에 있는 그대로를 볼 수 있었다. 내가 대학에 와서 경험한 사실들을 얼마나 바로 직시했는지는 모르겠다. 그러나 지속적인 이런 과정을 통해 조금씩이나마 바른 시각을 정립해 나갈 수 있을 것이라고 나는 생각한다.

우리 사회에는 부패와 비리가 판을 치는 어두움이 분명 존재하고 있다. 우리는 그러나 아직 이 사회에 정의와 선이 존재하고 있다는 믿음을 가지고 현실을 비판하며 정도를 향해 나아가야 할 것이다.

모든 것을 꿰뚫어 보는 맑은 눈동자를 가진 어린 왕자를 그려 본다. 세월이 가도 현실에 안주하지 않고 기존 체계의 위법성을 단호하게 지적할 수 있는 용기를 가지고 있는 사람, 그래서 항상 자신에게 떳떳한 사람이 되어야겠다.

노창현

1987년 서울대 국제경제학과에 입학하여 1993년 졸업했다. 이후 삼성물산에 입사하여 석유화학팀 과장을 지냈다.

황당했던 2박3일의 경험
광화문에서 관악경찰서까지

:

황영민

시위 연루자로 경찰서에 유치되다

어머니가 나를 낳으실 때처럼 나의 성장 과정은 순조로웠다. 성격이 내성적이라서 개구쟁이 노릇도 안 하고 자랐으니 어머니 속을 태우는 일은 거의 없었을 것이다. 우리 집도 사는 데 어려움이 없었으니 이제까지의 20여 년은 거의 특별한 실수 없이 끝마친 셈이다.

이런 나의 생활이 보여 주듯이 내가 지니고 있던 우리 사회에 대한 믿음은 확고한 것이었다. 새 정부가 들어서면서 내세운 '정의로운 사회 구현'을 나는 철석같이 믿었다. 나는 그것이 너무 신선하며 당연하다고 생각했다. 그러나 최근 뜻밖의 경험으로 인해 대학에 들어와서도 한 학기 동안 그대로 지속되었던 이 믿음에 서서히 균열이 생기기 시작했다.

나는 광화문 근처에서 학생들의 시위가 있었던 지난 9월 23일에 그것과 아무 상관이 없었는데도 연루자로 끌려가 약 서른 시간을 경찰서에 유치되는 경험을 했다. 나는 여기서 이 경험을 최대한 자세히 서술하려고 한다. 그 속에 설명 없이도 느낄 수 있는 중요한 어떤 것이 함축되어 있다고 생각하기 때문이다.

23일

17시 30분: 다음 날 수업이 없어서 형에게 가려고 버스를 타고 광화문으로 갔다. 거기서 버스를 갈아타야 했다. 그날 광화문 근처에서 시위가 있다는 것은 알고 있었지만 관심 밖의 일이었다.

19시: 경찰이 정거장에서 버스를 그냥 통과시키는 바람에 버스를 못타고 있다가 역시 버스를 못 탄 반 친구 하나를 만났다. 우리 둘은 국제극장 앞에서 얼마간을 서 있었다.

19시 30분: 바로 앞에 광화문파출소가 있었다. 그 앞에 있던 경찰이우리를 불렀다. 학생인 것을 확인한 뒤 그는 우리를 파출소 안으로 데리고 들어갔다. 시위가 끝날 때까지 선의의 피해자가 생기지 않도록보호를 하겠다고 했다.

20시 30분: 곧 나가겠지 하면서 기다리던 반 친구가 어디론가 전화를 걸었다. 그 사이 파출소 안은 학생들로 붐비게 되었다.

21시: 웬 사람이 들어와서 책임자와 몇 마디 주고받더니 같이 있던친구가 먼저 간다는 말 한마디 없이 나갔다.

어처구니없는 일이 기다렸다

22시 40분: 누군가가 우리를 지키고 있던 사람에게 언제 집으로 갈수 있느냐고 묻자 그는 곧 나가게 된다고 했다. 얼마 후 사복경찰이 들어오더니 우리를 한 사람씩 일일이 확인하고는 나가자고 했다. 밖으로나가자 우리를 기다리고 있던 것은 시내버스가 아니고 신록과 같은 색으로 단장한 경찰 버스였다.

23시 20분: 어두운 시가지를 이리저리 달리던 버스가 멈췄다. 동대문경찰서였다. 우리가 들어간 방에는 벌써 수십 명의 남녀가 와 있었다.

0시: 밖이 요란하더니 갑자기 문이 열리고 플래시가 터졌다. 그러나 그것도 잠시뿐, 곧 그들은 경찰에 의해 제지되고 밖으로 쫓겨 나갔다. 문 쪽에 있던 사복경찰이 한마디 내뱉었다. "찍어 봤자 신문에 나오지도 못할 걸 찍기는 왜 찍어?"

24일

0시 30분: 웬만큼 방 안이 정리되자 본격적으로 조서를 쓰는 작업이 시작되었다.

1시: 내 이름이 불렸을 때 나는 양복을 깔끔하게 입은 사내 앞으로 갔다. "데모했어, 안 했어?" "안 했습니다." "이 새끼 안 하긴 뭘 안 해!"

4시: 조서를 쓰는 작업이 모두 끝나자 우리는 학교별로 나뉘어져 각 관할 구역의 경찰서로 가기 시작했다.

4시 30분: 관악경찰서. 우리는 회의실이라고 씌어진 방으로 들어갔다. 잠시 후 반장이란 사내가 들어오더니 새파랗게 젊은 전경을 보고 우리에게 기합을 좀 주라고 시켰다. 우리는 귀가 더러워지는 욕을 들으면서 이름도 모르는 체조를 시작했다.

흉터 하나 없이 나의 몸은 멍들었다.

내 양심이 뺙

5시: 다시 조사가 시작되었다. 나는 나이가 지긋해 보이는 형사에게 불려갔다. 그도 역시 나의 유죄를 윽박질렀고 나는 내 결백함을 보여 주기 위해서 새끼손가락을 깨물었다. 잠시 후 나를 한참 동안 응시하던 그는 서류에 뭐라고 쓰더니 내게 속칭 빽을 대 보라고 했다. 빽이라니. "힘없는 우리 아버지와 내 양심이 빽입니다."

6시: 조사가 반쯤 진행되어 갔다. 해는 아직 보이지 않았으나 사방은 점점 밝아졌다. 밖에서 전경들의 아침 점호가 시작되는지 시끌벅적했다. 오늘 낮에는 집에 가겠지 하는 막연한 기대가 간밤의 피로를 몰아냈다.

10시: 조사가 모두 끝났다. 기다리는 것만 남은 것 같았다. 늦은 아침을 주었다. 보리쌀만 잔뜩 담긴 도시락 하나와 노란 무가 든 반찬통 하나가 전부였다. 안 먹으면 죽이겠다는 협박에 물에 만 보리밥은 꿀떡꿀떡 잘도 넘어갔다.

12시: 이제 기다리기도 지치기 시작했다. 창밖의 풍경을 보며 나는 어머니를 생각했다. 고향집의 어머니는 지금 뭘 하고 계실까⋯. 자식들이 걱정되어 면회를 온 어머니들의 모습이 문밖에 어른거리기 시작했다. 갑자기 마음이 착잡해졌다. 혼자 먼저 빠져나가 버린 친구가 한없이 원망스러웠다.

15시: 조금 전까지 옆에 앉은 친구와 하던 쑥덕임마저 나른해졌다. 도대체 언제나 집에 갈 수 있을까? 한낮의 뜨거운 햇살이 방 앞쪽에 걸려 있는 대통령의 사진에 반사되어 번쩍거렸다. 눈이 부셨다.

22시: 또다시 밤이 되었다. 이대로 있다가 날이 새면 졸지에 군에 가게 되는 것은 아닐까? 며칠 전에 권유 입대한 선배 생각이 났다.

0시: 문밖이 소란해지더니 경찰이 들어왔다. 종이를 한 장씩 나누어 주며 각서를 쓰라고 했다. 각서를 쓰고 드디어 나는 경찰서를 나올 수 있었다.

스물여덟 시간 삼십 분 만이었다.

황영민

1982년 서울대 국제경제학과에 입학하여 1986년에 졸업했다. 이후 한화증권에서 10여 년간 근무했고, 케이포엠, 태광시스템즈 등에서 대표이사를 지냈으며 현재 OCI홀딩스 부사장으로 있다.

경찰서에서의 27시간
자신의 삶에 눈뜬 계기

⋮

신정완

같으면서도 다른 '이웃'

나는 9월 24일 종로에서 데모를 하던 중 전경대원에 의해 붙잡혀 경찰서로 압송되었다가 잡힌 지 스물일곱 시간 만에 훈방되어 나온 적이 있다. 이 경험은 내게 퍽 의미 있는 것이었는데 가장 중요한 것은 나를 주체적 인간으로 성장시키는 계기가 되었다는 점이다. 또 대학생활에서 부딪쳐야 하는 많은 문제들을 해결해 나갈 수 있는 능력을 키워 주었다고도 생각한다.

내가 하는 공부가 타인에게 도움을 줄 수 있어야 한다는 것이 나의 어릴 적부터의 생각이었다. 대학에 들어온 후에도 타인을—특히 도움을 필요로 하는 타인—도와줄 만한 역량을 키우고 도울 수 있는 방법을 모색하고자 했다.

물론 그런 생각을 나만 가지고 있는 것은 아니었다. 학교에는 진지한 선배들이 많았다. 그들은 날카로운 비판의식을 갖추고 있었으며 철저한 사회 참여의식을 갖고 있었다. 그들과의 대화를 통해 나는 타인을 돕고자 하는 내 생각이 소년 시절의 막연한 꿈으로 끝나지 않으려면,

사회 현실을 구체적으로 인식하는 데서 출발하는 견고한 이상을 가져야 한다는 것을 깨달았다.

그러나 그들은 나와 달랐다. 나는 사회에 대한 봉사나 약자에 대한 사랑을 욕망과 고통을 포함한 총체로서의 삶 속에 수용되는 것으로 보았다. 따라서 내게 있어 타인의 고통에 동참하는 삶은 건강하고 쾌활한 삶과 모순되지 않는 것이었다. 그러나 선배들은 왠지 쭈그러들고 음침해 보였다.

그들은 삶을 있는 그대로 보지 않고 자신의 논리를 강화시켜 주는 방향으로 해석하는 것 같았다. 난 결코 삶에 대한 내 자신의 시각을 포기하지 않았다. 그러나 내겐 그들을 부정할 만한 능력이나 근거가 턱없이 부족했다.

또 나의 언어 세계와 그들의 언어 세계는 달랐다. 나는 이웃, 사랑, 봉사, 진리 등의 언어 속에 살았지만, 그들은 사회적 구조, 역사적 맥락, 가치관 등을 얘기했다. 그들의 언어는 나의 꿈을 메마르게 했다. 그들을 부정해 버리면 쉽겠지만 그런 방식밖에는 대학생이 사회에 참여하고 자기를 표현할 길이 없다면 간단히 부정해 버리고 말 문제가 아니었다.

나와 그들 모두 이웃을 얘기했지만 그 이웃은 같으면서도 분명히 서로 달랐다.

나 자신의 진실을 지키며

결국 타인과의 관계에서 연대감보다는 단절감을 느꼈던 나는 나의 세계에 집착하게 되었다. 그러나 난 내 자신 속에서도 충분히 자유로울 수 없었다.

나의 세계는 어릴 적부터 믿어 왔던 신에 의해 닫힌 세계였다. 결론이 이미 나 있는 세계였고 그 속에서의 내 자유는 테두리 안에서의 가능성에 불과했다. 타인과의 관계 속에서도 자신의 세계 속에서도 자유롭지 못한 생활이 이어졌다.

그런 중에 데모가 일어났다. 무척 고민했다. 나를 의탁하고 싶은 준거집단이 없었으나 난 데모 대열에 참가했다. 데모를 주도해 가는 학생들의 사고방식이 나의 것과 달랐고 구호를 외치는 내 자신의 모습이 스스로도 어색하게 느껴졌지만 행동을 함에 있어서는 이것이냐 저것이냐의 양자택일이지, 변증법적 종합이란 없는 것 같았다. 또 학생사회 속에서 발생한 문제에 대하여 나도 책임을 져야 한다는 생각과 약한 집단인 학생집단에 대한 감정적인 연대의식도 이에 한몫을 했다.

데모를 하려고 종로에 나갔다가 붙잡히게 되었다. 나는 삶에 보다 성실하고자 긍정적 일탈행동을 한 것이라고 생각했지만 경찰들은 내게서 부정적 일탈행동만을 읽어 냈다. 경찰서에서 나는 계속 무너져 가는 자신의 모습을 발견했다.

나는 이중의 고통을 받아야 했다. 우선 내가 데모에 참가하게 된 동기나 데모를 할 때의 심정이 타인에 의해 이해받지 못하고 왜곡 해석되어 처벌을 받아야 한다는 것이 억울함을 넘어 부조리하게 느껴졌다. 또 대학생활을 통해 나를 많이 고민하게 해 준 신념에 찬 선배들이 이 고통의 순간에는 내 옆에 없다는 데 대한 원망과 고독감으로 괴로웠다.

나는 그들과 다르게 생각했고 데모가 없기를 내심 바랐는데도 불구하고 그들의 진실된 면을 인정해 주기 위해, 그리고 일단 벌어진 데모라는 사태에 학생들이 함께 괴로워하며 해결해야 한다고 믿었기에 그들이 주도한 데모에 참가했었다.

그런데 정작 그들은 어디로 가고 나 혼자 그로 인한 고통을 받아야 하는지, 그것이 억울했다. 그러나 내가 끝까지 허물어지기만 한 것은 아니었다. 고민과 혼란 속에서도 끝까지 무너지지 않는 단단한 것이 있었다. 그것은 동료집단에의 소속감이나 내재화된 사회규범을 넘어서는 나 자신의 진실이었다.

종로로 가는 버스 속에서 나는 영화 〈분노의 포도〉에서 주인공 조드가 어머니에게 한 말을 되새겼었다.

"사람들이 외치는 곳엔 제가 있어요. 사람들이 싸우는 곳엔 틀림없이 제가 있을 거예요. 사람들이 자기 손으로 집을 짓고, 그곳에서 겸손하게 행복을 누리는 곳에 꼭 제가 있을 거예요."

내가 누군가를 위해 살 때

싸움이 있는 곳에 내가 있어야 한다고 생각했다. 싸움이 있는 곳은 성실하게 살려고 하는 자가 피해서는 안 되는 장소라고 생각했다. 넘어지는 학생이 생긴다면 그를 일으켜 주기 위해, 매 맞는 학생이 생긴다면 그를 구해 주기 위해, 또 학생들이 흥분해 폭도처럼 행동하게 된다면 이를 말리기 위해 내가 거기 있어야 한다고 생각했다. 난 한 집단의 편을 들어 다른 집단에 대항하기 위해 거기 있어야 하는 것이 아니고, 순간순간 나타나야 할 진실의 편에 서기 위해, 또 순간순간 나타날 수 있는 불의를 막기 위해 거기 있어야 한다고 생각했던 것이다.

물론 경찰들은 이런 내 생각을 알 리가 없었다. 그들이 입에 올리는 조서, 후송, 처벌 등의 단어는 조드의 이미지와는 너무 맞지 않는 것들이었다.

인간은 타인을 충분히 이해하지 못하며 산다. 경찰들은 날 그들의 사고방식대로 판단할 수밖에 없고 그 판단 여하에 따라 내 앞날이 영향을 받게 되겠지만 난 내 진실에 끝까지 성실할 수 있었다는 것에 위안받을 수 있었다.

밖에는 몹시 비바람이 치지만 내겐 조그만 오두막이 하나 있었다. 그 안엔 조드와 그의 어머니가 소박하고 진실하게 살고 있었다. 이 오두막은 나의 전체로서의 모습을 오해 없이 받아들인다. 그 안이 내겐 무척이나 쾌적하다. 이만하면 쉴 만하다.

나는 이제 두 가지의 상이한 내용의 규범을 극복했다. 하나는 실정법이다. 나는 데모에 참가함으로써 분명히 법을 어겼고 그로 인해 처벌받게 될 것이다.

어릴 적부터 사소한 교칙 한번 어겨 본 적이 없는 내가 위험을 의식하면서도 데모에 참가했던 것은 나 자신의 윤리가 현실적 강제력을 가지는 실정법보다도 더 강하게 나를 지배했기 때문이었다.

또 하나는 대학생 사회에 내재하는 '사회를 비판해야 한다', '침묵하는 것은 비굴하다' 등의 암묵적인 규범이다. 난 그 규범의 취약함을 데모 현장에서도 경찰서에서도 명백히 보았다. 가슴 깊은 곳으로부터 그런 규범을 주장할 수 있는 학생은 거의 없었다.

막연한 학교 분위기에 동조할 필요는 없다. 가장 솔직한 자신의 모습이 그런 규범과 어울릴 수 없다면 과감히 그것을 부정할 수 있는 용기가 있어야 한다는 생각이 들었다. 그렇게 생각하니 아무도 탓할 필요 없이 스스로 결과를 책임질 수 있을 것 같았다. 앞으로는 참으로 구체적이고 솔직한 대화를 할 수 있을 것 같다. 또 대학 내에서 일반적으로 나타나는 행동양식으로는 자신을 포괄적으로 표현할 수 없다고 고민하는 데 그칠 게 아니라 자신을 포괄적으로 나타낼 수 있는 표현양식을 적극적으로 모색해야 할 필요를 절감했다.

가정규범과 개인윤리의 충돌

식구들에겐 정말 미안했다. 잡힌 다음 날 어머니가 음식을 싸들고 면회를 오셨다. 어머니의 눈에 눈물이 글썽거리는 것을 보니 괴로웠다. 언제나 나를 감싸 주는 가정은 나를 구속하는 면보다는 지탱해 주는 면이 훨씬 크다. 그러기에 가급적이면 가족들이 내게 거는 기대를 만족시켜 주는 방향으로 나의 자유도 추구하고 싶다.

그러나 가정규범과 개인윤리가 결정적으로 충돌할 때는 결국 개인윤리를 따라야 한다고 생각한다. 역할 모순에 부딪힐 경우 가장 중요한 역할을 선택해야 하는데, 가장 중요한 역할이란 자기가 스스로 부여한 역할이라고 보기 때문이다.

개인의 가장 깊은 곳에서 우러나는 진실마저도 굴복시키는 사회는 인간을 철저하게 구속시키는 사회다. 이에 반하여 나는 일탈할 수 있는 자유를 가진 구성원들이 자발적으로 모여서 공동체를 이루는 이상적인 사회를 지향한다. 개체화할 가능성과 자유를 지닌 구성원들이 이루는 사회에는 생동감이 있고 사랑이 충만할 것이기 때문이다.

경찰서에서 한 여학생을 생각하며 그때까지 그녀에 대한 내 감정을 충분히 표현하지 못한 것을 후회했다. 많은 사람들이 행하는 일반적인 사랑의 표현양식이 내게 내면화되었기 때문에 나 자신을 충분히 나타내지 못해 온 것 같다.

사회규범, 또는 사회에서 널리 통용되는 생활양식이라는 것은 인간관계에 있어서의 마찰과 오해를 최소한으로 줄이는 편리한 도구다. 하지만 그것이 사랑을 하는 당사자에 의해 의미가 부여되는 행동보다 가치가 있을 수 없다는 것을 깨달았다.

인간은 한정된 시간을 살며 수많은 제한 속에서 살아간다. 현대인에게 있어서 자유는 수호되어야 하는 것이라기보다는 창조되어야 하는 것이라는 생각이 들었다. 경찰서에서 나온 후 난 그 여학생에게 솔직하게 내 감정을 표현했고 상대방도 자신의 감정을 표현했으며 그 결과 전보다 서로 더욱 자유롭고 풍요로워졌다.

내 삶에 눈뜬 계기

경찰서에서 난 여러 번 절실하게 기도했다. 나와 곁에 있는 학우들을 도와달라는 기도였다. 나약한 감정의 발로라고만 할 수 없는 전 존재가 용해되어 나오는 듯한 기도였다. 그때 내가 부른 신은 초자아요 하늘을 여는 존재이며 모든 규범의 원천으로, 나를 테두리 안에 가둔다고 생각했던 종래의 신이 아니었다. 보다 자유롭고자 했던 내가 정직한 마음으로 부르면서 위안을 얻을 수 있었던 신은 결코 하늘을 닫아 버리는 그런 존재가 아니었다.

그는 어떠한 의미보다 더 크고, 어떠한 가능성보다 무한한 그 이상이었다. 그렇기에 나는 그의 현존 앞에서도 얼마든지 자유로울 수 있었다. 나의 존재양식의 변화에 따라 그는 새로운 모습으로 내게 다가왔다.

학교생활과 사랑과 신앙, 이 모든 것이 '열린 삶'이란 코드 속에서 새롭게 이해되기 시작했다. 이전의 나는 고정된 의미를 강요하는 상징들에 의해 둘러싸여 있었고 타인에 의해 해석된 상징의 의미들을 수동적으로 받아들여 왔다.

그러나 이제 나는 상징은 무한한 의미를 향해 열려 있으며 나의 존재 양식의 변화에 따라 그 의미가 달라진다는 것을 깊이 깨달았다. 내 앞엔 열린 삶이 있고 경찰서 문만 나서면 모든 것이 환히 갤 것 같았다.

나는 훈방되어 가정과 학교로 돌아왔다. 그러나 조금 달라져서 돌아왔다. 나는 은연중 나를 지배해 온 여러 규범들로부터 보다 자유로워졌는데, 이 자유는 자신의 삶을 스스로 책임지는 주체적 인간이 되겠다는 결심에 의해서 얻은 것이다. 또 개인적 실존으로서의 나와 사회 구성원으로서의 나의 관계에 대해 종전보다 더 진지하게 생각하게 되었다. 그리하여 사회는 내게 일정한 행동을 강요하기만 하는 불변의 완성된 실체가 아니라 나의 꿈과 행동에 의해 새로이 빚어지는 존재라는 것을 깨닫게 되었다.

'개인적 실존으로서의 나'의 표현은 사회를 경유해 다시 나에게 어떤 결과로서 돌아오는 것이다. 그러므로 나의 자유의 표현은 결과에 대한 책임성을 근거로 해야만 한다. 스스로 판단하고 책임져야 하는 인간은 고민을 짊어져야 하지만 그 대가로 긍지와 자유를 누릴 수 있는 것이다.

이렇듯 내 경찰서 경험은 나로 하여금 자신의 삶에 대하여 새롭게 눈 뜨게 한 귀중한 계기였다.

신정완

1982년 서울대 경제학과에 입학하여 1986년 졸업했다. 이후 동 대학원 경제학부에서 스웨덴 노사관계에 관한 논문으로 박사학위를 받았으며, 현재는 경북대 경제통상학부 교수로 재직중이다.

어느 날의 불심검문
현실을 직시한 새로운 학문의 시작

:

윤흥로

내 마음에 벽을 쌓고

어린 시절부터 내성적 성격의 소유자였고 엄격한 가정에서 자라 온 나는 부모님의 말씀에 순종하는 착한 아이였다. 집에서는 귀여움을 받으며 장남으로서의 역할과 책임을 다하는 것을 배웠고 학교에서는 열심히 공부하는 우등생으로서 주위 사람들의 칭찬을 받았다. 집도 부유한 편이었다.

나는 내게 요구되는 규범을 준수하는 데서 오는 대가에 만족을 느끼며 하루하루를 보냈다. 이렇게 살아온 나에게 대학생활은 커다란 충격이 아닐 수 없었다.

신문이나 TV 등을 통해 얻게 된 대학과 대학생에 대한 왜곡된 이미지로 인해 나는 입학 초기에 큰 혼란에 빠지게 되었다. 생각했던 것과는 너무도 판이한 대학문화로 인해 대학 자체에 대한 심각한 두려움과 거부감을 느낀 나는 입학 초부터 선배나 학과의 동료들과 담을 쌓고 지내면서 나 자신만의 세계를 추구했다. 좋은 학점을 얻기 위해 학과 공부에 열중했고 나 나름대로 계획을 세워서 교양서적을 탐독했다.

나는 내가 마음속에 품고 있던 특수한 세계만을 고집하며 대학의 현실을 거부했다. 주위 사람들의 충고나 조언도 나의 세계에 대한 도전으로 판단하여 단호히 거절했다. 이에 따라 나에게 접근을 시도하는 학과 동료나 선배들과의 불협화음이 커져 갔고 학생운동 자체에 대한 내 혐오감도 날이 갈수록 심해졌다.

그러던 중 나를 이러한 경직성으로부터 벗어날 수 있게 해 준 사건이 일어났다.

유인물 한 장과 불심검문

1학기 중반의 어느 날이었다. 과 사무실에 들렀다가 우연히 유인물 한 장을 발견했다. 마침 강의 시간이 임박해서 나는 그것을 무심코 가방 속에 넣고 과 사무실을 나왔다. 그런데 그날 오후 하굣길에 불심검문을 받은 것이다. 나는 기분이 별로 좋지는 않았지만 순순히 가방을 건네주었다. 그 순간 까맣게 잊어버리고 있었던 그 유인물이 갑자기 머릿속에 떠올랐다. 그러나 이미 때는 늦어 있었다. 전경은 내 가방 속에서 대번에 그 유인물을 찾아냈고 나는 전경들에 둘러싸여 전경 버스 속으로 끌려 들어갔다.

그들은 나에게 차마 입에 담지 못할 폭언을 퍼부으며 불문곡직하고 때리기 시작했다. 나는 그들에게 유인물을 무심코 가방에 집어넣었을 뿐 아직 읽어 보지도 않았다고 설명하려 했지만 소용없는 일이었다. 나의 설명은 그들에게 변명으로밖에 들리지 않았다. 나는 그들의 질문에만 몇 마디 대답하고는 잠자코 맞고 있었다. 그러면서 나는 머릿속에 떠오르는 수많은 생각들을 하나로 정리하고 있었다. '그래, 이것이 현실이다. 이것이 지금 우리 모두를 둘러싸고 있는 피할 수 없는 현실이고 나만 이것을 외면해 왔다. 그러나 지금도 나의 동료들은 이에 대항하여 끊임없이 투쟁하고 있다. 지금까지 나만이 비겁자였다. 도망자였다. 현실은 그러한 나를 놓아 주지 않았다.'

현실을 직시한 새로운 학문의 시작

절뚝거리며 전경에게 끌려간 나는 파출소의 지하실 한구석에 무릎을 꿇고 앉아 있게 되었다. 나는 차마 얼굴을 들 수 없는 수치심에 휩싸였다. 그것은 경찰서에서의 한심한 내 모습에 대한 수치심이라기보다는 지금까지의 내 생활에 대한 반성에서 나오는 수치심이었다. 나는 그동안 얼마나 허상에 빠져 있었던가!

나는 이제까지의 내 생활을 반성했다. 그리고 나를 둘러싸고 있는 이 장벽을 깨뜨리겠다고 결심했다. 나의 새로운 대학생활의 청사진이 보이는 것 같았고 동료들에 대한 깊은 우정이 마음속 깊은 곳에서부터 솟아 나오는 것 같았다. 이윽고 내 눈에서 펑펑 눈물이 쏟아졌다. 그 하룻밤에 나의 가슴은 10년을 살아 버린 느낌이었다. 이제야 나는 세상을 알게 되었다.

이튿날 나는 곧 석방되었다. 절뚝거리며 집으로 돌아오면서 왠지 나는 웃고 있었다. 앞으로 닥치게 될 두려움을 생각하기보다는 먼저 나자신의 달라진 마음과 정신에 기뻐 뛰었던 것이다. 그 후 나의 생활은 달라졌다. 현실에 대한 올바른 시각을 얻기 위해서 수많은 교양서와 참고서를 탐독했고, 선배·동료들과의 진지한 대화도 끊임없이 계속되었다. 현실을 직시하고 그 위에서 진리를 추구하는 새로운 학문의 세계가 시작된 것이다. 나의 옛 모습이 마치 애벌레에 지나지 않았다면 이제 나는 내면세계의 껍질을 벗고 나온 나비가 된 것이다.

저들과 같아지지 않겠노라고 마음의 문을 닫고 철저히 나만의 시간 속에서 지냈던 애벌레는 이제 나비가 되어 저 높은 하늘을 훨훨 날아갈 것이다. 이 세상은 이상을 꿈꾸는 자들의 것이며 지금 눈에 보이지는 않으나 우리가 추구하는 나라는 반드시 올 것임을 믿기에 나는 그 대열에 동참할 것이다.

이 나라는 우리 모두가 함께 주인이 되고 가꾸어 나가야 할 우리의 꿈이요 터전이기 때문이다.

윤흥로

1984년 서울대 신문학과에 입학, 1988년에 졸업했다. 동 대학원을 1990년에 졸업한 후, DYR, JWT, Leo Burnett 및 국제적 광고회사인 BBDO코리아 부사장을 거쳐, 현재 수커리어컨설팅 대표이사로 재직 중이다. Clio Awards, New York festival 등 각종 국제적 광고대상을 수상한 바 있다.

6장

시골 부모님과 학생운동

80년대 대학생 가운데 특히 지방에서 올라온 학생은 학생운동을 떠올리면서 시골에 계신 부모님 생각을 많이 할 수밖에 없었다. 학생운동은 하지 말라는 부모님의 신신당부가 이어졌기 때문이다. 이로 인한 내면의 갈등과 불안이 컸다. 학생운동에 공감하면서도 불효와 신념 사이에서 방황했다. 이 장에서는 이런 주제를 다루는 5편의 글을 소개한다.

　　송용설은 자신의 삶에 깊은 영향을 미친 부모님, 선생님, 선배들을 되돌아보며, 자신을 둘러싼 껍질을 깨는 삶을 추구하되 스스로 중용을 삶의 원칙으로 정하는 이유를 밝힌다. 김형선은 학생운동에는 참여하지 말라는 부모님과 주위 어른들의 간곡한 당부에도 불구하고 학생 동아리 모임에 들어간 것이 계기가 되어 시위에 참여하면서 느끼는 갈등을 적나라하게 표현하고 있다. 전영재는 학생운동에 적극 참여하면서도 부모님의 기대에 어긋나는 자신의 모습을 고통 속에 성찰하면서 이런 갈등을 통해 가정을 포함한 사회 전체의 발전을 위한 길을 깊게 모색한다. 이동규는 시골에서 가난하게 성장했던 자신의 과거와 부모님, 특히 어머니에 대한 깊은 존경이 자신의 내면에 살아 있음을 느끼면서 학생운동에 공감하지만 거리를 두는 선택의 과정을 진술한다. 조성호는 자신의 신념을 지키기 위해 학생운동에 동참하지만 이를 만류하고 싶은 아버지와의 대화가 어떻게 이어졌는가를 생생하게 묘사한다. 여기서 보듯이 시골 부모님과 학생운동의 관계를 다룬 5편의 글은 내용과 입장이 사뭇 다르다. 이 글들에서 우리는 80년대 대학생이 겪었던 내면적인 갈등의 한 귀중한 단면을 발견할 수 있다.

껍질을 깨뜨리는 삶
내가 중용을 선택한 이유

:

송용설

용기 있는 자의 선택

어떻게 하면 내게 주어진 능력, 가정환경, 사회적 위치, 도덕적 가치 등을 좀 더 나은 상태로 발전시킬 수 있을까? 성장과정에서 나는 이런 생각을 자주 했다. 친구들과 이야기를 나눌 때도 나는 항상 인간의 가능성을 강조했고 어떤 일이 주어졌을 때 나는 현실적 상황보다는 인간의 가능성을 염두에 두고 할 수 있다고 판단하곤 했다. 만약 시간이 모자라는 상황이라면 그만큼 잠을 덜 자면 해결할 수 있지 않느냐는 식이었다.

그때까지 정말 좌절의 경험이 없었기 때문에 그런 생각을 하게 되었는지도 모르지만, 때로는 지나칠 정도로 나는 할 수 있다는 것을 강조했다. 주어진 환경적인 요인에 그대로 자기를 내맡기는 것은 자신의 게으름을 드러내는 것을 넘어서 패배라고 생각했다. 주어진 환경을 변화시키기 위해 부단히 노력하는 사람들이 나의 모범이었다. 그래서 나는 특별히 용기 있는 사람들을 존경했다. 상황이 요구할 때 만용도 비굴함도 아닌 진정한 용기를 보여 준 처칠, 케네디 등을 좋아했고 선우휘의《불꽃》, 이청준의《당신들의 천국》, 리처드 바크의《갈매기의 꿈》등을 곧잘 읽곤 했다.

그러나 지금 와서 생각하면 이런 내 생각은 실제로는 내 생활의 극히 일부분밖에는 규정하지 못했다. 지금까지의 성장과정에서 부지불식간에 내 의지나 생각과는 상관없이 나의 일부처럼 되어 버린 생각과 사안들이 수없이 산재해 있었던 것이다.

어린 시절부터 지금에 이르기까지 부모님과 선생님들의 기대는 줄곧 내 생활에 얼마나 큰 영향을 끼쳤던가. 대학 입시만 해도 그렇다. 인생 과정에서 겪는 관문으로 받아들였기에 어떤 의문도 생각도 없었다. 다만 내가 지나쳐야 할 문이었기에 기왕이면 좀 더 훌륭하게 그 문을 지나치고 싶었을 뿐이었다.

때때로 다른 생각을 할 수 없게 되어서는 안 된다고 생각하며 내 나름대로 자율적이고 능동적인 사고를 키워 갔지만 이것은 전체적인 흐름 속에서 볼 때 거의 알아볼 수 없을 정도로 미미한 것이었다. 나중에 착각이었음을 알게 되었지만 그 당시의 나는 내가 최대한 자율적이고 능동적으로 살고 있다고 믿고 있었다.

그러던 중 커다란 사건이 일어났다. 늘 나름대로 주어진 환경에 충실했고 충분히 붙을 것도 자신했던 내가 "설마 나만은…" 하고 생각하던 대학 입시에 실패한 것이다. 내 뜻대로 되지 않았던 좌절 앞에서 회의가 움트기 시작했다. "내가 이렇게 하나 저렇게 하나 결국은 마찬가지가 아니었을까?" "이미 내 인생이 정해져 있는 것은 아닐까?" 대답을 찾을 수 없는 상황 속에서 내 신앙은 숙명론적으로 변해 가면서 나를 움직일 수 없는 구석으로 몰아갔다. 신이 정해 놓은 운명이라면 내가 제아무리 발버둥쳐 보았자 변할 수 없는 것이 아닌가.

전체 속에 묻혀 가는 나

평상시에는 별로 관심의 대상이 되지 못했던 문제들이 새로운 의미로 다가오며 나를 조였다. "인간은 태어나면서부터 이미 정해져 있는 자신의 운명을 살다 가는 것이 아닐까? 그렇다면 어떠한 노력 없이도 예정되어진 내 삶은 영위될 것이 아닌가?" 하는 질문을 나 자신에게 던지면서 나는 자율 의지를 망각해 갔다.

인간을 전체라는 흐름에 파묻힌 존재로 생각하게 되었고 환경적인 요인에 과도한 비중을 두게 되었다. 어떤 일을 할 때에도 개인의 능력에서 발휘될 가능성을 검토하기보다는 주어진 환경을 먼저 고려하게 되었고 일이 실패했을 때 그 원인을 주어진 조건 탓으로 돌리곤 했다.

나는 이렇게 변해 가는 내 자신을 추슬러야 한다고 생각했으나 재수하던 1년간은 공부 외에는 어떤 다른 생각도 할 수 없었던 시기였다. 산재한 모든 관념적인 문제들을 1년 뒤로 미룬 채 지루한 나날들이 반복되었다. 그러기에 나의 대학에 대한 기대와 포부는 남달리 컸는지도 모른다.

이듬해 나는 미래에 대한 커다란 설계와 지금까지 누적되어 온 여러 문제들을 해결하고자 하는 열정을 가지고 대학생활을 시작했다. 전체 속에 묻혀 도외시되는 개체로서가 아니라 개성을 지닌 진정한 인간으로 살고 싶었고 주어진 여건을 충분히 활용해 열심히 살면서 무언가 새롭게 변화되어 가고 싶었다.

그러나 이것은 생각에 머물렀고 내 행동의 변화는 나타나지 않았다. 생활태도 면에서 볼 때 대학 초기의 내 생활은 고등학교 생활의 연장이었다. 환경이 나의 거의 모든 생활을 규정지었던 지난날에 하던 대로 살았으며 내 의지를 가지고 그 환경 속으로 뛰어드는 일은 거의 없었다. 나날이 시간을 메우기에 급급했고 어떤 문제가 닥쳐오면 그것을 바꾸어 보려는 의지 없이 그대로 수긍하고 생활해 나갔다.

처음 대학에 들어왔을 때 나는 충분히 소화할 수 있으리라고 생각했던 환경의 변화에 무척 당황했었다. 당장 지금 무엇을 해야 할지, 또 내일은 어떻게 해야 할지를 알 수 없었다. 달라진 환경에 적응할 수 있는 준비를 하지 못했던 것이 후회스러웠다. 이러한 문제는 내가 대학 생활을 하는 초기에 갈등의 한 요소로 작용했다.

나에게 새로운 갈등이 시작되었다. 지금까지는 전혀 생각지도 못했던, 아니 너무나 당연시했기에 생길 수 없었던 문제의식이 머리를 든 것이다. 나 자신의 현재의 위치를 새롭게 돌아볼 필요가 있지 않은가? 우리가 말하는 대학이란 그리고 대학문화란 무엇인가?

우리들이 친구들과 나누었던 대부분의 대화는 늘 한 방향으로 흘러가곤 했다. 우리는 당시의 학교 분위기가 요구했던 모든 문제점들을 찾아냈다. 체계적인 분석은 필요 없었다. 여러 각도의 의견을 종합하는 노력이 없는 상태에서 한쪽 방향의 자료들이 흘러 들어왔고 그대로 흘러 나갔다. 이것의 옳고 그름을 떠나서 좀 더 폭넓게 바라볼 수 있는 능력이 나에게 필요했던 시기였다.

그러나 나는 그렇지 못했다. 그러기에 나는 지금 또 한 번 전체 속에 묻혀 지나가는 나를 발견하게 된 것이다. 나름대로는 내 의지대로 했다고 생각했던 문제들이 전체의 조류가 흘러가는 방향에 그대로 놓여 있는 것이 아닌가. 환경이 나에게 영향을 미칠 때 나는 꼼짝 못하고 제시된 길을 따라갔던 것이다.

나는 비슷한 경험과 극복의 과정을 거쳤던 선배들의 도움을 많이 받을 수 있었다.

지금 생각하면 당시의 내 갈등은 모든 문제를 좀 더 객관적으로 보려는 시도였다고도 여겨진다. 적절한 말로 나의 문제점을 지적해 준 선배들의 격려는 내게 새롭게 변화할 수 있는 계기를 마련해 주었고 스스로 극복하려는 의지를 심어 주었다.

한 선배의 말이 생각난다.

"하느님은 우리에게 호두를 주셨다. 그러나 그것을 깨뜨려 주시지는 않았다. 그것을 깨고 안 깨고는 네 자유다. 다만 지난날의 고난과 아픔을 참으며 맺어 놓은 열매를 먹으려면 너는 네 스스로 호두를 깨야만 할 것이다."

나는 내 문제들과 부딪쳤고 여러 가지 회의를 극복하며 나의 인생관을 확립해 나갔다.

개성을 지닌 인격체로서 스스로 사는 인간

우리 모두는 자신을 둘러싸고 있는 껍질을 가지고 있는데, 이 껍질을 어떻게 처리하느냐에 따라서 크게 두 가지 유형이 삶이 펼쳐진다. 그 하나는 껍질로 둘러싸인 좁은 영역 속에 안주하는 삶이다. 여기서는 자기 자신을 둘러싸고 있는 세계가 곧 그 자신의 한계다. 껍질 밖에 있는 세계를 전혀 알지 못하며 또한 알려고 하는 의욕조차 그에게는 없다. 그 상황이 그에게는 어떠한 의문도 제기하지 않은 채 당연하게 받아들여지고 있기 때문이다. 그러기에 그의 삶은 지극히 소극적인 성격을 지니게 된다. 미래에 대한 희망도 야망도 잊은 채 불합리한 환경 속에 불합리한 인간으로서의 자신을 합리화해 가고 있는 것이다.

다른 하나의 삶의 유형을 추구하는 인간은 그 껍질이 깨뜨려지도록 마련된 것이라고 여기며 그것을 깨려 한다. 그것을 깨뜨리는 과정이 그의 삶인 것이다.

현재와는 다른 차원으로의 비약에는 많은 고통과 어려움이 뒤따르지만 그 가치를 깨달았기에 그는 그것을 달게 받아들이고 부딪친다. 그리고 그렇게 할 때 희망과 야망이 존재하며 좀 더 적극적인 자세로 살아갈 수 있다고 생각한다.

나에게 닥친 회의와 갈등도 이러한 유형이었다고 생각한다. 나의 두꺼운 껍질이 우지직 깨지는 소리를 들으며 나는 내가 처했던 환경이, 나에게 주었던 무수한 좌절이 내가 더욱 성장할 수 있었던 밑거름이었음을 확신한다.

나는 나 나름대로의 결론에 도달하고 싶다. 인간과 불가분의 관계에 있는 문화 속에 존재하는 한 인간으로서 인간의 행위를 전적으로 그가 접하고 있는 문화 전통에 기인한 것으로만 생각하지도, 또는 완전히 인간의 자유의지에 의해 성립되는 배타적인 것으로 생각하지도 않겠다.

인간의 행위가 외부의 환경으로부터 미치는 자극에 대한 반응의 과정이라는 생각을 부정하지는 않겠다. 그러나 이 상태에 머물러서는 안 되며 항상 새로운 방향을 모색하는 작업이 이루어져야 한다고 생각한다.

진정 나는 이 사회에 있다가 없어지는 존재가 아니라 한 사회의 구성원으로서 개성을 지닌 인격체로서 스스로 사는 인간이 되고 싶다.

중용을 선택한 이유

나는 중용을 선택하고자 한다. 우리는 흔히 중용의 태도를 차지도 뜨겁지도 않은 어정쩡한 상태의 표현으로 생각한다. 타협이라는 용어로 대치하려 하고 미지근한 인간들의 속성으로 이해하려 한다. 그러나 중용은 그런 것이 아니다. 중용은 결코 자로 잰 듯이 정확한 어떤 것의 중간 지점을 뜻하지 않는다. 중용은 서울에서 부산까지 가야 할 때 대전에서 내리는 것도, 열 가지 일을 해야 하는 상황에서 다섯 가지 일을 하는 것도 아니다.

나는 중용을 내가 처한 그 상황에서 요구되는 가장 최선의 행동으로 이해한다. 찬 것을 요구할 때는 찬 것이, 뜨거운 것을 요구할 때는 뜨거운 것이, 미지근한 것을 요구할 때는 미지근한 것이 중용이라고 생각한다.

어떤 상황에 처해서 성실하게 판단을 내려 그 당시 가장 필요한 생각과 행동을 선택하는 것이다. 중용적 생각과 행동이란 조금의 모자람도 더함도 없는 상태인 것이다.

송용설

1980년 서울대 금속공학과에 입학하여 1984년 졸업했다. ㈜아모그린텍 최고기술책임자(CTO)/대표이사를 지냈다.

격동의 해, 87년
현실과 이상의 괴리가 낳은 눈물

:

김형선

꿈을 안고 출발한 대학생활

87년 3월 따뜻한 봄날, 경상남도 삼천포시의 외진 어촌에서 태어나고 자란 나는 서울대에 입학했다. 서울대 합격을 위해 나는 고등학교 3년 동안 줄곧 자취를 하며 누구보다도 성실하게 살았고 열심히 공부했다. 다른 자취하는 학생들이 술, 담배를 배우기도 하고 미팅을 해서 여자 친구를 사귀기도 했지만 나는 술, 담배를 하기는커녕 여자에게 말도 걸지 못하는 숙맥이었다.

나에게는 꼭 서울대에 들어가서 부모님께 자랑스러운 아들이 되고 싶다는 것 외에도 다른 큰 꿈이 있었다. 위대한 과학자가 되어 일본이나 미국을 앞지를 수 있는 과학 기술을 개발해서 국가를 위해 큰 공헌을 하겠다는 것이었다.

내가 서울대에 합격했다는 소식을 접한 많은 분들은 기쁨보다는 의외로 걱정을 많이 해 주었다. 물론 축하의 말씀도 많이 했지만 데모를 조심하라는 신신당부를 말미에 잊지 않으셨다. 서울에 가면 못된 선배들이 데모하라고 꼬드길 것이니 꼭 조심해야 한다는 말을 가슴 깊이 새기면서도 한편으론 앞으로의 대학생활에 대한 가슴 벅찬 희망과 설렘을 안고 서울대 교문을 들어섰다.

학기 초에는 처음 하는 서울 생활에 무엇을 어떻게 해야 하는지 몰라 불안해했지만 이것저것 물어볼 사람은커녕 내게 말을 걸어 주는 사람조차 없었다. 하지만 얼마간의 시일이 흐른 후에 하숙집 선배들을 많이 알게 되었다. 그들 중에는 학교 동문 선배와 고향 선배도 있어 그들에게 많은 도움을 받으며 서울 생활에 적응해 갈 수 있었다. 나와 같은 또래의 1학년이 들어와 같이 방을 쓰게 된 것도 큰 위안이 되었다.

87년도는 7년 독재가 끝나는 해여서 유난히 어려운 한 해였다. 박종철 사건, 권인숙 사건, 4·13호헌, 6·10항쟁, 6·29선언, 대통령 선거 등의 굵직한 사건들을 겪으면서 나는 사회문제에 관심을 갖지 않을 수 없었다. 학교에서도 정상적인 수업이나 시험 평가가 거의 이루어지지 않던 격동의 시기였다. 적지 않은 불안감 속에서 사회가 왜 이런가에 대해서 진지하게 생각하게 되었다. 사회의 어두운 면에 대한 몰랐던 정보들을 대자보 등을 통해서 읽게 되고 동문회나 향우회 등에서 선배들이 하는 말과 노래에 귀를 기울이면서 나는 사회문제에 대해 점점 더 깊이 고민하게 되었다.

이 무렵 하숙집 친구 하나가 서클 '탈'에 같이 들자고 권유해 왔다. 운동권 서클이라는 것에 마음이 썩 내키지 않았지만 어떻게 하다 보니 들어가게 되었다. 서클 안에서 많은 고민과 대화를 함께 나누면서 나는 사회의 모순과 문제점들에 대해 좀 더 자세히 알게 되었다.

그러면서 학교 집회에 자주 참석하게 되었지만 내 생각이 바뀌거나 한 것은 아니었다. 폭력 시위가 나쁘다는 기존 생각들도 그대로였다.

그런데 드디어 내 생각을 바꾸는 사건이 생겼다.

'박종철 고문치사 사건'에 관한 집회에서였다. 그곳에 그의 누나와 어머니께서 오셨는데 누나는 자신에 대한 후회와 함께 울음을 터뜨렸고 어머니께서는 말을 잇지 못하고 울먹이셨다. 장내는 한순간에 엄숙해졌고 나는 속에서 갑자기 치솟아 오르는 분노를 느꼈다.

현실과 이상의 괴리가 낳은 눈물

그날 나는 최루탄을 마구 쏘며 학우들을 잡아가는 전경들을 향해서 돌을 던져대는 학생들을 비로소 이해하게 되었고, 그 다음부터는 나도 함께 돌을 던지게 되었다. 그 후 6월 29일까지 나는 줄곧 시위에 참여했다. 6월 10일경의 대규모 시위 때에는 명동 일대에서 가두시위를 하기도 했고, 명동성당에서 최루탄 추방대회를 할 때는 전경들에게 돌을 집어 던지기도 했다.

그런 격동의 시기가 지나가고 방학이 되어 나는 집으로 내려갔다. 고향에서 만난 많은 사람들은 내가 혹시 데모에 참여한 것은 아닌가 하고 모두들 많은 걱정을 하고 있었다. 어떻게 들어간 대학인데 함부로 인생을 망치면 되겠느냐는 주변 사람들의 말을 들으며 나는 갈등을 느꼈다. 선배들의 말이 전부 옳은 것도 아닌 것 같았고 내 미래에 대한 불안감도 엄습했다. 이제 그런 시기는 또 오지 않을 테니까 못했던 공부나 열심히 하자고 마음을 먹었다. 나는 내가 가야 할 과학자의 길을 열심히 걸어가야겠다고 생각을 정리하며 서클을 나와야겠다고 결심했다.

그러나 막상 내 결심을 실천하는 것은 쉽지 않았다. 서클을 나오려는 것이 그동안 정든 친구와 선배들을 배신하는 것만 같아 쉽사리 말을 꺼낼 수가 없었던 것이다. 서클에 가는 횟수를 줄이고 데모에도 간 간이만 참여했다.

그러던 중 오랜만에 참여한 데모에서 전경이 쏜 다연발 최루탄 연기 속을 헤매게 되었다. 가슴이 답답했다. 토할 것만 같았고 눈, 코, 얼굴 모두가 따가워지는 등 거의 미칠 정도의 고통을 느꼈다. 숲속의 나무에 기대어 앉아 사회가 왜 이렇고 나는 또 어떻게 살아야 하는가에 대해 오랫동안 생각했다. 자신의 꿈인 과학자가 되고자 하는 한 학생에게 사회가 미치는 영향을 생각하며 이상과 현실과의 괴리 때문에 눈물을 흘리기도 했다.

그때부터 나는 현실과 이상의 조화를 생각해야 한다는 것을 깨달았다. 사회를 전체적으로 보려고 노력하고 더 깊이 있게 많이 알려고 노력했다.

사회에 대해 내가 대학에 와서 알게 된 사실들이 전부가 아니고 일부분만을 과장해 증폭시킨 것이라는 생각이 들었기 때문이다. 우리가 추구하는 이상적인 사회가 지금 이 땅에 가능하겠는가 하는 생각도 들었다.

아직 2년도 채 되지 않았지만 대학에서 많은 것들을 배웠다. 무엇보다도 인생에 대한 가치관, 정치적 통치의 형태, 사회제도 등에 대해서 그동안 가져 왔던 내 생각의 경직성에 변화가 있었다. 나와 다른 것과 나 아닌 남에 대해 많은 것들을 이해하고 나름대로 비판도 할 수 있게 되었다. 불의에 대한 저항, 다른 사람들의 삶에 대한 이해와 애정, 개인과 사회의 조화가 필요함을 느끼게 된 것이다. 지금은 이상을 좇기보다는 비교적 현실적인 인간이 되었지만, 내가 아직도 사회를 염려하고 남들을 이해하고 사랑하려는 일면을 가진 성숙

한 인간으로 남아 있을 수 있는 것은 그동안의 대학생활 덕분이라
고 생각한다.

김형선

1987년 서울대 제어계측과에 입학하여 1991년 졸업했다. 현재 LG전자 Digital Media 연구소에서 책임
연구원으로 DVD 연구 개발 업무에 종사하고 있다.

실천을 강요하는 현실
시골 부모님 생각

:

전영재

순탄하지 않은 대학생활

대학 입학식 날이었다. 흔히 말하는 한국 최고 대학의 한 사람이 된다는 가슴 뿌듯함을 안고 교문에 들어섰다. 그러나 입학식이 거행되는 곳은 주변에 밧줄로 테두리가 쳐 있었고 신입생이란 명백한 증거가 없는 사람은 들여보내지 않았다.

결국 그날의 주인공이었던 나는 입학식이 거행되는 광경을 뒤에 서서 바라볼 수밖에 없었다. 교내를 한 바퀴 돌아보고 교문으로 나가려다가 가끔 TV에서 보았던 녹색 복장의 사람들을 실제로 목격했고, 난무하는 최루탄 속에서 매운 연기에 눈물을 흘리며 교문을 빠져나왔다. 가장 기뻤어야 할 입학식 날 나는 울면서 교문을 나왔던 것이다.

이렇게 시작한 나의 대학생활은 순탄하지 않았다. 학기 초의 잦은 미팅이나 선배들과의 술자리는 그나마 즐거운 자리였다. 아니 훌륭한 도피처라고 표현하는 것이 더 맞을 것이다.

그러나 날이 갈수록 술 한 잔에 얼큰해진 선배가 들려주던 대학생활에 관한 이야기는 더 이상 즐거움이 아니었다. 지금까지 12년간의 교육의 의미가 한꺼번에 상실되는 위기감 속에서 나는 현실의 모순에 눈뜨기 시작했다.

청소부 아줌마의 얼굴, 길가의 노점상들, TV 화면에 나오는 대통령의 얼굴 등은 나에게는 이미 예전의 모습들이 아니었다. 우물 안 개구리가 우물 밖으로 나와서 본 세상은 비참했다. 두 학형의 죽음은 많은 것을 생각하게 했다.

문익환 목사의 강연을 듣다가 이동수 학형의 분신을 목격하고서 나는 돌을 손에 들게 되었다. 약한 자의 몸부림은 폭력이 아니라는 것, 그리고 피억압자를 돕는 일은 억압자를 돕는 일보다 선행되어야 한다고 생각했다. 그때부터 소위 운동권 선배와 연대를 가지며 이런 나의 깨달음을 실천에 옮기게 되었다. 그러나 그 실천이 나에게 요구하는 것은 너무나 큰 것이었다.

아무것도 모르는 부모님을 실망시켜 드린다는 것이 너무도 곤혹스러웠다. 어쩌면 자식 하나 믿으며 살고 계실지도 모르는 가난에 찌든 우리 부모님⋯. 그러나 내 눈에 비치는 현실은 내가 단순히 자신과 가족의 편안함에 연연하기에는 너무 절박했다. 현실은 내게 실천을 강요하고 있었다.

살아 숨 쉬는 인간임을 느끼며

그러던 중 한 선배로부터 고려대에서 연합시위가 있음을 통고받았다. 망설여졌다. 머릿속이 혼란스러웠다. 부모님이 가슴 아파하시는 모습이 머릿속에 떠올랐다. 철거민들, 농활 때 보았던 농민들과 노점상들의 모습도 떠올랐다. 이 모든 사람들의 모습이 머릿속에 교차되는 중에 결심을 했다.

더 이상의 망설임은 있을 수 없다. 세상은 넓고 모순으로 가득 차 있다. 그리고 나는 이런 세상의 한 부분을 이루고 있다. 부모님도 역시 그 한 부분에 불과하다. 나와의 관계에 놓여 있는 이 모든 사람들을 외면할 수는 없는 것이다. 고려대로 가는 거다. 세상을 변혁시키는 무리에 나도 동참하는 거다.

최루탄 가스를 잔뜩 뒤집어쓰고 집에 돌아왔다. 시위에 참가한 사실을 부모님께 말씀드리지 않았다. 어차피 내가 운동권 일을 하는 것을 차차 아시게 될 것이다. 갑작스런 충격을 덜어 주기 위해서는 현실의 모순을 조금씩 아버지께 말씀드리면서 얼마간 생활해 나갈 생각이었다.

아버지도 약간은 눈치 채신 듯 그러한 얘기를 꺼낼 때마다 언성이 높아졌다. 하지만 지금의 이런 것들이 훗날 닥쳐올지 모를 큰 충격을 완화해 줄 걸로 믿는다. 나는 신선함을 느꼈다. 나는 비록 세계의 한 부분을 이루는 작은 존재이지만 무한히 활동하고 살아 숨 쉬는 인간임을 느꼈다.

이상은 대학생활을 시작하면서 겪었던 내 갈등을 기술한 것이다. 물론 갈등 상황이 전에도 없었던 것은 아니지만 이번처럼 전면적이고 첨예한 적은 처음이다.

그런데 여기서 주목할 점은 나 자신을 하나의 객관적인 상태로 바라볼 수 있었다는 점이다. 자신을 '세상을 이루는 작은 한 부분'이라고 느끼는 것은 그 전의 편협한 사고에서 벗어난 것으로, 어느 정도 객관성을 가지고 자신과 외부와의 관계에서 자신을 바라보며 행동할 수 있는 기반이 마련된 것이라고 볼 수 있다. 이것은 항상 전체를 조망하며 이해하는 것을 필요로 한다.

갈등 속에서 성숙해지다

나는 부모님이나 가정이라는 단위가 절대적인 것이 아니라 전체의 한 부분에 불과한 상대적인 것임을 알게 되었다. 이것은 결코 가정의 존재 가치를 부정하는 것이 아니다. 다만 가정이 사회의 전체적인 맥락에서 어떠한 위치에 있어야 하는 것임을 직시한 것이다.

또한 노점상, 노동자, 농민, 철거주민 등의 프롤레타리아들을 공명정대한 사회복지의 입장에서 바라보기 시작한 것도 중요한 점이다. 억압자와 피억압자라는 구별이 생기면서 이들을 절대적이 아닌 상대적인 존재로 파악하게 되었다. 물론 이 구별이 타당한가는 의문의 여지가 있지만, 이제껏 당연시 여겨 왔던 것들의 존재를 재고하는 과정에서 하나의 역사적 범주를 가지게 되었다는 것은 의의가 있다.

나는 학기 초에 실천이라는 문제에 너무 집착하지 않았나 생각된다. 지금은 올바른 인식만 있으면 실천이라는 문제는 대부분 저절로 해결된다고 본다. 이것은 실천을 하느냐 마느냐의 문제가 아니라 어떻게 실천에 옮길 것인가의 문제이다. 당시 연합시위에 참가하여 돌을 던졌던 내 행동은 그것이 진정 올바른 행동이었는가의 문제를 떠나서 문제를 해결하기 위한 실천이라는 점에서 의의를 가진다고 생각한다.

전영재

1986년 서울대 경영학과에 입학하여 1990년 졸업했다. 이후 삼성증권 리서치센터에서 근무했고, 삼성카드를 거쳐 ING 창업투자회사 대표를 역임했다. 현재는 구조조정 전문회사 Value Gate 대표를 맡고 있다.

어머니가 가리키는 나의 길
학생운동에 공감하면서

:

이동규

힘든 객지 생활을 견디게 해 준 어머니

나의 고향은 지방도시 경주에서도 비포장도로를 사십 분이나 더 가야 하는 시골 마을이다. 다른 도시들과는 격리되어 있어서 문화 혜택을 거의 받지 못한다는 점에 있어서는 다른 시골 마을들과 별로 다른 점이 없었지만 사람들이 게으르며 놀기 좋아하고 싸우기 좋아하는, 지독하게 유흥가적인 냄새를 풍긴다는 점에 있어서는 여느 시골 마을들과는 많이 달랐다. 아마도 이것은 우리 마을이 장터라는 데 기인하는 것인지도 모른다.

나의 부친께서는 세칭 서울의 일류대학교를 졸업하시고 부산 모 신문사에서 기자 생활을 하시다가 건강이 악화되어 이 시골로 은퇴하시게 된 분이었고, 모친 역시 경주에 있는 고등학교를 졸업하신 분이었다. 당시로서는 두 분 모두 지도층에 속할 만한 분들이었다. 아버지께서는 평생을 불구로 당신의 지식을 사회에 넓게 펴지 못하시고 또 문단 추천이 완료된 시인으로서 마음껏 뻗어 나가야 할 당신의 시적 욕구도 채우지 못하시게 되자 당신의 모든 정열을 우리 5남매에게 기울이신 것 같다.

아직까지도 초등학교 6학년 때 아버지 앞에서 붓글씨를 배우던 기억이 생생하다. 더구나 누나에게서 고배를 맛본 이후로 아버지의 나에 대한 정열은 내가 견디기 어려울 정도였지만 아무튼 지금 내가 어느 정도 정상 궤도 속에서 안정된 생활을 할 수 있게 된 것은 거의 다 아버지 덕분이 아닌가 생각한다.

집안의 수입원이어야 할 아버지께서 충분한 몫을 해 주시지 못했던 데다가 물려받은 재산도 별로 없었기 때문에 우리 집은 내가 어렸을 때부터 지독하게 가난했다. 어머니 혼자서 열다섯 마지기 남짓한 논농사와 조금 있는 밭농사를 다 지으셨고 화장품 외판원, 보험 외판원 등을 전전하시면서 지금까지 우리 집 여덟 식구를 먹여 살리셨다. 어머니가 하는 일은 이외에도 아버지 뒷바라지와 부엌일 등 헤아릴 수 없이 많아서 1인 6역이란 말이 무색할 정도였다.

어렸을 때부터 나는 논밭에서 밤늦게까지 어머니와 함께 일을 하곤 했다. 어떤 때는 다른 아이들은 모두 다 즐겁게 노는데 나 혼자만 일해야 되는 것 같아서 가끔씩 불만을 품기도 했지만 어머니의 고통을 어느 정도나마 이해하게 된 후부터는 그런 불평, 불만은 아예 존재 가치 자체를 상실하게 되었다. 내가 어머니에 대한 말할 수 없는 사랑 내지는 존경심을 가지게 된 반면에 다른 사람들, 특히 부자들에 대한 증오를 품게 된 것도 이때쯤인 것 같다.

어려운 가정형편에도 불구하고 두 분의 우리 5남매에 대한 교육열은 대단해서 나는 초등학교 6학년 때 시골에서 경주로 유학을 가게 되었다. 그때부터 고등학교 졸업까지 7년 동안 계속된 객지 생활에 어려움도 많았지만 그때마다 시골에서 고생하시는 어머니를 생각하며 이겨 나갔다.

지금까지와 마찬가지로 앞으로도 어려움에 대처하는 나의 태도는 이와 같을 것이다. 나를 지금의 이 자리에 올려놓으셨고 더 좋은 위치로 끌어올리기 위해서 앞으로도 혼신의 힘을 다하실 두 분의 고마움은 내 한 몸을 다 바쳐도 갚지 못한다고 생각한다.

두 어깨에 지워진 짐

4대 독자로 태어난 나는 어느 정도 나이가 들면서 내가 우리 집안의 주인이며 어려운 우리 집안을 일으켜야만 한다는 강한 책임감을 갖게 되었다. 겉으로는 양친 모두 범상하게 행동하셨지만 유형, 무형으로 나의 두 어깨를 내리누르는 두 분의 기대를 나는 너무나 잘 알고 있었다. 나는 공부를 잘했는데 어머니께서는 오로지 내 우수한 학교 성적에서 그 힘든 생활을 지탱할 생의 의미를 찾으셨던 것 같다.

이러한 환경 때문에 어렸을 때부터 좋은 학교 성적만이 집안을 일으키고 부모님을 즐겁게 해 드릴 수 있는 유일한 방법이라는 생각이 나의 뇌리에 확고히 자리를 잡게 되었다. 이에 대한 부모님의 생각은 나보다 훨씬 더 공고했던 것 같다고 생각되며, 몇 안 되는 친척들의 기대 또한 나의 이런 사고방식을 확고히 만드는 데 일익을 담당했다고 여겨진다.

나의 이런 사고방식은 대학에 입학하면서부터 흔들리게 되었다. 대학의 합격자 발표를 본 후 게시문에 쓰인 대로 과 사무실을 찾아갔다가 우연히 같은 과의 한 선배와 이야기를 하게 되었다.

그때 선배는 나에게 대학에 들어와서 가장 하고 싶은 일이 무엇이냐고 물었고 나는 서슴지 않고 대학이라는 곳에 들어온 이상 고등학교 때 마음껏 하지 못한 공부나 한번 열심히 해 보고 싶다고 대답했다. 그때 언뜻 선배의 얼굴에 나타난 실망의 빛은 무엇을 뜻하는 것이었을까? 그 당시 나는 그것을 이해하지 못하고 당황했지만 대학생활 반년을 지내고 난 지금에야 비로소 그때 그 선배의 표정에 담겼던 의미를 알 수 있을 것 같다.

대학이란 곳은 주어진 것을 공부해서 좋은 학점만 따내면 그만인 그런 곳은 아닌 것 같다. 적어도 한 학기 동안의 경험을 통해서 알게 된 대학은 타율성보다는 자율성이 강조되는 사회이며 서클 활동, 다양한 대인 관계, 취미 활동 등이 학점 못지않게 중요시되는 곳이었다. 그러나 고등학교 때의 사고방식을 그대로 가지고 있었던 당시의 나에게는 서클 활동이나 취미 활동 따위는 그 존재 가치조차 없는 것이었다. 나에게 유일한 최상의 가치는 우수한 학점으로 다른 아이들보다 앞서는 것이었다. 취미 활동이나 서클 활동을 하는 학우들은 당시 내 눈에는 좀 특수한 사람들로 보였다.

시간이 지나면서 그들이 선견지명이 있었고 나보다 좀 더 현명했다고 생각하게 되었다. 또한 그들처럼 일찍 그렇게 하지 못했던 나 자신의 무능력 내지는 무지에 묘한 수치감을 느끼기도 했다.

2학기가 시작되자 처음으로 서클 가입 문제에 대해서 많은 생각을 하게 되었다. 그러나 그것이 부모님과 나에게 기대를 걸고 있는 모든 집안 사람들의 기대에 반하는 행동이라는 죄책감 때문에 확실한 결론을 내리지 못하고 있었고, 이런 어정쩡한 상태로 2학기가 지나가 버릴 것 같아서 내심 불안한 상태였다.

학생운동의 정당성에는 공감

대학에 갓 입학했을 때 사실 나는 학생운동에 대해 거의 아는 바가 없었다. 그저 부모님이나 이웃 친지들께서 학생운동에 가담하지 말라고 간곡하게 당부하시는 것으로 미루어서 그저 대학에서도 고등학교 때처럼 내가 해서는 안 될 어떤 일이 있구나 하는 정도였다. 하지만 대학에 들어온 몇 달 사이에 학생운동에 참가하고 있는 친구들의 진지함에 적지 않게 충격을 받고 그들의 행복 밑바닥에는 무엇인가 내가 모르는 것이 있구나 생각하게 되었다.

때때로 나에게 집중되는 그들의 차가운 눈초리를 느끼게 되고 비겁한 사고방식을 가진 놈이라고 직접적으로 모욕을 당하기도 한 것도 이때쯤이었다.

학생운동 쪽에 서 있는 한 친구와의 몇 차례에 걸친 진지한 대화를 통해 그들의 행동에 대한 정당성을 공감하게 되면서 나는 이제까지 무지했던 학생운동에 대해 굉장한 호의를 가지게 되었다. 어떨 때는 뛰어들어서 함께 외치고 싶은 강한 충동을 느끼기도 했다. 나도 결코 비겁한 놈이 아니라는 것을 그들 앞에 당당히 보여 주고 싶은 마음이 간절하던 순간도 있었다. 정당한 일을 행하지 못하는 나 자신이 굉장히 무능력해 보였다.

그때마다 나의 머릿속에 떠오르는 것은 시골집에서 고생하시는 어머니의 얼굴이었고 나의 위치, 나의 책임, 그리고 주위 사람들의 기대였다. 서울에 있을 때는 학생운동 쪽으로 마음이 기울었지만 어쩌다가 집이라도 다녀오게 되면 한동안 감히 학생운동이란 단어조차 머릿속에 떠올릴 수 없었던 나날들이 계속되었다.

이렇게 양자 사이를 오락가락하며 방황하던 나는 학생운동은 홍역과 같이 일정한 시기에 누구나 한번은 거치는 어려운 관문이라는 한 선배의 말을 듣고서 부모님의 기대에 부응하는 쪽으로 가닥을 잡게 되었다.

내 인생 전체를 결정지을 정도로 크고 중요한 일이 아니라면 기꺼이 그만한 일쯤은 없었던 것으로 치고 부모님의 기대에 부응하는 것이 마땅하다고 생각했던 것이다.

나의 이런 생각은 대학이란 곳은 소사회라고 불릴 만큼 각양각색의 사람들이 존재하는 곳이라고 생각하면서부터 더욱 확고해졌다. 한쪽에서는 열과 성을 다해서 민중을 외치면서 일신을 돌보지 않고 활동하는 열성적인 사람이 있는가 하면, 주위의 유혹에 흔들리지 않고 도서관에 앉아서 자신의 앞길의 실마리를 하나하나 차분히 풀어 가고 있는 초연한 사람들도 있는 것이다.

일단 부모님의 기대에 부응하는 쪽으로 생각을 결정한 이상 홍역처럼 누구에게나 한번은 지나간다고 하는 그 시기를 내 인생에서 지워 버릴 수 있고 친구들의 냉소도 너그럽게 받아넘길 수 있을 만큼 나 자신이 강해져야 한다는 생각이 든다.

어머니의 부탁에 따르기로 한 결심을 나는 결코 후회하지 않으며 앞으로도 후회하지 않을 것이다. 설사 나에게 이로 인해 일시적으로 약간의 손해가 온다고 해도 어머니의 고마움에 미력이나마 보답을 할 수만 있다면 나는 그 자체로 만족할 것이기 때문이다.

이동규

1983년 서울대 국제경제학과에 입학하여 1988년 졸업했다. 이후 쌍용그룹에 입사하여 쌍용양회에서 근무했으며, 쌍용캐피탈에서 경영관리팀장을 지냈다.

불효와 신념 사이에서
학생운동에 참여한 이유

:

조성호

부디 몸을 사리라는 아버지의 당부

1980년 5월 나는 TV로 불타고 있는 광주시를 볼 수 있었다. 당시 일련의 정치 상황을 정확하게 파악할 수 없었던 나는 '우리나라에 어떻게 이런 일이 있을 수 있을까?' 하는 의아심과 함께 어떤 위기감 같은 것을 느꼈다.

그 다음 해에 새로운 정부가 출범하고 국민에게 새로운 사회의 건설을 약속할 때 나는 '이제야 모든 것이 잘되겠구나' 하고 생각했다. 고등학교 정치·경제 시간에 제5공화국의 이념과 그의 실현을 위한 구체적인 제도 등에 대해서 배웠다.

1983년 나의 형이 사법고시에 합격했다. 기울어 가던 우리 집안에 다시 서광이 비치는 것 같은 굉장한 일이었다. 형은 1977년에 서울대 법대에 입학했는데 그해 가을에 학생 시위에 가담한 죄로 무기정학을 받았다. 당시는 학생 시위에 가담하다가 징계를 받은 사람을 마치 정치범처럼 취급했던 시대였으므로 형의 무기정학은 형의 앞날뿐 아니라 우리 가족들의 앞날에까지 큰 영향을 미치는 사건이었다. 그 후 형은 1년 만에 다시 복학할 수 있었으나 우리 집에 끼어 있던 먹구름은 좀처럼 가시지 않았다.

그러다가 1982년에 형이 사법고시 2차에 합격했는데 3차에서는 낙방을 했다. 3차에서 낙방한 사람들은 아주 소수였는데, 과거에 학생 시위에 가담했거나 동조해서 징계를 받았던 전력이 있는 사람들을 3차에서 걸러 냈다는 소문이 떠돌았다.

일이 이렇게 되자 형은 형 나름대로 부모님은 그분들 나름대로 거의 모든 것을 포기한 상태가 되었다.

다시 또 1년이 지나고 내가 고3 때였다. 집으로 전화가 왔다. "여기는 안기부인데요, 형과 빨리 연락이 닿도록 해 주십시오." 대충 이런 내용이었다. 그 즉시 부모님이 상경했고 형은 어떤 서약서를 썼다고 했다. 그리고 며칠 뒤 나는 울음 섞인 어머니의 전화를 받았다. "정호야 이젠 됐다. 네 형이 구제될 수 있을 것 같다." 나도 덩달아 울었지만 어머니의 그 '구제'란 말이 어쩐지 쉽게 이해되질 않았다.

1983년 11월 대입 학력고사가 있었고 올해 3월 나는 서울대 심리학과에 입학했다. 내가 서울로 올라오던 날 아버지는 내게 당부하셨다.

"얘야, 내가 굳이 말하지 않더라도 너는 다 알 것이다. 나는 네 생각까지 좌지우지할 마음은 조금도 없다. 그렇지만 우리 집의 불행했던 날들을 제발 잊지 마라."

나는 아버지의 그 말씀이 무얼 뜻하는지 알았다. 부디 몸을 사리라는 뜻이리라.

부모님의 뜻을 어기고 시험 거부에 동참하다

학생운동의 메카라고 할 수 있는 서울대에서는 학생들의 시위가 거의 끊이지 않고 일어났다. 그리고 2학기에 들어서 그것이 점점 더 구체적인 행동으로 나타났다. 학생들은 총학생회를 구성하기 위해 총학생회장과 부학생회장 이하 학생회 간부들을 선출했다. 그러나 그로부터 불과 며칠이 지나지 않아 그들에겐 민간인 폭행 등의 혐의로 수배령이 떨어졌고 학교에서는 제적을 당했다.

학생들이 직접 선출한 우리의 대표들이 여러 가지 이해하지 못할 명목들에 의해 이렇게 수난을 당하는 것은 분명히 학생운동 그 자체를 탄압하고자 하는 정치권의 입김이 학교 당국에 작용했을 것이라는 추측이 대학가에 강하게 퍼졌다.

그것은 나를 비롯한 거의 모든 학생들에게 큰 충격이었고 결국 학생들로 하여금 수업 거부와 시험 거부를 결의하게 했다. 학생들의 수업 거부와 시험 거부는 경찰의 학생운동 탄압과 경찰에 굴복한 학교에 대한 학생들의 입장 표명이자 민주화를 기대하는 학생들의 처절한 자학 행위였다. 나도 이에 따르기로 결심했다. 나도 어느 학생들 못지않게 진정한 민주화와 정의를 갈망하고 있었기 때문이다.

중간고사 첫날이 되었다. 학교의 분위기는 어쩐지 침울했고 학생들의 얼굴은 굳어 있었다. 물론 나도 예외는 아니어서 가슴이 너무 답답했다. 학교 총장의 명의로 교내 곳곳에 내걸린 공고에는 시험에 응하지 않은 학생들이 당하게 될 불이익은 전적으로 학생 자신이 책임을 져야 한다는 내용의 글이 실려 있었다. 그것을 본 나는 실질적인 문제들을 생각해 보지 않을 수 없었다.

그 실질적인 문제라는 것은 학점과 징계였다. 이번 사태는 범위가 크고 모호하기 때문에 징계를 쉽게 적용할 수 있을 것 같지는 않았다. 그러나 학점에 있어서는 중간고사를 안 본 학생들에게 아주 큰 불이익이 초래될 것이 분명했다. 주위로부터 학점에 너무 연연해하면 안 된다는 말은 자주 들어 왔으나, 실제로 그런 문제에 봉착하고 보니 학점이 장래에 미칠 영향들에 대해서 걱정을 하지 않을 수 없었다.

그리고 또 하나 나를 가장 주저하게 하는 것은 고향에 계시는 아버지와 어머니였다. 형이 무기정학을 당하고 고향에 내려와 있을 때 그분들이 얼마나 괴로워하셨는지를 나는 생생하게 기억하고 있었다. 나로 인해 그분들이 또 그런 괴로움을 겪어야 한다고 생각하니 내가 어떻게 행동해야 할 것인가에 대해 확고한 결정을 내리기가 힘들었다.

그러나 나는 첫째 날 결국 시험을 보지 않았다. 둘째 날도 시험을 보지 않았다. 셋째 날 아버지께서 서울에 올라오셨다. 완전 무장한 전투경찰들과 험악한 사복경찰들의 따가운 눈초리 속에서 나는 아버지와 잔디밭에 앉아 있었다.

아버지께서는 아무 말씀도 하지 않은 채 담배만 피우고 계셨다. 나는 도저히 아버지의 얼굴을 똑바로 쳐다볼 수가 없었다. "불행했던 날들을 제발 잊지 마라."

어찌 그것을 잊을 수 있단 말인가. 그러나 그날도 나는 결국 시험장에 들어가지 않았다. 부모님 속을 그토록 아프게 한 형을 미워했던 내가 지금 그 행동을 되풀이하고 있는 것이다. 시험 마지막 날 아버지는 이 말만 남기고 고향으로 내려가셨다. "네가 이 아비를 조금이라도 생각한다면 마지막 남은 시험이라도 보거라." 그러나 나는 끝내 교련 외에는 한 과목도 시험을 치르지 않았다.

신념에 따라 행동을

입학한 지 한 학기가 지나면서 예전에는 그냥 막연하게 생각했던 민주화와 정의에 대해 미약하나마 어떤 구체적인 틀이 잡히기 시작했다. 학생운동에 있어서 그들의 주장 중에 내가 수긍할 수 없는 것들도 많았으나 그들이 궁극적으로 무엇을 원하고 있는지는 알 수 있었다.

나는 기본적으로 정치는 전적으로 정치인들에게 맡겨야 한다고 생각한다. 따라서 학생들이 정치에 관여하는 것을 찬성할 수 없다. 그러나 이것은 우리 사회의 모든 것이 정상적이며 더 나은 상태를 향해 나아가고 있다는 전제가 충족되었을 때의 얘기다.

나는 국가 안보의 유지라는 명목하에 당연히 추구되어야 할 자유가 침해당하고 민주주의가 정체되는 것을 원하지 않는다. 세상의 모든 문들은 진보된 미래를 향해서만 열려야 한다. 나는 학생들의 시위를 전적으로 찬성하지는 않는다.

나는 그들이 민주화를 위해 투쟁한다고 하면서 과격한 행동을 서슴지 않고 하는 것에 대해서도 동의할 수 없다. 그러나 운동권 학생들이 궁극적으로 바라는 것과 내가 그리는 사회의 이상은 일치한다. 그것은 자질구레한 것들이 아니라 지금 왜곡되어 있는 세상의 당연한 이치들을 회복시키는 것이다.

나는 누구나 신념이 있다면 어떤 방식으로든 그것에 대한 최소한의 자기 의지를 표현해야 한다고 생각한다. 만약 그렇지 않으면 그것은 위선이다. 또 그것이 위선인 이상 그는 자신의 신념을 추구할 아무런 자격도 없다.

나는 나의 신념에 따라서 행동했다. 신념의 표현에 있어서 그 누구로부터도 간섭받고 싶지 않았다. 간섭이 부모님으로부터 올 때만큼은 주저하지 않을 수 없었으나 나는 끝내 불효를 택했다. 아마도 그로 인해 평생 가슴 아프게 되리라. 만약 내가 신념을 버리고 시험을 치렀다면 적어도 부모님께는 불효하지 않았을 것이다. 그러나 앞으로 닥칠 수많은 순간들 속에서 나는 계속 신념을 포기하지 않을 수 없게 되었을 것이다.

내가 가진 신념이 하찮은 것이거나 그릇된 것이라면 그것은 별문제가 되지 않는다. 그러나 민주·정의·평등 같은 개념은 너무나 궁극적이고 절대적이다. 이러한 것들을 포기하는 사람은 살 가치를 잃어버리게 될 것이다. 나는 분명히 밝혀 두고 싶다. 시험을 거부함으로써 나는 끝내 불효의 길을 걷고 말았지만 이 둘은 전혀 차원이 다른 문제다. 어느 것이 더 고차원적이고 저차원적인가 하는 문제가 아니라 시험 거부와 불효는 같이 취급될 성질의 것이 아닌 것이다.

세상의 모든 문들은 자유·평등·정의의 실현을 위해서 열려져야 한다. 그것을 막는 이는 끝내 망할 것이며 세상의 진리는 비록 그 길이 험하다 하더라도 꼭 그 문을 통과해야 할 것이다.

조성호

1984년 서울대 심리학과에 입학하여 1988년 졸업했다. 현재 가톨릭대 심리학과 교수로 재직중이다.

7장

대학에서 깨달은
여성의 정체성

80년대의 대학문화와 학생운동은 거시적이고 구조적인 문제들에 관심을 집중했다. 군부독재, 민족분단, 냉전체제, 미국의 헤게모니, 북한 문제 등이 보기다. 막강한 군부독재 체제에 맞선 투쟁이었기 때문에 학생운동도 전투적이었고 전국적 조직을 갖추었으며 대체로 여성보다는 남성이 더 적극적이었다. 그러나 80년대 현실에서 다소 주변화되기는 했지만, 일상의 생활세계에서 부딪치는 문제들이 외면된 것은 아니었다. 6장에서 살핀 시골 부모님과의 관계도 이에 속할 것이다. 다른 한 중요한 주제는 여성다움을 둘러싼 고정관념, 젠더 역할의 차별성, 특히 여성의 정체성 확립을 둘러싼 갈등 또는 남녀평등의 가치관을 향한 성찰이다. 이 장은 이와 관련된 4편의 글을 소개한다.

갈홍은 수석 입학에서 학사 경고를 받기까지의 학생운동 경험을 되돌아보며, 현모양처의 모델을 떠나 주체적인 여성의 정체성 획득과 평등한 남녀관계의 확립이 사회 발전의 핵심이라는 관점을 제시한다. 나경선은 대학생활에서 발견한 남녀관계에 대한 여러 입장과 의견을 살펴보면서 남성과 평등해야 하지만 또한 남성과 같을 수는 없는 여성의 정체성을 모색하면서 남성 중심 학생운동의 단견과 오류를 날카롭게 지적한다. 양성희는 여성이자 자유로운 인간으로서 자신의 정체성을 확립하는 과정에서 어머니와 나눈 길고도 알찬 대화를 소개하면서 여성에 대한 사회적 고정관념을 넘어 자유인이 되고 싶은 자신의 열망을 뚜렷하게 표현한다. 이혜영은 1987년 민주화 운동의 결과로 대통령직선제가 열리는 상황에서 유인물을 동네 게시판에 붙이다가 경찰에 연행되면서 들었던 소리, "여대생이 뭐 그런 데 관심을 가져!"라는 말이 기폭제가 되어 가부장적 여성관의 실체를 알게 되고 보다 자유롭고 평등한 여성의 정체성을 향해 나간다. 우리는 이 장에서 80년대의 여학생들이 느꼈던 갈등, 사회적으로 요구되는 여성다움과 자유로운 인간으로서 갈망하는 모습 사이의 긴장을 발견할 수 있다.

수석 입학에서 학사 경고까지
주체적 여성상의 정립

:

갈 홍

처음으로 돌을 들었던 날

수강 신청을 했다. 1학년도 이제 거의 지나간 셈이다. 8개월 정도의 시간은 그동안의 나의 가치관과 꿈을 여지없이 흔들어 놓았다. 난 이제까지의 일들과 나의 심정 등을 솔직하게 털어놓고 싶다. 객관성에서 약간 빗나갈 수도 있지만 정리를 하고 싶다.

나는 재수를 한 끝에 수석 입학이라는 영예를 안고 대학생활을 시작했다. 내 가슴은 희망에 부풀어 있었고 부모님의 기대 또한 대단했다. 입학식 날 학생들이 교문 앞에서 데모를 했는데 너무 무서웠다. 나는 하이힐을 신은 채 뛰어가면서 그것은 달걀로 바위를 치는 격이라고 생각했다. 나와는 전혀 다른 생각을 하는 사람들 같았다. 나는 그때 속박되지 않는 여유 있는 생활과 자유를 만끽하고 싶었고, 새로운 것을 해보는 즐거움과 친구와 어울리는 기쁨을 누려 보고 싶었다. 그것이 설사 잘못된 방향이라 하더라도 말이다. 그리고 나에게는 그간 오직 대입을 향해 집중되었던 비정상적인 교육의 흔적이 몸 구석구석에 배어 있었다. 끊임없는 경쟁, 인간에 대한 불신, 협력과 공존보다는 경쟁과 타도가 은연중에 나의 생활 태도가 되어 있었던 것이다.

3월이었다. 학생들이 아크로폴리스 광장에 모여서 얼굴에는 수건을 둘러매고 무슨 소린가를 함께 외치고 있었다. 나는 과 친구들과 피상적인 만남에서 벗어나 보다 열린 마음으로 유대 관계를 갖고 싶었다. 그래서 서클에 들었고, 신입생 MT에도 참가했다. 엄마한테는 과 MT라고 둘러댔다. 신입생 오리엔테이션 때에 지도교수가 엄포를 놓아서 허락하지 않을 것이 뻔했기 때문이다. 수원에 밤 열 시쯤 도착했다. 선배들이 밥을 했고 반찬은 단무지였다. 늦은 식사 후 세미나를 했다. 내용은 생소하고 이해가 되지 않았지만 지금까지 너무 모르고 닫힌 채 살았다는 느낌이 들었다. 4월제 때 3천 명가량의 학생들이 스크럼을 짜고 4·19탑으로 향했는데 나도 어느새 그 속에 끼어 있었다.

4월 말경이었다. 오전에 있던 디자인 수업중에 신림 사거리에서 전방입소 거부를 하던 학우 두 명이 분신했다는 것을 알았다. 왜, 무엇 때문에 그들은 몸이 불에 타들어 가는 순간에도 구호를 외쳐야만 했을까? 두 생명만이 교정에서 사라졌을 뿐 학교는 여전히 변함이 없었다. 왜 사람들은 젊은 것들이 생명을 소중히 하지 않는다는 말밖에는 하지 못할까? 분신은 개인의 병리적인 행동에 불과한 것인가?

난 처음으로 돌을 들었다. 침묵은 현 상황을 인정하는 것이었다. 예술의 순수성을 앞세워 현실의 구조적인 모순에서 애써 눈을 돌림으로써 간접적으로나마 그것을 비호할 수는 없었다. 지식인들은 예술의 순수성, 윤리의 수신성, 학문의 중립성이란 허울 아래 부당한 강자의 변호사 노릇을 하면서 자기의 허영과 배를 채우고 역사의 모순 속에서 아파하는 이웃의 신음 소리에 귀를 막을 것이 아니라, 그들의 예민한 정신을 가동시켜 그 신음 소리를 전달하는 확성기가 되어야 한다.

그 후 5월에 또다시 분신이 있었다. 도서관에서 철야 농성을 했다. 계속해서 사회과학 공부와 세미나를 해 나갔고, 교문 싸움과 가두시위가 있었다. 친구들이 훈방, 구류, 구속되어 갔다. 이런 상황에서 학과 공부를 거의 할 수 없었던 나는 급기야 학사 경고를 받게 되었다. 수석으로 입학했던 내가 학사 경고를 받은 것이다. 나에 대한 집에서의 신뢰는 이미 땅에 떨어진 뒤였다.

부모님과의 충돌은 끔찍했다. 그것은 불가피하고 필연적인 것이었다. 부모님이 권위를 내세우며 간섭을 하고 나를 독자적인 자율적 존재로 인정하지 않는 한, 그들을 사랑하더라도 나대로의 삶을 살 수밖에 없다. 큰 소리를 치고 때리고 한다고 해결되는 것이 아니라는 것을 그들은 아직도 모른다.

사회는 변화한다

그 후 학생운동에서의 갈등과 사회주의 혁명에 대한 회의 등 계속된 방황이 이어졌다. 단지 뜨거운 가슴과 열린 마음을 가졌을 뿐인데 나는 왜 그토록 어려웠고 압박을 당해야만 했을까?

이제 12월이다. 지금 나는 에리히 프롬의 《사회주의 평화론》을 읽고 있는데, 다시 한 번 절실하게 느낀 것은 사회는 변화한다는 것이다. 사회의 변화를 초래하는 요소는 여러 가지인데 새로운 생산력, 과학적인 발명, 정치적인 변화 등의 객관적인 요소 이외에도 인간이 스스로의 필요 조건 및 자신을 인지하고 무엇보다도 자유와 독립을 더욱더 바라게 되는 것이 역사적 상황에서 한없는 변화를 야기하는 것이다.

인간은 혈거인의 위치에서 시작해 끊임없이 변화해 왔고 지금은 우주 여행가를 꿈꾸는 단계까지 와 있다. 이러한 변화는 대개 폭력적이며 파괴적인 방법으로 발생한다. 대체로 인간 사회는 여태껏 지도자나 피지도자를 막론하고 필요한 변화를 예상하여 자발적이며 평화적으로 새로운 조건에 적응할 능력이 없었다. 사회는 부분적인 수정이나 큰 변화 없이 주어진 임무를 다하기 위해 기본적인 생활 방식을 그대로 지속해 간다.

사정이 눈에 띄게 완전히 바뀌어 사회의 구조적인 모순성이 드러나도 사람들은 기존 생활양식을 맹목적으로 지속하다가 급기야는 자기들의 생활을 더 이상 영위할 수 없는 지경에 이른다. 그럴 때 다른 나라에 정복을 당해 망하거나 서서히 자멸한다.

주체적 여성상 정립을 위해

근본적인 사회 변화를 가장 반대하는 자들은 엘리트들이다. 그들은 기존 질서의 혜택을 가장 많이 누리는 층이므로 자기들이 향유하는 특권을 자발적으로 내놓으려 하지 않는다. 그렇지만 통치 계급이나 특권층의 이해관계 때문만으로 동서고금의 여러 문화권 내의 사회들이 필요한 변화를 추진하지 못하는 것은 아니다. 또 한 가지 중요한 이유는 심리적인 요인이다.

지도자들이나 지도를 받는 사람들은 자기들의 생활 방식이나 사고 및 가치관이 불변해야 한다고 믿고 신성시하며 거기에 완강히 달라붙는다. 그들은 조금이라도 상이한 개념에 접할 때 심한 불안을 느끼며, 악하고 광란하는 적에게 자기들의 '건전하고도 정상적인' 생각이 침해당하고 있다고 믿는다. 우리들이 보는 공산당의 존재도 매한가지이다. 우리 문화에서 형성된 생활양식과 사고방식을 절대시하고 그것을 바꾸느니 차라리 죽어 버릴 각오가 되어 있는 것 같다. 그만큼 인간은 변화를 싫어한다.

항상 깨어 있는 정신을 가져야겠다. 특히 우리 여성들은 자신을 무기력하고 열등한 인간으로 확신하며 남성의 질서 속에서 자기 행복을 추구할 수밖에 없는 존재로 너무나 오랫동안 철저하게 길들여져 왔다. 이러한 허위의식은 신성한 종교, 엄숙한 윤리와 도덕의 이름으로 우리에게 강요되어 왔고 이제는 그것도 모자라 과학마저 동원되고 있다. 이제는 남성이 마련해 준 현모양처라는 여인상이 아니라 보다 인간적이고 타당한 여성상을 세울 수 있어야 한다. 주체적인 여성상을 제시하고 정립하면 남녀 간의 차이 없이 보다 자유롭고 정의로운 사회와 역사를 만들기 위해 함께 투쟁할 수 있게 된다.

이렇게 볼 때 먼저 의식 혁명의 선행이 절대 필요하다. 의식의 혁명으로 새로운 자기 발견을 해야 하며, 여기에서 나오는 역사의식을 가지고 구체적인 제도 속에서 여성의 지위 향상을 위해 생각하고 행동해야 한다. 그리고 궁극적으로 여자니 남자니 가릴 것 없이 인간의 기본권 신장을 위해 남녀가 함께 투쟁해야 한다. 이렇게 할 때 보다 자랑스러운 새 역사와 새 사회가 도래할 수 있을 것이다.

갈 홍

1986년 서울대 서양화과에 입학하여 1990년 졸업했다. 현재 캐나다 요크대학 미술사&시각문화학과 부교수로 재직중이다.

대학 내의 남녀차별
여자의 벽을 넘어 열린 사회 속의 여성으로

:

나경선

남성, 여성, 남녀성 세 가지 성의 존재

태초에 신은 인간을 만들 때 남자인 아담과 여자인 이브를 만들었다고 한다. 또 다른 설에 의하면 아주 먼 옛날 지구상에는 세 가지의 성이 존재하고 있었다고 한다. 남성, 여성, 남녀성. 그중 남녀성에서 남성과 여성이 갈라져 나왔고 남자와 여자가 서로를 그리워하는 이유는 옛날에 같은 몸이었던 다른 한쪽을 찾기 위한 노력이라고도 한다. 어쨌든 서로가 근본적으로 다른 모습을 하고 태어난 남성과 여성이 지구상에 공존하며 동성 간과 또 다른 감정을 느끼며 살아가고 있다.

내가 대학에 들어와 곤란하게 여겼던 문제 중의 하나는 어디서나 부딪치는 동년배의 남학생들이었다. 늘 그들과 함께 생활해야 했으므로 모든 행동은 같이 생활하는 데 있어 불편하지 않아야 했다. 하지만 이성이기보다는 인간으로 다가오는 학과 친구들과 생활하면서 그들이 이성이라는 의식을 조금씩 없애 갈 수 있었다. 그것은 고등학교 시절까지 남학생과 격리되어 있던 데서 오는 괴리감과 호기심이 없어져 가는 과정이었다.

선배 언니들은 우리 사회의 성차별과 여성을 경시하는 풍조 등을 반드시 문제화해서 그 해결점을 모색해야 한다고 주장하며, 이에 대해 이야기해 보자는 식으로 내게 접근해 왔다. 그러나 나는 그들이 지금 아직도 여성의 차별대우를 운운하는 것은 구시대적인 발상이라고 생각했다. 지금 우리 세대에서, 더구나 학내에서 내가 느끼고 있는 남학생과 여학생 사이의 분위기에서는 그런 것들은 전혀 불필요한 문제제기인 것만 같았기 때문이다.

남녀가 동등한 위치에 설 수 없을까

우리 세대에서는 남녀가 동등한 위치에서 자신들의 삶을 살 수 있을 것 같았다. 남학생들 또한 나를 여학생이라는 의식 없이 그저 친구로서 대해 준다고 느끼고 있었다. 나도 그들과 무슨 일이건 함께 하려고 했다. 술자리에도 합석해 마시지 않는 술이라도 받아서 함께 술잔을 부딪쳤고, 어깨동무를 하고 〈선구자〉를 불렀다. 또 MT에도 같이 가 이야기를 하며 밤을 지새우기도 했다.

그러면서 남학생들에 대해 가지고 있던 어색함이라든가 다른 종류의 사람이라는 기분은 더욱 없어져 갔다. 그들도 나와 마찬가지로 풋내기 신입생으로서 열등감이나 약간의 소외감을 느끼고 있었고 같은 문제로 고민하고 있었으며 대학생활에서 갑자기 대두된 여러 문제들을 해결하려고 노력하고 있었다.

그러나 시간이 흐름에 따라 그들과 나와의 성을 초월한 완전한 일치는 불가능하다는 인식이 내게 찾아들었고 그 생각은 더욱 뚜렷해졌다. 내가 그들과 같이 되고자 했던 지금까지의 노력들은 모두 이 문제를 해결하려는 피상적인 시도였을 뿐이었다. 물론 어떤 근본적인 차이는 당연한 것으로 받아들여야 한다. 같지 않은 것을 같게 하려는 것은 억지일 뿐이기 때문이다. 내게 한계를 느끼게 한 것은 남학생들의 이중 의식이었다.

과 여학생들에게는 필수적인 것처럼 요구하는 술자리의 동참과 MT 참가 등이 자신과 직접 혈연관계에 있는 여동생들이나 누나들에 이르면 해서는 안 되는 부당한 행위가 되는, 그들의 의식 저변에 깔린 관념은 참으로 무서운 것이었다.

가끔 과 남자 친구들에게서 느껴지는 이런 의식의 이중 구조는 마냥 앞으로 나아가기만 하던 나의 발걸음을 멈추게 했고 그동안 내가 생각해 왔던 것들과 행동 기준으로 삼았던 가치관들을 돌아볼 수 있게 해 주었다.

1학년 총회를 마치고 기숙사로 돌아오던 길에 잔디밭에 앉아 과 남학생들과 이야기를 나눌 기회가 있었다. 그들은 전혀 여성임을 느낄 수 없는, 구체적으로 이야기하자면 그들의 뜻에 다소곳하게 따르지도 않고 곱게 꾸미고 다니지도 않는 우리 과 여학생들에 대해 상당한 불만을 갖고 있었다.

여학생이면 여학생답게 과 내의 분위기가 가라앉을 때나 과 총회에서 과격한 말이 오갈 때 여성으로서의 위치를 자각하여 분위기를 바꾸려는 노력을 보여야 한다는 말도 했다.

학교 내에서의 남녀차별 문제

그들의 표현을 그대로 빌리자면 '분위기 메이커'의 임무를 다해야 하는데 우리 과 여학생들은 그런 일을 제대로 해내고 있지 못한다는 것이었다. 발랄한 것 같으면서도 꼭 필요한 자리 즉, 분위기를 살릴 필요가 있을 때는 여학생이라는 이유로 소극적이 되는 것이 못마땅하다고 했다. 여자라는 이유로 남학생이 하는 일에 똑같이 참여하지 않는다는 이야기도 있었다. 또 모든 과 친구들에게 똑같은 관심을 갖지 않는 건 잘못된 행위가 아니냐고도 했다.

들으면 들을수록 나는 그들이 가지고 있는 생각에 대해 화가 나기 시작했다. 어느 정도 지성을 갖춘 대학인으로서 그들이 가지고 있는 생각은 타당하지 않은 부분이 너무 많았다. 더구나 그것이 정당한 것처럼 불만을 노골적으로 표시하는 그들의 태도에는 정말 실망하지 않을 수 없었다.

물론 다는 아니었지만 그들 대부분의 머릿속에는 여자들도 그들과 같이 주체적으로 움직이는 하나의 인격체라는 생각보다는, 여자들은 자기들보다 열등하므로 남자들의 행동에 부차적인 보조 역할밖에 할 수 없다는 생각이 깊게 뿌리내리고 있었다. 그들은 자신들이 느끼는 감정과 고민하는 문제들을 여자들도 똑같이 느끼고 고민하고 있다는 사실을 인정하려 들지 않았다.

남성과 여성이 가진 근본 성질에 약간의 차이가 있다는 것은 인정한다. 그것이 처음부터 주어진 것이 아니라 오랜 기간에 걸친 역사적 축적물이라 해도 여성이 보다 더 부드러운 성질을 지니고 있다는 식의 관념은 양보할 수도 있다. 하지만 인간이면 누구나 가질 수 있는 대화상의 기술적 문제라든가 사람을 좋아하는 감정상의 문제까지 여자라는 이유로 무조건적인 보완 작용을 기대하고 강요하는 것은 단순한 성 차이를 성차별로 비약시키는 행위다.

여자의 벽을 넘어서

여자들에게는 자신의 모든 벽—예전의 이상적인 여성관이 반영된 소극적이고 다소곳하고 복종적인 여성상—을 깨고 온전한 인간으로 거듭나길 바라는 남학생들조차도 자신들은 예로부터의 남성 우월감에 사로잡혀서 스스로의 벽—적극적이고 공격적이며 지배적인 면—을 부수려는 생각을 하지 않을 뿐 아니라, 그런 노력이 없다는 점마저 인식하려 하지 않는 절대적 이기심도 정말 문제라고 생각한다. 혼자서 이야기를 듣고 열심히 반대이론을 내세우다 화가 난 내게 어떤 친구가 남자들이란 모두 그렇게 이기적이니 네가 이해하라는 식의 이야기를 했다. 하지만 이것은 그런 식으로 이해되어 넘어가기에는 너무 크고 근본적 문제인 것이다.

하기는 나 역시도 얼마 전까지는 현모양처의 여인상에 부정적이지 않았다. 또 체력적으로 열등한 상태에 있는 여자가 남자에게 의지하고 도움받는 것은 당연한 것이라고 생각했다. 내가 이런 생각을 당연하게 받아들이고 전혀 문제시하지 않았던 것은 태어나면서부터 지금까지 남성과 여성이 모든 면에서 다른 구실을 하도록 차별적으로 사회화된 결과다. 집에서나 또는 학교에서 그리고 대중매체를 통해 이상적인 여성상으로 제시되고 교육되어진 여성다움을 아무런 반발 없이 당연하게 받아들이고 거기에 다가서기 위해 최선의 노력을 해 온 나의 의식 또한 깨어나야 할 필요가 있다.

원시사회에서는 출산과 양육의 기능 외에는 성의 차이에 의한 직업의 구별은 존재하지 않았다고 한다. 그 후 가부장제의 가족제도로 변화하여 남자의 여자에 대한 성적 지배는 시작되었다. 농경 생활로 인해 인간이 정착하기 시작하면서 정치적·경제적 권리는 남성에 의해 장

악되었으며 여성에게는 가정 내에서의 가사 노동이 주어졌다.

그 후에 시간이 흘러 집과 일터가 점점 분리되어 감에 따라 여성과 가정생활 사이의 결합은 더욱 촉진되어 갔다. 이미 알고 있는 바와 같이 가사노동은 사용가치를 생산하는 일로서 교환가치를 생산하는 생산노동과 차이가 있기 때문에 상품 생산노동에 대한 가사노동의 기여도가 은폐되고 있다. 또 사용가치와 교환가치가 분리됨에 따라 가사노동에만 종사해 온 여성의 사회적 지위는 더욱 하락된 실정이다.

열린 사회 속의 여성

성차별의 실정은 다만 여성과 남성 간의 단순한 성 차이에서 온 것은 아니라는 생각이 든다. 오랜 기간 축적되어 굳어진 우리의 관념을 깨뜨리지 않는 한 쉽게 해결될 수 있는 문제도 아닐 것이다.

나는 대학에 들어와 여성문제에 있어서 아노미 상태를 경험했다. 내게 사회적으로 요구되고 있는 여성다움과 한 인간으로서 또 여학생으로서 기대되는 나의 행동양식, 내가 지금껏 가지고 있던 나름대로의 여성상, 그리고 새로운 인식 위에 이제 막 정립되어 가는 인간이면서 여성이기 위한 모습 등이 혼재하는 데서 오는 혼란이었다.

나는 치마를 입고 화장을 하는 등 아름답게 꾸미는 것을 거부하며 남자와 여자의 평등을 부르짖는 일부 선배들의 모습은 결코 옳은 것이 아니라고 생각한다. 그런 행동 역시 스스로를 성차별의 함정에 옭아매는 것밖에 되지 않는 것 같았다. 인간 본성을 거부하면서 인간다움을 찾으려 하는 것은 불가능한 일이기 때문이다. 지금 곳곳에서 일어나고 있는 여성해방의 운동들 중에서 참다운 인권신장을 위한 목소리는 과연 몇이나 될까?

그들 중 대부분은 '반남성주의'의 성격을 띠고 있고 여성임을 거부하는 것에서 그 돌파구를 찾으려 한다. 그러나 여자가 여자임을 거부한 상태에서 인간으로서 존재할 수 있겠는가? 과연 성차별은 남자라는 존재로 인해서만 비롯된 것인가? '반남성주의'란 기치 아래서 진정한 의미의 남녀평등이 이루어질 수 있을까?

그건 아닐 것이다. 억압받는 자와 억압하는 자가 같이 해방되는 인간해방의 성격을 띤 여권신장의 노력만이 성차별을 성 차이로 되돌릴 수 있을 것이다. 그러기 위해선 여성만의 외침뿐만이 아니라 성별을 떠난 모든 인간들의 노력이 있어야 할 것이다.

솔직히 아직도 어떤 길이 바른 길인지, 구체적으로 어떤 모습이 내가 지향해야 할 모습인지 확신이 서지 않는다. 분명한 건 나의 낡은 의식을 깨고 새롭고 정말 참된 나의 상을 만들어 가야 한다는 것뿐이다. 내가 느꼈던 이런 문제는 이전에도 많은 사람들이 인식했던 것이고 또 후세에도 계속 인식되며 점차 개선될 것이고 이를 위한 나의 노력도 계속될 것이다.

나경선

1985년 서울대 사회복지학과에 입학하여 1989년 졸업했다. 이후 동 대학원에서 사회복지학 석사학위를 받았으며 하상장애인종합복지관과 성민장애아동 어린이집에서 근무했다. 이후 사법고시 40회에 합격하여 현재 대전지방법원 부장판사로 있다.

엄마와의 대화
자유인이 되어 날아오르고 싶어

:

양성희

내가 선택한 삶의 방식

나는 내가 학생인 줄로 알고 있었지만 학생이 아니었습니다. 나는 부모님의 자식도 아니었습니다. 분명 부모님의 자식이라고 생각했었는데 말입니다. 나는 인간이 아니었던 것입니다. 마음껏 자유로울 수 있는 인간이 아니었습니다. 그날 나는 너무 슬퍼서 울었습니다. 제가 학생도 부모님의 자식도 자유로운 인간도 결코 아니라는 사실을 깨닫던 그날은 비가 무척 많이 내렸습니다.

"MT 갈래."

"안 된다. 또 무슨 MT니?"

또다시 갈등은 시작되었습니다. 참을 수 없는 끈끈한 정에 호소하는 순간, 온갖 논리도 이해도 필요 없는 순간, 절 위해 한평생을 희생했다는 엄마의 애절한 얘기를 듣고, 그리고 무언가를 통감하고, "잘 생각해볼게"라는 말을 남기고 내 방으로 들어와서 터져 나오는 분노와 여러 욕구를 억누르느라고 끙끙대야만 하는 순간 말입니다.

앞으로는 이런 일들이 다시는 없을 것입니다. 제가 매몰차고 매정한 아이라고 생각하십니까? 하지만 저는 제 인생을 살아가야 합니다. 제가 선택한 삶의 방식을 따라야만 하는 것입니다. 제 인생은 바로 저만의 것이기 때문입니다. 이것이 논리입니까? 공연한 반항입니까? 아닙니다. 이것이야말로 인간 속에 내재한 자신의 것에 대한 소유욕과 자유에 대한 한없는 갈망일 뿐입니다. 인간 본성에 속하는 당위의 문제인 것입니다. MT 얘기를 하던 중이었지요. 이제 자유로움을 외친 저의 얘기를 한번 들어 보시겠습니까?

엄마와의 대화

"MT는 갈 때마다 꼭 가야 되는 거니? 벌써 몇 번째데."

"어쩌다 한두 번 가는 건 아무 소용도 없어."

"한두 번 가는 게 소용없다면, 한두 번 정도 빠지는 것도 괜찮겠군 그래."

"엄마, 난 가고 싶어. 그리고 요즘 같아선 MT마저 빠져 버리면 사람들과도 사귈 기회가 없다고."

"가서 하룻밤 자는 동안 무슨 대단한 정이 든다고 그러니?"

"엄마, 요새가 어떤 땐데. 평상시에는 학교에서 얘기하고 할 여유가 있는 줄 알아? 기회도 없고, 할 만한 장소도 없다고. 오죽 답답하면 일부러 그런 기회를 만들겠어."

"난 하룻밤 새에 그렇게 많은 일이 일어날는지 의심스럽구나."

"엄청난 것을 기대할 수는 없어. 다만 조금씩 서로에게 벗은 모습을 보여 주자는 거."

"평소에 조금씩 하려무나."

"엄마, 평소에도 내가 학교에서 늦게 오면 야단이잖아. 열 시 전까지는 무조건 들어와라, 될 수 있으면 수업 끝나는 대로 바로 와라, 일요일이나 수업이 없는 날에는 어디 싸다니지 말고 집에 좀 있어라 그러면서 내가 어떻게 평소에 사람도 사귀고 얘기도 하란 말이야."

"전혀 못하게 하는 게 아니잖니. 정도껏, 지나치지 않게 적당히 하란 말이야."

"어느 정도로? 얼마큼 적당하게? 그래, 엄마는 지금 나에게 결국 적당주의, 요령주의를 가르치는 거군."

"살아가는 요령은 필요한 거다."

"엄마!"

"딴 집 애들 좀 봐라. 미애나 지혜만 봐도 그래. 매일 일찍 집에 오고, 얌전하고, MT 같은 것도 적당히 가고."

"엄마 그건 그 애들의 살아가는 방법이고 또 자기가 좋아서 하는 거잖아. 나도 내가 하고 싶은 걸 하게 놔 두라고. 걔들하고 날 비교하지 마."

"그래, 왜 하필이면 내 자식이 보통 애들과 다른지 모르겠구나. 벌써 알고는 있었지만. 그래서 내가 힘든 거란다."

"엄마, 뭐가 보통이라는 거야."

"평범한 거지."

"평범, 그게 어떤 건데?"

"대다수의 사람들이 하는 거, 대중적인 거, 그게 바로 진리야."

"엄마, 도대체 내가 어디가 어떻게 남들하고 다르다는 거야?"

"사람들하고 얘기하겠다느니 사귀겠다느니 이런 것 말이지. 너는 항상 그게 최우선이잖니."

"그래, 난 집에서 이러고 있는 게 답답해. 내가 생각하는 건 항상 엄마 아빠가 말하는 대중적인 것에 어긋나지. 그래서 이상한 애라고 찍혀 버렸어. 난 그걸 참을 수 없는 거야. 난 노력했어. 동생 정우한테도 얘기해 봤지. 아무런 비판이나 문제의식 없이 그냥 정해 준 대로 살아가는 거에 대해서 생각해 보라고. 모든 것을 다시 생각하고 의미를 부여해 보라고. 그랬더니 돌아온 게 뭔 줄 알아? 고상한 척하지 말라는 거야. 내가 대학에 들어가더니 이상해졌다나. 자기는 피곤해서 그런 거 싫다는 거야. 그래서 찾아가는 거야. 내가 이러는 것이 전혀 특이한 것이 아니라 평범하고 당연하게 받아들여지는 곳으로, 아니면 아직 생각이 깊지 못하다고 여겨지는 곳으로 말이야. 난 거기가 편해. 내 진정한 발전에 대해서 생각해 볼 수 있는 곳이거든. 그리고 내 생각으로는 사람들과 서로의 솔직한 모습을 확인하고, 틀린 것에 관해 얘기하고, 억압받는 것에 대해 얘기하고, 기존의 그릇됨을 비판하는 것이야말로 정말 학생답고 보다 인간다운 모습이 아닐까 하는데. 학과 공부나 시간표가 전부는 아니잖아."

"나는 널 막는 게 아니다. 다만 네가 걱정될 뿐이야. 그리고 바람이 있다면 네가 좀 평범했으면 하는 거다. 대중적인 것, 그래, 그것이 가장 좋은 거야. 왜냐하면 대부분의 사람들이 그러니까. 언제까지 네가 좋아하는 사람들하고만 어울려서 살 수는 없는 거란다. 언제까지나 학교만 다니며 살 수 있는 것도 아니고. 현실도 너무나 중요한 게 아니니?"

"내가 엄마라면 걱정과 염려로 내 자식을 막지 않겠어. 진정 날 사랑한다면, 내가 할 수 있는 것, 내가 원하는 것을 하게 해 줘. 물론 이게 최선이 아닐지도 모르지. 하지만 일단 난 해 볼래. 실패할지도 모르지. 하지만 그럼 어때? 난 강해지고 싶어. 이게 내 현실이야. 이것이 내게는 사회 속의, 대중 속의 나의 현실이야."

하지만 전 엄마의 입에서 가장 중요한 말이 나오지 않았음을 알고 있었습니다. 어쩌면 저는 그 말이 나오기를 기다리고 있었는지도 모르겠습니다.

"엄마, 난 많은 걸 바라는 게 아냐. 조금만 도와줘. 이해해 달란 말이야. 나도 엄마를 이해하려고 노력할게. 그러면 되는 거잖아."

"너는 모든 걸 네 뜻 하나에 의지하려고 하는데, 네 뜻과는 상관없이 네게 주어진 것들도 많은 거란다. 넌 여자야. 여자가 그렇게 집 밖에 나돌아 다니는 것은 좋은 게 아냐. 여자니까 어쩔 수 없는 거야. MT만 해도 그래. 여자는 그렇게 한데서 함부로 자는 게 아냐."

"엄마, 난 여자야. 하지만 대부분의 여자가 살듯이 그렇게 살 수는 없어. 그러기 싫어."

"다시 말하지만, 난 네가 여자로서 평범하게 살게 되길 바랄 뿐이다."

"엄마는 지금 그럭저럭 대학 나와서, 돈 잘 벌고 미래가 촉망되는 그런 남자한테 시집 잘 가는 그런 걸 말하는 거지?"

나는 나로 서고 싶어요

그래요. 엄마가 바라는 것은 결국 그거였어요. 그래서 내가 어른들이 흔히 말하는 참한 애가 아닌 것이 걱정이었던 거죠. 하지만 엄마와 계속 말다툼을 하게 되더라도 저는 절대로 엄마가 말하는 대부분의 여자들이 가는 길을 가진 않을 겁니다.

항상 문제는 이것입니다. 내가 남자가 아닌 여자라는 것에서 모든 갈등이 시작되지요. 수많은 여성들은 태어나는 순간부터 제시되는 삶의 형태, 통념, 윤리, 도덕, 보편, 규범… 이런 것들 아래에서 거부의 몸짓조차 없이 그 굴레를 인정하고 순응하면서 살아갑니다. 아니 그렇게 만들어집니다. 이런 시스템이 얼마나 효과적이었는지, 수많은 우리의 어머니들이 이러한 삶의 굴레를 아직도 딸들에게 열심히 강요하고 있으니 참으로 기막힌 일이 아닐 수 없습니다.

저는 때때로 제 부모님이 아주 개방적이거나 아니면 아주 무식했으면 좋았을 거라고 생각합니다. 아빠야말로 너무도 튼튼한 뿌리를 갖고 있어서 저는 감히 그것을 건드려 볼 생각조차 할 수가 없습니다. 엄마는 아빠보다는 개방적이고 저를 이해해 주는 편이지만, 이 얘기를 할 때만은 아빠 못지않은 기성세대의 대변자일 뿐입니다. 분명 잘못된 부분이라고 개인적으로는 동의하면서도 저의 사고를 위험하다고 하면서 기존의 것을 옹호하기에 여념이 없으십니다.

우리들의 생각과 행동이 마치 부모님이 설 땅을 뺏는 것이라고 생각하면서 무조건 '반항적이다', '도전적이다', '생각이 단편적이다', '논리에 매몰되어 있다'라고 호통까지 치시는 겁니다. '요새 젊은 것들은 버릇이 없다', '요새 것들하고는 얘기가 안 돼' 따위의 얘기와 더불어 말입니다.

어쩌면 제가 여자라는 것을, 그래서 그로 인해 얼마나 억압받고 제한받고 있는가를 몰랐던 때가 좋았는지도 모르겠습니다. 제가 여학생이 아닌 학생으로, 딸이 아닌 자식으로, 혹은 여자가 아닌 인간인 줄로 계속 착각하고 살았더라면 좋았을지도 모르겠습니다. 아니, 여자임을 깨닫는 순간에 슬프지 않았더라면, 분노하지 않았더라면 훨씬 더 좋았을지도 모르지요. 그것은 제게 편안함을 주기 때문입니다. 바로 이것이 이 사회의 건전한 발전을 막는 고질적인 병폐라고 생각되지만 말입니다.

자유인이 되어 날아오르고 싶어

저는 딸이나 여학생이나 여자만이 아닙니다. 오직 저는 온전한 한 인간일 뿐입니다. 스스로의 의지로 서려 하고, 스스로 제 인생을 개척하려는, 그래서 한없이 자유롭고자 하는 인간입니다. 참 자유와 실존을 위해서는 그 어떤 기존의 가치나 권위도 부정하고 인간이 만들어낸 도덕이나 윤리에 의해 오히려 거꾸로 지배당하고 구속되기를 거부하며, 그 속에 안주하려 하는 어리석음을 깨 버리기를 갈망하는 한 인간입니다.

저는 인간 이외의 것으로, 혹은 인간의 한 부분으로 인정받고 대우받는 것을 거부합니다. 이것은 혁명도 반항도 아닙니다. 저는 다만 온전한 인간으로 살고 싶을 뿐입니다. 현 사회의 문제는 인간 스스로 자신과 사회의 유지·발전을 위해 만들고 지켜 온 것들의 힘이 지나치게 비대해져서 그 창조자인 인간의 자유의지를 저해하는 요소가 되어 버린 점입니다. 여기에 더해서 인간 스스로가 더러운 욕심에 눈이 멀어, 그 힘을 자신의 이익을 위해서 교묘하게 이용하고 있다는 사실이 이 사회에 침울한 그림자를 더해 주고 있는 것이 현실입니다.

너무나도 견고하게 제 주위를 둘러싸고 있는 성벽의 존재가 느껴질 때마다 숨 막히는 공포와 섬뜩함을 느낍니다. 저는 제 삶이 허락하는 대로 열심히 그 성벽을 부수고, 진정 자유인이 되어서 한없이 날아오를 것입니다.

많이 아프겠지요. 다시는 돌이킬 수 없는 실수들도 많을 것이고 그것들은 제게 수많은 생채기를 남기겠지요. 하지만 오직 비상하는 것만이 제게 삶의 의미를 줍니다. 이제는 찬비가 너무 심하게 내려도 결코 슬피 울고만 있지는 않을 것 같습니다. 아니, 울지 않을 것입니다.

양성희

1983년 서울대 심리학과에 입학했으며, 대학 시절부터 여성문제에 많은 관심을 갖고 있었다. 문화일보를 거쳐 중앙일보 문화부 등에서 오래 일했다. 지금은 중앙일보 논설위원(칼럼니스트)으로 문화 젠더 마이너리티 이슈에 대한 글을 주로 쓰고 있다.

"여대생이 뭐 그런 데 관심을 가져!"
가부장적 여성관을 넘는 길

:

이혜영

깨지는 환상

길지 않은 삶이지만 이제껏 어떤 문제에 부딪혀서 크게 갈등을 해 본 적은 거의 없었던 것 같다. 친구나 형제들과의 사소한 다툼이나 공부 문제로 고민을 한 적은 많았으나 이런 것들은 생활 속에서 발생하는 일상적인 문제로 시간이 흐르면 자연스럽게 해결되곤 했다.

성격이 명랑한 데다 남보다 앞서려는 욕구가 강한 나는 모든 일에 적극적인 편이었다. 부모님과 선생님의 기대에 어긋나지 않게 공부도 열심히 했고 모범생답게 행동에 항상 조심하고 주의를 기울였다. 우리 집이 조금 보수적이라 '학생은 이래야 한다', '여자는 이래야 한다'라는 말을 부모님께 수시로 들었는데, 나는 이 말씀들을 절대 진리로 믿으면서 주위 환경에 잘 적응해 갔다. 이런 나는 충분히 남에게 인정을 받을 수 있었고 원하던 대학에도 무사히 진학하게 되었다.

하지만 대학에서의 내 생활은 그리 평탄치 못했다. 꿈과 낭만과 진리의 전당으로만 그려 오던 나의 대학에 대한 환상은 입학하고 얼마 지나지 않아 조금씩 깨져 나가기 시작했다.

'대학에 가면 공부도 열심히 하고, 미팅도 열심히 하고, 서클 활동도 열심히 해야지'라고 막연하게 다짐하고 들어온 대학은 내가 생각했던 것만큼 쉽게 일이 해결되는 곳이 아니었다. 처음에 호기심으로 몇 번 읽던 대자보는 나에게 커다란 충격으로 다가왔고, 선배들의 이해할 수 없는 구호들은 나의 마음속 깊은 곳에 강한 의문의 화살을 던졌다.

유인물 돌리다 잡혀

과 서클 편집부에서 활동하고 치의예과 여학생회 활동을 하면서 나는 차츰 내가 이제까지 잊고 살았던 중요한 것들을 하나씩 알아 가게 되었다. 나 위주의 삶에서 벗어나 비로소 주위의 소외된 사람들을 생각하게 되었고 막연하게 들었던 것들이 용서할 수 없는 사실이라는 것도 확인하게 되었다. 이런 식으로 새로운 환경에 새롭게 적응해 나가면서 혼란스러운 87년을 마감해 나가고 있을 때 내게 하나의 사건이 발생했다.

6월 항쟁으로 쟁취한 직선제로 우리도 우리 손으로 직접 대통령을 뽑을 수 있다는 국민들의 기대가 한창 부풀어 있던 12월 초 어느 날이었다. 시험 연기를 한 우리 과 친구들은 매일 학교에 모여 토론도 하고 지방으로 제5공화국의 비리를 폭로하는 편지도 정성껏 부쳤고 삼삼오오 모여서 유인물을 돌리기도 했다.

이번에야말로 군사독재 정권을 종식시키고 진정 국민의 뜻을 대변하는 대통령을 뽑아야 한다는 신념으로 가득 찬 많은 친구들이 이 일에 적극 참여하고 있었다. 나도 그중의 하나로 작지만 중요한 일이라고 생각하며 편집 작업이나 유인물 돌리기에 참여하고 있었다.

학교에서의 작업을 마치고 학교 근처의 동네가 아닌 우리 동네에 돌리려는 생각으로 한 묶음의 유인물을 가지고 집으로 향하는 길이었다. 그 전날도 혼자서 우리 집 근처 동네에서 별 어려움 없이 유인물을 한 장씩 나누어 준 일도 있고 해서 나는 내가 하려는 일에 별 위험성을 느끼지 못했다. 집 한 정거장 전에 내려서 집 쪽으로 걸어가고 있는데 커다란 건물 담벼락에 선거 벽보가 쭉 붙어 있었다. 큰길가이긴 했지만 사람도 많이 지나다니지 않고 한적한 곳이라 가지고 있던 스티커를 막 붙이고 있었는데, 순간 "학생!" 하고 부르는 날카로운 목소리가 들려왔다.

인간으로서 자아실현이 우선돼야

뒤를 돌아보니 경찰차 한 대에서 두 명의 경찰이 내리고 있었다. 그들은 나에게 다가오더니 "같이 좀 갑시다"라고 말하는 것이었다. '아차, 내가 경솔했구나. 조심했어야 하는 건데' 하는 생각이 번쩍 들었으나 더 이상 대꾸할 겨를도 없이 나는 그들에 의해 차 안으로 강제로 태워졌다. 나는 너무 겁이 나 집으로 그냥 보내 달라고 사정을 했으나 이미 아무 소용이 없는 일이었다. 그때가 아홉 시경이었다. 결국 부모님이 불려오셨고 난 한 장의 반성문을 쓰고서야 다음 날 저녁 여섯 시경에 경찰서를 나오게 되었다.

이것은 기존의 나의 의식이 서서히 바뀌어 나가는 과정에서 일어난 일 중의 대표적인 사건이다. 나의 부주의함 때문에 빚어진 일이긴 하지만 결코 내 행동이 잘못되었다고 생각하지는 않는다. 그러므로 경찰서에 있을 때 두려우면서도 떳떳했으리라. 내가 말하고 싶은 건 "여대생이 공부는 안 하고 뭐 그런 데 관심을 가져!"라는 말에 담겨 있는 사회의 그릇된 인식 구조에 대해서다.

커다란 역사의 줄기 속에서 여성이 한 인간으로서 자신을 적극적으로 실현시키는 것이야말로 스스로의 인간다움과 나아가 건강한 여성다움을 지키고 발전시켜 나갈 수 있는 길이다. 오늘날의 여대생이 기존의 사고방식을 별 무리 없이 무비판적으로 수용해 소비문화의 주체로 만족하며 미래의 행복한 가정과 현모양처만을 꿈꾼다면 결코 이 사회의 발전이란 있을 수 없다.

더구나 유교의 가부장적 사고방식과 서구 사회의 종속적 여성관이 합쳐진 복합적인 '남성 의존적 심리'는 지양해야 할 것이다. 여자답게 다소곳하고 조용하게 자라서 '괜찮은 남자'에게 시집만 가면 행복이 보장된다고 생각하는 것은 여성이 스스로를 차별적 위치로 비하시키는 것이 아닌가.

이제껏 우리가 받은 교육과 사회 환경은 여성들로 하여금 이러한 생각에 머물도록 강요해 왔다. 최고의 고등교육을 받고 중산층 여성으로의 진입이 가능하며 자아실현의 기회를 가장 많이 부여받은 계층은 바로 우리 여대생들이다. 자신이 여성이기에 앞서 바람직한 사회를 실현함에 있어서 큰 몫을 담당하게 될 실천적인 지식인이라는 입장에 서서, 오늘날 한국 사회가 안고 있는 문제점을 자신의 과제로 받아들이고, 그것을 하나씩 풀어 가기 위해 학교와 사회에서 노력해야 하겠다. 이것이 바로 이 시대가 여대생 계층에 부여한 사명인 것이다.

이혜영

1987년 서울대 치의예과에 입학했고 1993년 졸업했다. 이후 수련의 과정을 이수하고 동 대학원에서 박사학위를 받았으며, 현재 개구쟁이치과 부원장으로 근무중이다.

부록

80년대 대학생 세대는 군부독재를 반대하고 민주화를 요구하면서 한국 사회의 발전을 밑으로부터 이끈 세대이면서 동시에 많은 불안 요소를 지니고 있는 집단에 속한다. 대학 시절 가려져 있던 '진실'의 거대한 물결과 맞닥뜨리며, 때로는 고뇌하고 때로는 절망했던 그들. 그들은 노무현 정부 출범과 더불어 한국 사회의 주류로 떠올랐다.

최근 80년대 세대의 역할에 대하여 사람들은 희망과 염려가 엇갈린 시선을 보내고 있다. 이에 화답하듯, 누구보다 치열하게 대학생활을 보낸 몇몇 이들이 결코 밝지만은 않았던 자신들의 80년대 기록을 한 권의 책으로 묶어 우리 앞에 내놓았다. 출간에 즈음하여 이 책의 발간을 위해 백방으로 뛰어다녔던 편집위원 10인의 캠퍼스 체험을 들어 보았다.

일　시: 2003년 5월 13일 화요일 오후 7시
장　소: 서울대학교 교수회관
진　행: 한상진(서울대학교 사회학과 교수)
참석자: 구형진(눈에미소안과 원장)
　　　　김명희(방송위원회 평가총괄부 차장)
　　　　김주영(제3영상 기획실장)
　　　　양성희(문화일보 문화부 기자)
　　　　윤흥로(㈜비비디오 코리아 국장)
　　　　이강욱(㈜유이씨 대표이사)
　　　　이상호(법무법인 새길 변호사)
　　　　정일균(서울대학교 사회학과 연구교수)
　　　　조두현(사법연수원 연수생)
　　　　진　정(㈜전인능력계발 이사)

1. 책을 내게 된 소회

80년대의 살아 있음과 그 가치에 대한 이야기

한상진 | 출판될 34편의 원고가 확정됐습니다. 구형진 씨의 노력으로
필자들로부터 출판 동의를 받았고요. 책을 내면서 추구하는
주제나 목표 같은 것에 대해 얘기를 시작해 보면 어떨까요?

진 정 | 제 생각에는 이 책이 단순히 과거의 사실을 알려 주는 책이
아니라 열려 있는 가능성을 모색할 수 있는 책이 됐으면 좋겠
어요. '그땐 그랬지'류의 과거 회고적인 책보다는 미래에 대
한, 미래를 향한 이미지를 이 책이 담고 있다고 독자들이 봐
줬으면 좋겠거든요.

이강욱 | 저는 이 책이 어떤 거대 담론을 향하는 것보다는 현재 우리가
어떤 방향으로 가야 하는가에 대해 암시들을 줄 수 있을 것
같아요. 어떤 결론에 도달하기보다는, 진정 선배가 말씀하신
대로 열려 있는 가능성을 보여 주는 거죠.

우리들이 이 책을 바라볼 때는 뻔한 얘기일 수도 있지만 우리
의 윗세대나 아랫세대가 봤을 때는 또 다를 수 있지 않습니까.
우리가 추구했던 것을 잊지 말자 하는 부분이 있고요. 다른 세
대가 우리를 정치적으로 정의하려고 하는데, 사실 우리는 평
범한 세대였죠. 다만 특별한 상황 속에 있었기 때문에 그 속
에서 했던 생각들이고…. 이것을 '승리의 과정'이라고 본다면
이 글들은 그것으로 의미가 있지 않을까 해요.

진 정 | 저는 이 글이 제가 썼던 글이라는 생각이 안 들어요. 80년대

에 살았던 젊은 어떤 학생이 쓴 글인 것 같아요. 그래서 특정인의 삶에 초점을 맞추기보다는 그 당시의 젊은이들이 썼던 글이라는 그런 관점으로 봐야 할 것 같아요. 사실 이 글들은, 뭐랄까 지글지글 끓고 있는 삶의 단계에서 나온 글이거든요. 80년대 어두웠던 시기에 대한 표현들인 것 같아요.

한상진 | 어둠은 있지만 각 꼭지마다 힘을 갖고 있습니다. 절대로 깜깜하지 않아요. 어둠 속에서도 굴하지 않으려는 꿈과 희망, 이런 것들이 들어 있어요.

구형진 | 제 생각에 이 책은 아무래도 80년대 대학생 세대들이 많이 볼 것 같아요. 요새 〈살인의 추억〉이라는 영화가 인기를 끌고 있는 것도 그 당시를 겪었던 사람들이 많이 보기 때문이라는데, 이 책도 그 시대를 산 사람들이 많이 볼 것 같아요. 그래서 독자들이 이 책을 보고 희망을 얻을 수 있었으면 좋겠어요.

김명희 | 글쎄요, 젊은이들이 많이 읽어야 하지 않을까요? 80년대를 살았던 선배들은 어떤 생각들을 하고 살았나, 그런 체험을 할 수 있는 계기를 줄 수 있다고 생각해요. 사실 〈살인의 추억〉도 당시를 겪었던 사람들이 아니라 젊은이들이 많이 보기 때문에 인기가 있는 거죠. 그렇지 않은가요?

조두현 | 제 바람도 20대 초반의 대학생들이 이 책을 읽고 동질감을 느낄 수 있었으면 하는 겁니다. 이 책의 내용은 우리가 고등학교에서 대학에 오면서 겪었던 급격한 변화에 필연적으로 따르는 고민, 그리고 거기에 따른 성찰 같은 것에 관한 얘기거든요. 그런 면에서 본다면 그때나 지금이나 별반 다를 바가 없을 것 같아요. 80년대도 또 지금도 그 내면의 진지함은 다르

지 않을 거라고 생각하거든요.

이강욱 ㅣ 비록 작은 힘이었지만 우리가 계속해서 부딪치려고 시도했던 점을 우리 후배들이 느껴 주면 좋겠어요. 우리는 그때 살아 있었다는 거고, 그러한 살아 있음이 면면히 이어져서 지금까지 흘러오고, 그리고 그 살아 있음 자체를 느끼고. 그런 것들이 중요한 것 같아요.

정일균 ㅣ 20년 전의 글을 읽으면서 지금 새로운 힘을 얻는 느낌을 받았고요. 다시 한 번 마음을 다잡을 수 있는 계기랄까, 미래지향적인 느낌을 가졌어요.

윤흥로 ㅣ 80년대는 사실 상당히 모순적인 상황이었어요. 환경은 어두웠지만 우리는 그 속에서 자신을 발견하고, '우리'를 느꼈고, 또 희망을 발견했던 거죠. 그러한 나날들이 우리가 커 가는 데 자양분이 된 것 같습니다.

한상진 ㅣ 80년대 대학생 세대가 굉장히 정치적이고 획일적이었던 것 같지만 이 책을 읽어 보면 이들이 단순히 데모만 한 것이 아니라는 사실을 알 수 있어요. 내면적으로 많은 갈등을 겪었고 또 매우 순수했다, 독자들이 이런 생각을 했으면 좋겠어요.

진 정 ㅣ 80년대 대학생 세대에게는 아마 회상의 의미가 있겠죠. 우리들의 바람은 현재의 젊은 청년들이 꿈과 희망을 갖고 미래를 향해 가는 데 이 책이 도움이 됐으면 좋겠다 하는 것이고요.

김명희 ㅣ 그런데 지금 젊은이들이 이 책을 읽으면서 공감할 수 있을까요? 사실 저도 저의 글을 오랜만에 보니까 그동안 까맣게 잊고 지냈던 일들이 생각나는 느낌인데, 요즘 세대들은 전혀 그런 일들을 겪지 않고 살아가고 있잖아요. 90학번만 해도 우리와는 경험이 다른데 우리의 경험을 이해할까요?

한상진 | 강의를 하다 보면 요즘 학생들도 자기를 찾고 미래를 준비하는데 굉장히 관심이 많은 것을 발견합니다.

80년대 대학생 세대의 부채 의식

김명희 | 저는 다른 사람들의 글을 읽으면서 그동안 잊고 있었던 대학 생활의 여러 아픔들이 떠올라 여러 번 눈물이 날 것 같았어요.

조두현 | 얼마 전에 과 친구들을 만났는데 제가 쓴 리포트가 책으로 나온다는 말에 모두들 의아해 하더라고요. 친구들 기억에는 제가 리포트를 낸 적이 없었던 모양이에요. (모두 폭소)

그런데 리포트를 쓴 사실조차 기억하지 못하는 상황에서 작년에 제가 쓴 리포트를 받아 보니까, 그 내용이 제가 운동을 왜 시작했는지 질문을 받을 때마다 언제나 했던 얘기더라고요. 거창하게 얘기하면 민중에 눈뜨게 된 계기였던 거죠. 20대 삶의 출발점에 그 리포트가 있었던 겁니다. 그런데 지금 제 상황이 뭔가 새로운 시작을 하려는 때이기에 대학 1학년 때의 리포트를 보는 기분이 정말 남달랐습니다.

김주영 | 저는 리포트를 보고 나서 일단 부끄러운 마음이 먼저 들었어요. 99년에, 한상진 교수님이 설문조사를 할 당시에 필사본 리포트를 받았는데, 그 리포트를 받고 한동안 멍해졌거든요. 대학 1학년 때의 기억, 그리고 5월의 기억들, 이런 게 한꺼번에 밀려들더라고요.

그 후 심층 인터뷰를 하면서 정신과 의사 앞에서 자신의 과거를 고백하는 듯한 느낌이었어요. 자기 자신을 다시 알게 되는 느낌이랄까…. 대학 시절의 고민과 친구들, 그리고 지금의 나, 이런 것들에 대해 생각하게 된 거죠.

리포트를 읽어 보고 또 읽어 볼수록, 치기 어린 내용이나 어눌한 문장 같은 걸 그대로 드러내서 제 개인사의 부끄러운 부분을 날것으로 보여 준다는 점에서는 물론 망설여지기도 했지만, 그래도 책으로 묶여서 세상에 공표될 때 나름의 의미는 있겠다, 싶었어요.

제 생각으론 이 책을 읽는, 그 시대를 살았던 사람들은 아마도 리포트를 처음 받았을 때의 나와 같은 경험을 공유하게 될 것 같아요. 세파에 흔들리며 잊고 살았던 자신의 소중한 한 부분을 떠올릴 것이고 지금 나는 무엇을 하고 있는가를 다시 생각하게 될 거예요. 그러면서 한때 소중했던 그 시절이 지금은 어디 갔는가를 생각하겠지, 그런 생각이 들었어요.

또한 그 시절을 공유하지 못했던 사람들에게는, 80년대 대학생 세대가 얼마나 고뇌에 찬 시간들 속에서 대학 시절을 보냈는지, 그리고 그들이 보냈던 시간들 덕분에 우리 사회가 어느 정도 건강성을 회복하게 되었음을 이해해 줄 수 있는 도구가 됐으면 좋겠다고 생각해요.

진 정 ┃ 책이 나온다는 것을 현실로 받아들이는 데까지 시간이 많이 걸렸어요. 과연 이런 글들이 모여 책으로 편집될 수 있을까, 라는 생각을 했고, 또 글을 정말 제가 썼다는 느낌이 잘 들지 않았으니까 더욱 그랬죠.

게다가 글의 내용도 대학생의 글이라기보다는 고교 4년생의 글이란 느낌이 들었습니다. 삶의 결단 또는 실천을 위한 고뇌의 글이라기보다는, 환경 변화로 확대된 사고의 지평이 존재의 정체성에 약간의 충격을 주고, 그래서 인식의 전환을 경험하게 되는 단계의 글이었기 때문이에요. 그 당시 저는 훨씬 실천적이었다는 기억을 갖고 있는데….

하지만 제가 썼다는 관점이 아니라 당시의 시대적 상황에서 많은 청년학생들이 썼을 법한 이야기라고 생각하니 마음이 편해지더라고요. 제가 20여 년 전의 저를 보는 것이 아니라, 그 당시 청년학생들의 고뇌가 삶의 결단으로 이어지고, 미래를 여는 동력이 되었다는 관점으로 보니 이 책이 의미를 갖게 된 거죠.

양성희 | 지금 읽어 보면 낯 뜨거운 글이죠. 기억조차 나지 않는 리포트를 다시 받아들었을 때, 갑자기 저의 20년 전이 현실로 확 다가오는 것 같은 묘한 설렘과 긴장감 같은 게 들더라고요.

저는 운동을 열심히 한 학생은 아니었지만 80년대 대학생 세대의 부채감에 늘 시달리고 있었죠. 게다가, 이 세대의 공통 정서가 아닌가 싶은데, 과거를 다시 맞닥뜨리는 것 자체가 힘든 일이었어요. 늘 무기력했고 항상 용기 없는 주변인이라는 자의식에 시달리며 암흑과도 같았던 대학 시절을 회상하는 것 자체가 괴롭더라고요. 때론 그렇게 제 빛나는 청춘을 빼앗아 간 이 땅의 역사가 원망스럽기도 하고요. 뼛속 깊이 부정적인 자기 인식을 갖게 한 대학생활을 겪었던 사람으로서 요새 대학생들을 보면 시대적 부채감이 없는 그 팔랑거림이 얼마나 사랑스럽고 질투가 나는지….

물론 자기를 시대의 희생자로 여기는 것은 격변의 시대를 살아간 이들의 공통점이기는 하지만, 우리 세대는 특히 심한 것 같아요. 저는 우리 사회 개혁과 진보의 키워드로 80년대 대학생 세대가 명명될수록, 내가 과연 진정한 80년대 대학생 세대인가, 과연 당당하게 살아왔는가 하는 망설임과 회의가 커졌거든요.

그럼에도 불구하고 이 책이 출간되는 것에 동의했던 건 저처럼 망설이고 주저하는, 별로 80년대 대학생 같지 않은 사람들도 있었다는 것을 보여 주고 싶다는 생각 때문이었어요.

또 이 작업을 출발로 해서 한국 현대사의 한 축인 80년대 대학생의 세대론적 의미가 풍부하게 논의되길 바라는 마음도 있고요. 저는 진심으로 한상진 교수님의 종단적 연구가 한국 사회의 독해의 폭을 넓혀 줄 것으로 크게 기대하고 있어요. 그래서 비록 개인적으로는 낯 뜨겁고 부족하고 유치하기 짝이 없는 글이라고 생각하면서도 이렇게 책에 신게 된 거고요.

이강욱 | 저도 옛날의 치열했던 모습과 그 당시 제가 갖고 있었던 가치를 되돌아볼 수 있는 기회가 됐고. 무엇보다 사회의 발전이나 진보를 위한 고민을 나만 하는 것이 아니구나, 하고 깨닫게 됐습니다. 동질감이라고나 할까요? 이런 느낌을 함께하고 있다는 깨달음을 얻을 수 있어서 좋았습니다.

구형진 | 저는 의과대학을 다니면서 80년대 대학생 세대의 끝물을 조금 경험한 것 같습니다. 제5공화국 마지막 때 대학에 들어갔고, 예과 2학년 때부터는 분위기가 많이 달라졌거든요. 88년에는 "가자 북으로, 오라 남으로" 등의 구호를 외치고 통일 문제가 얘기되던 분위기였어요.

본과 들어가서는 강의 열심히 듣고, 하루하루 공부하는 것에 바쁜 생활이었기 때문에, 고3 생활을 또 한 번 한 거였거든요. 맨날 수업 시간에 제일 앞에 앉아 있고 끝나면 바로 도서관에 가서 시험에 나왔던 것들 족보 체크하고 일주일에 한 번씩 시험 보고, 그러면서 4년이 흘렀어요.

그래도 보람이 있었던 건, 사실 의대 들어올 때는 도취감이나 영웅심리 같은 것이 있었던 것 같은데 그게 뭐랄까, 다른 사람한테 좀 도움이 되자, 이런 종류였거든요. 그래서 봉사서클 같은 것도 알아보고 그랬어요. 여러 가지 봉사서클이 있었는데, 저는 가톨릭 신자라서 가톨릭계 봉사서클에서 봉사활동을 했었거든요.

그 뒤에 졸업을 하고 인턴·레지던트 생활할 때는 삶과 사회에 대해서 생각할 틈이 없었어요. 요새 TV 드라마에서도 가끔 나오지만, 인턴·레지던트 생활이 정말 그렇거든요. 새로 들어온 환자가 어떻고, 차트가 어떻고, 이런 얘기들만으로 시간이 지나가니까요.

그러고 나니 어느새 나이가 서른 훌쩍 넘어가더라고요. 그런데 레지던트 3년차 땐가, 제의가 들어왔습니다. 제가 봉사를 하던 서클에서 이제는 빈민촌 같은 데가 없으니까 우리나라의 외국인 노동자들에게 자원봉사를 하자, 그래서 그 봉사활동을 시작하게 됐어요. 제 성격이 남들이 부탁하면 거절을 못 하거든요….

그때도 거절을 못 하고 엮여서 레지던트 때부터 외국인 노동자 진료소에 나가기 시작했는데, 지금도 일곱 명 정도가 돌아가면서 2주일에 한 번씩 토요일에 진료를 나가요. 제 차례는 3개월마다 한 번씩 돌아오는 셈인데, 누가 "미안한데, 나 이번에 일 있어서 못 나갈 거 같아. 한 번만 대신 나가 줘" 하면 대신 나가게 되는 경우도 많고, 그래서 자주 나가는 편이죠. 예전에 리포트 쓸 당시의 저와 지금의 저 사이의 공통점은 의미 있게 살고자 하는 마음을 아직까지 갖고 있는 것 같고요, 그리고 자기 합리화를 잘하고요. 조금 달라진 점은… 심층 인터뷰 때 저는 제 입장에서만 얘기했었는데. 의사의 대변자라고나 할까, 의약분업 문제들도 있었고, 잘난 사람은 잘살아야 된다, 이런 이야기였는데 리포트를 보니까 창피하더라고요. 자기 합리화를 잘하는 건 똑같지만 그래도 그 당시에는 사람들한테 주어지는 기회가 공평하지 못하고, 뭐 이런 점을 비판하고 그랬었는데, 지금은 이렇게 개인적으로 변했구나, 하는 생각…. 그때는 남을 좀 생각했었는데 나이가 들면서 생각의 창도 좁아진다고 느꼈어요.

2. 리포트 속의 나와 현재의 나

지금까지 연결되는 '리포트 속의 나'

김주영 | 저는 현재의 나와 대학 시절의 나를 결코 분리해서 생각할 수가 없어요. 대학 시절의 고민과 그 고민의 결과물들로 인해서 우리 사회의 잘나가는 기성세대로 자리 잡을 수 있는 많은 기회를 잃어버렸다고 생각한 때도 있었지만, 후회한 적은 단 한 번도 없었습니다.

그것이 그 당시의 분명한 나의 모습이고, 지금까지 연결되는 모습이기도 해요. 방송작가라는 현재의 직업을 선택한 것도, 특히 그중에서 다큐멘터리를 계속하고 있는 것도 그 시절 고민의 결과물이라고 할 수 있으니까요. 그것은 더없이 소중한 나의 한 부분이기도 합니다.

그러고 보니 벌써 20년이 흘렀네요. 거울 봐도 별로 나이 든 줄 모르겠는데, 정말 잘 안 믿기지 않아요?

지금 나의 모습은 생활인으로 더 많은 타협을 하고 굴절을 겪은 모습인 것 같아요. 파도에 닳은 자갈 같다고나 할까, 그 역시 나의 성숙이라고 믿고 있지만요. 물론 부족한 것이 많고, 불만스러운 부분도 많죠. 그래도 그렇게 형성돼 온 나의 모습을 사랑하고 싶어요.

아쉬운 점이 있다면, 대학 시절 거대 담론에 치이면서 실존적 자아에 대한 고민을 많이 하지 못했고, 그것이 지금 일상의 사소한 문제들을 해결해 나가는 데 걸림돌이 된다는 점이에요. 제가 보기에 그것은 80년대 대학생 세대들의 공통점인 것 같고, 시대적 상황에 의해 잃어버린 중요한 한 부분이기도 합니다.

이상호 | 리포트를 쓴 이후 근 20년간 살아왔는데, 지금 만약 그 자리로 다시 돌아가라고 해도 저 자신이 많이 달라지지는 않을 것이라는 생각이 들었습니다.

당시 운동에 헌신하는 것은 당연한 일이었는데, 저는 그러지도 못하고 등을 돌리지도 못하는 학생이었어요. 이후 많은 일들이 있었고 상황도 많이 달라졌지만, 제가 그 당시에 생각하고 느꼈던 기본 쟁점들은 별로 변화하지 않은 것처럼 보입니다. 반면 생활과 주변에 휩싸여서 그 점을 놓치지 않으려고 '민주사회를 위한 변호사모임' 활동도 하는 등 나름대로 노력을 기울이고 있습니다.

진　정 | '리포트 속의 나'와 '현재의 나' 사이에 무수히 많은 '나'가 있었습니다. 그리고 말을 하는 이 순간에도 '나'는 '과거의 나'가 되어 버리죠. 그러나 새로운 자아의 형성이라는 심층적 차원에서 보면 뚜렷하게 구분할 수 있는 '나'는 두세 번 정도 있었다고 할 수 있을 것 같아요.

우선 리포트 속의 나는 약간의 감성은 있었지만, 실천의 결과 변해 가는 자신을 확인하기보다는 지적 호기심에서 사유를 즐기는, 그러니까 아직은 철없는 어린아이의 모습이었던 것 같습니다.

그러던 아이가 삶을 당위로 여기고, 무엇인가로부터 벗어나야 하는 현실을 인식하고 이를 위해 실천하는 모습으로 바뀌어 가는 시기가 그 후 진행되었어요. 그리고 약 10년의 세월 동안 당위적 삶이 있었고, 그 후 삶의 당위의 무게를 살짝 비켜나 생계에 더 치중한 10여 년의 시간들이 있었죠.

그런데 감성과 비판적 분석으로 나타난 이성, 자본주의 첨단의 사회 경험이 모두 결합하여 '리포트 속의 나'가 다시 살아나고 있습니다. 열정과 희망과 꿈으로, 매일매일 젊음으로 살아나고 있는 거죠.

김명희 ㅣ 제가 리포트를 받아 보고 가장 놀랐던 점은 제 자신이 조금도 변하지 않았다는 점이었어요. 난 20년 전에도 같은 노래를 부르고 있었다는 점, 그 점이 저를 만감이 교차하게 만들더라고요.

난 과연 전혀 성장하지 않았는가 하는 점과 사람이 이리도 변하기 힘든 것인가 하는 점에 대해 많이 생각하게 됐죠. 리포트를 보니까 그때도 내가 해결할 수 없는 거대한 문제들에 눌려 있었는데, 저는 지금도 자유로움을 느끼지 못하고 있거든요. 그러나 새로운 부분도 있는데 그때와 가장 큰 차이는 여성문제에 대해 눈을 떴다는 점이에요. 대학에 다닐 때의 저는 스스로 여성이라는 정체성을 실감해 본 적이 거의 없었던 것 같거든요. 남학생과 여학생의 구별 자체를 별로 의식하지 못했고, 여성성에 대해서 진지하게 고민하거나 중요하게 생각한 적도 없었던 것 같아요.

그런데 대학 졸업 후 15년간 한 직장에서 근무하면서 한국에서 여성이 갖는 정치·경제·사회적인 위상에 대해 많은 생각을 하게 됐어요. 여성부에서 펴낸 2002년도 《여성백서》를 보니,

우리나라의 학사학위 취득자 중 여성의 비율이 49%에 이르는데, 정작 국가별 남녀권한 척도에서는 조사대상국 66개국 중에 우리나라가 61위밖에 안 되더라고요.

남녀권한 척도라는 것은 의회 여성점유율, 행정관리직 여성비율, 전문기술직 여성비율, 실질여성 GDP 등으로 이루어지는 것이거든요. 결국 우리나라 여성의 정치, 경제적 위상을 말해 주는 거죠. 그래서 제가 생각한 것은 교육받은 우수한 여성들이 합당한 권리와 의무를 다하지 못하고 있는 상황에 대한 검토가 있어야 한다는 점이에요. 여성에 대한 보이지 않는 장벽과 명목적 차별 철폐를 없애기 위해 제가 할 수 있는 일을 하고 싶어요.

끊임없는 자기 성찰과 세상을 바라보는 투명한 눈

양성희 | 김명희 씨의 생각에 동의해요. 특히 저는 여성문제에 대해서 리포트를 썼기 때문에 제가 관심을 갖고 있는 여성문제라는 측면에서는 예전이나 지금이나 별 차이가 없어요.

아직도 여성을 억압하는 가부장적 사회 시스템은 여전하죠. 지금 저는 한 아이의 엄마로서 일을 하고 있어요. 그런데 여성으로서 삶의 굴레는 결혼하고 아이를 낳으면서 비로소 절감한다는 것이 적절할 거예요.

여성으로 살아가기가 20년 전보다 나아진 것은 사실이지만 아직도 갈 길이 너무나 먼 느낌이에요. 그래도 비교적 희망을 갖고 있습니다. 그 당시의 페미니즘적 인식이 적대적인 것이었다면 지금은 양성공존적인 면이 많이 드러나고 있거든요.

저는 이분법적 성적 경계를 넘어서는 탈성적, 범성적 경향들에 관심이 많고, 이분법적 성의 틀에 맞춰지지 않는 가변적인 성, 그러니까 남자, 여자가 아니라 '30% 남자, 70% 여자' 식의 n개의 성, 고정적이지 않은 매순간 변동하는 찰나적인 성, 순간적으로 변동하는 성이 답이라는 생각을 하고 있습니다.

이강욱 ㅣ 예전의 나와 현재의 나에 대해 생각해 보면, 제 자신의 추구점이 다르진 않다고 생각해요. 사회의 발전이나 역사의 진보 같은 것을 사회인으로서의 입장과 도리에 어떻게 결합시킬 것인가 하는 문제에 대해 고민해 왔고 또 하고 있거든요.

달라진 점이 있다면 참여 방식이겠죠. 지금은 예전처럼 제 모든 걸 걸고 다 바칠 순 없지만 그래도 현재에서 최대한 할 수 있는 것은 하려고 노력하고 있습니다.

조두현 ㅣ 전 89학번이니까, 80년대 대학생 세대를 넘어가는 과도기적인 세대라고 생각합니다. 저는 1학년 때부터 80년대의 그 치열한 분위기를 스펀지처럼 빨아들이면서 대학생활을 보냈어요. 1학년 때는 과대표를 맡았고, 경제과 학생회장, 사회대 학생회장, 총학생회장, 서울지역총학생회연합서총련 사무처장까지 맡으면서 매해 학생운동의 한복판에 있었죠.

그런데 제가 한참 학생운동을 할 때는 90년대의 변화와 관련된 새로운 고민들이 많이 제기되던 때였습니다. 94년에는 구속되기도 했죠. 그 후 뒤늦게 공익근무요원으로 병역의무를 마치고 98년 8월이 되어서야 늦은 졸업을 했어요. 뒤돌아볼 여유도 없이 달려오다가 공익 근무 시절부터 홀로 떨어져 사회의 변화와 개인의 진로에 대해 차분히 돌아보게 되면서 사법시험 준비라는 전혀 색다른 결정을 했습니다. 필요한 사람, 쓸모 있는 사람이 되기 위한 무기가 절실하다는 생각이 들었고 잠시 우회로를 가더라도 중심만 지키면 되지 않겠느냐는 생각에, 친구들이 도시락을 싸 가지고 다니며 말리겠다는 것을 뿌리치고 공부를 시작했습니다.

다행히 합격을 해 이제 연수원 2년차이고 내년이면 법률가로서 현장에 나가게 되겠죠. 세월은 많이 흘렀지만 이제야 사회 새내기로 첫발을 내딛으며, 제가 과연 대학 1학년 때 그 리포트 속의 순수함과 치열함으로 살아갈 수 있을지 의문이 들기도 합니다. 분명 질문의 내용과 방향이 달라졌다 하더라도 끊임없는 자기 성찰과 세상을 바라보는 투명한 눈은 더욱 요구되는 것이겠지요.

3. 80년대 대학생 세대의 현재와 미래

이 시대의 힘을 결집시킬 수 있는 원동력의 세대

이강욱 | 80년대 대학생 세대가 정치적으로 동일한 집단은 아니지만, 역사의 소용돌이 속에서 살아온 사람들이죠. 그러한 시대적 상황 속에서 많은 국민이 스스로 역사의 주체가 될 수 있다는 '승리의 경험'을 나누었다고 생각합니다. 그래서 저는 이 세대가 나름대로 역사의 진보에 긍정적인 영향을 끼쳐 왔다고 생각합니다. 그리고 그 영향이 지금도 큰 역할을 하고 있다고 생각하고요.

구형진 | 80년대 대학생 세대는 어떻게 보면 이 시대의 주축이면서도 가장 푸르러야 할 청년기에 가장 우울했던 시대를 산 사람들이 아닌가 싶습니다. 바로 이 점이 이 세대의 특성이면서 가장 경계해야 할 점이라고 할 수 있겠지요.

하지만 현재의 청년들에 비한다면, 우리 세대는 특유의 사회에 대한 관심과 자기 성찰의 태도가 강하기 때문에 좀 더 이상적인 사회에 대한 갈망이 강하고 이를 바탕으로 사회에 대해 끊임없는 올바른 주문을 요구할 세대라고 생각됩니다.

또한 개인보다는 우리, 사회, 나아가 국가에 대한 생각이 먼저라고 하는 전통적인 가치관이 강하기 때문에 나라가 잘되기 위해서 합의가 이루어진다면 그것에 가장 힘을 실어 줄 수 있는 세대라고 생각해요. 80년대 대학생 세대가 이 시대의 힘을 결집시킬 수 있는 원동력이 될 거라는 점이죠. 이런 것을 통해 개인적인 성향이 강하다고 생각되는 이후의 세대에 모범이 될 수도 있을 것 같고요.

김명희 | 제가 정말 충격을 받았던 사실은 제가 쓴 리포트와 다른 사람들의 리포트를 읽으면서, 대학생이라는 이유로 불심검문을 당하고 시위 예상 지역에 있는 대학생은 이유를 불문하고 경찰서로 연행됐었던 게 불과 15년 전이었다는 거예요. 우리 과만 하더라도 경찰서에 끌려가 훈방이나 구류를 산 애들이 꽤 많았거든요. 그들이 다 운동권이었던 것도 아닌데….

리포트 안의 청년들은 함께 나누는, 보다 인간적인 사회에 대해 끝없이 고민했던, 진지하고 솔직하고 따뜻한 사람들이었어요. 그런 면에서 그러한 순수한 열의가 어떻게 제도화되고 구체화될 수 있는 것인지에 대해 아직도 여러 가지 생각을 합니다. 저도 그렇지만, 그 시대를 겪었던 많은 사람들이 그때의 열의를 생활 속에서 잊고 살아가고 있잖아요. 그러나 그때의 열의가 그냥 사라져 버린 건 분명 아닐 거예요. 그런 것들은 결국 우리 안에 남아 우리와 또 다음 세대까지 이어져 가고 있다는 생각이 들거든요.

사실 제가 정말 바라는 것은 우리 사회가 우리 자신, 우리 민족, 그리고 우리나라에 대해 진정으로 자긍심과 애정을 갖는 거예요. 그리고 제 생각에 우린 정말 항상 열정적으로 최선을 다해 걸어왔고. 물론 가끔 실수들도 저질렀지만, 우리는 발전하고 있고 바른 길을 가고 있다고 믿습니다.

조두현 | 제 생각도 그래요. 끊임없이 현실과 타협하며 내 자신도 의식하지 못하게 변해 가는 상황에서도, 화들짝 놀라게 자신을 일

깨우는 무언가가 있다는 것이 우리 세대의 특징이 아닐까 합니다. 항상 초심으로 돌아갈 준비가 되어 있고, 또 함께 공유한 '초심'이 있다는 게 참으로 소중한 것 같아요. 저에게도 다시 살아 돌아온 리포트는 평생 저에게 삶의 기준으로 작용하지 않을까 생각합니다.

이상호 | 사실 80년대는 납득할 수 없는 상황이 당연한 듯이 전개됐던 시절이었기 때문에, 그 시절의 학생들은 사회와 자신에 대하여 많은 고민이 있었습니다. 사회 변화에 대한 의지, 그리고 참여의 문제 등에 대하여 다른 세대보다 많은 생각을 했었고, 또 운동에 헌신했건 암묵적으로 지지했건 간에 대다수가 공감대를 이루고 있었다고 생각해요.

물론 약간의 이념적인 편향이나 전체주의적인 사조가 있었다고는 하더라도, 우리 사회를 다양화하고 진보시키는 기본 동력이 될 것으로 생각합니다.

양성희 | 80년대 대학생 세대는 어떻게 보면 계몽주의적이거나 근대적 삶을 산, 또는 강요받은 최후의 세대인 것 같아요. 그 이후의 세대는 그야말로 탈근대 포스트모던의 즐거움과 쾌락을 향유한 세대고요. 우리 세대는 근대와 탈근대, 아날로그와 디지털 등 문명론적 교착점에 위치해 있는 것 같아요.

문제는 우리 세대가 노무현 정부 탄생 이후 더 이상 젊지 않다는 점이죠. 그동안 80년대 대학생 세대가 개혁과 진보를 상징해 왔다면 이제 이들에게 남은 과제는 이름답게 늙어 가는 것을 보여 주는 것이거든요. 우리 사회는 젊음의 담론만 있지 늙음에 대한 담론이 없어요. 기성세대로 편입한 이 세대가 애초의 진보성과 개혁성을 어떻게 유지하면서, 성숙하고 현명하고 열린 기성세대로 늙어 가는가. 제가 볼 땐 이것이 우리 세대에게 주어진 세대적·시대적 책무인 것 같아요.

역사적·사회적 의미와 책임

진　정 | 80년대 대학생 세대의 의미가 20대에 가졌던 경험에 초점이 있는 것인지, 아니면 후속의 사회적 실천이 의미를 가질 때를 지칭하는 것인지를 분명히 해야 한다고 봅니다.

사실 청년학생의 시기는 경제적으로 보호받는 위치에서 상대적으로 자유로운 사상과 비판의식을 가질 수 있는 때죠. 그렇다면 80년대 대학생 세대가 갖는 특이점은 과연 어떤 것일까 하는 문제가 발생하죠. 그리고 그 의미를 살려 내기 위해서는 어떤 미래지향적 태도가 전제되어야 할까 하는 점도 논의가 되어야 할 것이고.

어느 세대건 간에 다음 세대에 긍정적 영향을 주고 다음 세대가 더 나은 방향으로 발전하도록 도와주지 못할 때 사회는 정체 또는 퇴보의 길을 걷게 된다고 봅니다. 체제 순응, 시스템 편입보다는 체제 개혁, 시스템 개혁을 가능하게 하는 창발적 교육으로 나아가 보다 나은 내일을 열어 가는 다음 세대의 준비를 하는 것이 전前 세대의 임무라고 보거든요.

80년대 대학생 세대는 대학 교육의 대중화 혜택을 본 세대라는 점에서 전 세대보다 나은 환경을 맞았던 것이 사실입니다. 그렇다면 우리가 후 세대에 대한 임무를 전 세대에서 받은 만큼 제대로 하고 있을까요? 전 이 점에 대해서는 의문을 갖습니다.

교육환경만 봐도 사회계층의 고착화가 진행되고 있는 것이 현재의 상황이고 보면 80년대 대학생 세대는 신분 상승 또는 이동의 기회가 많았다고 할 수 있어요. 이런 혜택을 다음 세대에게 돌려주고 있는지는 정말 의심스럽죠. 다시 말해, 전 세대의 혜택을 후 세대를 위해 촉매로, 거름으로 사용할 준비가 되어 있는가 하는 점인데, 이 점에 대해서 아직은 실증할 수 있는 증거가 보이지 않고 있는 상황이에요.

월드컵과 대통령 선거 과정에서 나타났듯, 80년대의 열기는 다양한 양태로 살아납니다. 지구에 마그마가 있어 복사열을 가두고 생명이 살 수 있는 지구의 환경을 형성하듯, 80년대에 독재에 대한 저항이 동기가 되었다면 2000년대에는 다른 형태의 동기가 있겠죠. 물론 80년대 대학생 세대의 경험에 긍정적인 것도 있지만 부정적인 것도 있습니다.

이 세대는 1980년대의 시대적 상황으로 보아 한국 사회에서 처음으로 시대를 열어 가는, 현실을 창조할 수 있는 혜택을 받은 세대임에는 분명해요. 그렇다면 문제는 다음 세대가 80년대 대학생 세대를 능가하는 세대가 될 것인가 하는 점이에요. 이 질문에 긍정할 수 있다면 80년대 대학생 세대는 자신의 사명을 다한 것이 되지 않을까 하는 거죠.

시대적 산물로 받은 교육의 혜택, 민중문화의 경험, 변혁과 삶의 결단에 의한 행동 등등 많은 실천적 자원을 어떻게 보다 나은 내일을 여는 데 쓸 수 있을까? 잠자고 있는 열정을 깨우고 마치 수소가 융합하여 항성이 되듯이 항성을 형성할 동기를 어떻게 부여받을 것인가? 아니, 어떻게 동기를 스스로 만들어 갈 것인가? 이런 문제들이 관건이에요.

과거에 이 세대의 활력이 있는 것이 아니라, 미래에 활력이 있다는 점입니다. 무한한 가능성을 열고 새로운 시대를 구현하기 위해서는, 이 세대가 스스로를 독특하게 여기고 과거의 회상에 안주할 것이 아니라, 혜택 받은 세대로서 미래를 열어 가기 위해 바로 지금, 여기서의 적극적 실천이 절실히 필요한 때라는 거죠.

김주영 | 사실 80년대 대학생 세대는 우리 사회의 구조적 모순과 나아갈 방향에 대하여 건국 이후 최초로 대중적 고민을 한 세대라고 할 수 있습니다. 아마도 해방공간 좌우대립의 시기 이후 80년대처럼 많은 학생 대중이 자신의 존재를 걸고 사회의 발전을 위해 투신한 경우는 없다는 생각이 드는데요.

60년대엔 5·16으로 인한 좌절과 단절이 있었고, 70년대는 유신 독재체제의 등장과 함께 대중화가 어려운 상황이었죠. 이런 배경에서 80년대 대학생 세대가 성장했고 이 세대의 세례를 통해 우리 사회는 민주적 발전을 이룰 수 있었습니다. 50년 묵은 레드 콤플렉스를 극복해 낸 것도, 우리 사회의 민주적 발전을 위한 국민 대중의 공감을 이루어 낸 것도 바로 이 세대의 희생적 투쟁과 자기반성을 통해서였죠.

그 결과물이 김영삼, 김대중, 노무현으로 이어지는 우리 사회의 정치발전으로 이루어졌습니다. 80년대 대학생 세대의 개인적인 성공이나 성취와는 별개로, 이것은 이 시대를 살았던 모든 사람들의 성취라고 볼 수 있어요.

지난 월드컵 때의 국민적 열기, 그에 이은 촛불시위와 '노무현을 사랑하는 사람들의 모임노사모'의 약진 등은, 모두 20년 가까운 시간이 걸려 이루어 낸 우리 사회의 발전된 모습입니다. 하지만 그것은 이제 시작에 불과한 것이죠. 좀 더 다원화된 사회, 애써 마련한 발전의 토대를 진정한 사회적 힘으로 만들어 내기 위해서 기성세대가 된 80년대 대학생 세대는 다시 중요한 전환점에 놓여 있는 것 같습니다.

윤흥로 ㅣ 요즘 세대 간의 대립과 갈등을 부각시키는 듯한 추세를 보면서 개인적으로 아쉽습니다. 제 생각으로는 80년대 대학생 세대는 시대의 변화를 치열하게 겪으면서 갈구했던 세대였기 때문에 보다 미래지향적인 가치관을 갖고 변화를 추구하는 모습을 보여 주어야 할 것 같습니다. 그 과정에서 다양한 의견들을 수용하고 다원적 가치 속에서 사회적 통합을 끌어내는 성숙함을 보여 주었으면 하고요. 그런 것들이 우리 모두가 해 나가야 할 일이겠죠.

정일균 ㅣ 80년대 대학생 세대는 한국 현대사의 가장 어둡고도 역동적인 시대를 직접 경험하면서, 어느 세대보다도 '민주화', '탈권위주의', '제도적 합리성' 등의 가치에 대한 신념을 내면화시켰다고 생각합니다. 이러한 가치와 에토스는 한국 사회의 현재와 미래의 건설에 있어 여전히 퇴색되지 않은 가치를 지닌다고 할 수 있겠죠. 나아가 장차 한국 사회를 움직이는 중추로서 이 세대가 의미 있는 기여를 할 것으로 전망되지요. 제 희망도 그렇고요. 하지만 이를 위해 우리 모두에게 무책임한 거대 담론의 함정과 경직된 엄숙주의의 질곡을 피해 가는 유연하고도 세련된 안목과 태도가 동시에 필요하다는 사실을 잊어서는 안 되겠습니다.

한상진 ㅣ 모두 좋은 말씀 해 주셨습니다. 우리 모두의 바람처럼 이 책의 출간이 우리 사회의 발전에 작으나마 어떤 촉매의 역할을 할 수 있기를 바라며 대담을 마칩니다. 감사합니다.